智能技术驱动传媒业变革
设计即服务，设计即营销

AI-RESHAPED MEDIA INDUSTRY:
DESIGN AS A SERVICE
AND A MARKETING STRATEGY

张　立　曲俊霖　张新雯　等　编著

社会科学文献出版社
SOCIAL SCIENCES ACADEMIC PRESS (CHINA)

《智能技术驱动传媒业变革》参与人员名单

总体策划：张 立

主要撰稿：张 立 曲俊霖

张新雯 张其濛

胡 佩

技术梳理：熊秀鑫 周 琨

胡佳兴

英文翻译：周 丹

审核建议：徐 涛 冯中华

全书统稿：张 立 曲俊霖

领导寄语
从智能技术革命到媒体深度融合

当张立副院长将书稿放到我面前，并希望我为本书撰写寄语时，首先进入我视野的是这本书的书名——《智能技术驱动传媒业变革》及其副标题"设计即服务，设计即营销"。这是一个让人印象深刻的书名，含义明确，想要表达的思想新颖且一目了然。

早在2015年12月25日，习近平总书记视察解放军报社时就发表重要讲话。习总书记强调，要研究把握现代新闻传播规律和新兴媒体发展规律，强化互联网思维和一体化发展理念，推动各种媒介资源、生产要素有效整合，推动信息内容、技术应用、平台终端、人才队伍融通。2016年2月19日，习近平总书记在党的新闻舆论工作座谈会上指出，要适应分众化、差异化传播趋势，加快构建舆论引导新格局。要推动融合发展，主动借助新媒体传播优势。2019年1月25日，中共中央政治局就全媒体时代和媒体融合发展举行第十二次集体学习，习近平总书记提出"要探索将人工智能运用在新闻采集、生产、分发、接收、反馈中，全面提高舆论引导能力"。习近平总书记说过，"受众在哪里、读者在哪里、用户在哪里，我们的工作重点就在哪里"，在传统媒体的融合发展与转型升级中"以人民为中心"是必须始终坚持的导向。

2020年第十九届五中全会审议通过了《中共中央关于制定国民经济和社会发展第十四个五年规划和二〇三五年远景目标的建议》，对媒体深度融合、全媒体传播等方面做出重要部署，将媒介深度融合、实施全媒体传播、建设县级融媒体中心作为"十四五"规划下繁荣发展文化事业和文化产业，提高国家文化软实力的重点任务。

这是对媒体工作者未来新阶段主线任务的明确指引。政策方面将加大对网络社区方面的监管力度，深入推进"知识社区问答"行业规范管理，持续优化平台功能运行规则，严格落实先审后发，强化"议题"设置和内容审核，鼓励生产传播积极健康、向上向善的信息内容，提升平台内容质量和服务水平，为广大网民营造一个积极健康、科学真实、营养丰富的知识聚合空间。

在当今技术革命特别是智能技术革命迅猛发展的时代，我们必须抓紧时间贯彻落实习总书记的重要讲话精神和中央的部署。传统媒体的变革既是为解决新技术带来的自身生存发展问题，更是传统媒体人在新时代积极进取、站稳主战场的责任与担当的体现。相较于"自媒体"的生产方式，传统媒体具有内容加工与内容把关上的优越性，但在传播方式和影响力上却不及新媒体。媒体融合的目的就是在坚持正确舆论导向的同时，加快新技术的应用，增强传统媒体的传播力和影响力，为广大人民群众带来更多优质的出版物，传播更多正确价值观的内容。

这里还想强调一点，媒体融合并不应被狭义地理解为仅仅是传统媒体对新技术手段的简单应用。以智能化为代表的新技术革命越来越多地表现出对工业文明所形成的专业分工边界的打破，这使得媒体融合具有了更深层次的意义，即具有了"跨界融合"的可能性。今天的媒体本身已日益成为国民经济、社会发展、人民生活不可分割的一部分，而不再像传统媒体那样仅仅是报道消息的工具。这一点在互联网媒体中表现得尤为突出。所谓"新媒体"的"新"，除技术手段和传播方式的新颖外，也包括了运营模式的融入性。因此，要认真学习中央提出的"深度融合"的含义，在"深度"上下功夫。要自觉地把新闻出版工作融入新时代中国特色社会主义伟大征程的经济、政治、科技、文化和各项工作之中，使其成为不可或缺的重要组成部分，发挥好思想引领、知识服务、文化支撑等作用。

本书从技术视角深度解读了新媒体设计与运营模式，将技术与应用紧密结合，既有相关领域基础知识和对知识体系的梳理与分析，又有丰富的应用案例，特别是对当前新媒体运营中的技术路线进行了非常翔实、易懂的介绍，包括大数据应用原理、算法设计原理、新媒体平台的产品设计与运营手段等。这些介绍从多个层面展现了新媒体传播的规律及其竞争力的实质。本书知识结构严谨，逻辑层次清晰，内容丰富，分析独到，体现了张立及其科研团队一贯的认真严谨的作风。

我衷心希望本书的出版，能为新闻出版从业人员、相关专业的教师和学生，提供有益的参考。

原国家新闻出版广电总局副局长
中国出版协会理事长
邬书林

序一
以智能与设计交叉视角透视媒体变革

近年来，随着大数据、物联网、5G 以及人工智能等技术的发展与广泛应用，传播的移动化、智能化趋势不断增强，这不仅升级了传播手段，促成了新的传播形态，也在一定程度上改写着我们对媒介和传播的认识。

在新技术的作用下，人与信息、人与物、物与物的连接方式变得更加丰富与多元，内容生产走向精准化和智能化，内容分发走向场景化和个性化，而未来在人机协同的机制下，内容生产的各环节还会进一步发生深刻变革。尽管国内研究者对这样的变革及其影响的研究已经开启，但仍然是远远不够的，本书的出现，正是对这一方向研究的丰富和发展。

在敏锐地洞察到智能技术对传媒业的影响的基础上，张立带领研究团队在相关领域进行了细致观察和系统研究。本书对智能技术的知识体系及发展历程进行了较为全面的梳理，帮助读者把握智能技术发展脉络，增强他们对智能技术在传媒业、互联网业应用的认识。在关注智能技术及其应用的积极意义的同时，本书也反思了智能媒体发展、算法广泛应用带来的问题，这些反思也是必要的。

本书还从智能设计的独到视角分析和阐释了媒体变革中隐秘于后台的那只看不见的手的作用，提出了"设计即服务，设计即营销"的理念，将对设计的观察、研究贯穿新媒体环境下内容服务、产品运营、广告营销的全过程，以设计理念阐释智能化时代媒体的运行规律。这一视角对读者也具有很强的启发意义。

本书汇聚了大量互联网一线公司的真实案例，作者也有来自腾讯、百度、丁香园等企业的从业人员。作者的分析，独具见解，也具实践意义。本书的案例研究，无论对新媒体教学还是从业者、研究者都具有较强的参考价值。

近年来,"行囊"系列著作已出版了不少,在行业中产生了一定的影响,相信本书的出版也会得到行业的广泛关注。

中国人民大学新闻学院教授

彭　兰

序二
新媒体时代的编辑培养

我本人在出版行业摸爬滚打了30余年，亦曾在传统出版社担任领导职务，又在大学计算机学院从事知识服务领域的教学和科研工作，近年来又在数字出版领域的科技公司，开展了科技成果转化和市场化的工作。可以说，传统出版传媒业的数字化转型是我关注最多的事情。我也一直在探索传统出版传媒业与互联网技术结合的方式，并尝试构建符合新媒体市场环境的复合型人才培养体系。在新媒体条件下，创新人才培养的历史机遇与技术发展息息相关，编辑出版人才培养需主动作为，培养复合型人才，使编辑在知识服务体系中做好"知识组织者"的工作。新时代出版传播人才的培养一定要符合国家战略需求，符合行业需求，符合市场需求，并以市场需求作为检验人才的重要标准。

2019年10月，我曾邀请张立副院长在我校开设"传播大数据技术"选修课，那时我们还在讨论智能算法对传统媒体的影响，讨论传统媒体与新媒体平台融合发展的可行性，讨论如何利用数字技术延伸传统出版的服务模式等问题。仅仅时隔一年多，他却已经将这些内容撰写成书，呈现在我的面前。面对如何培养新时代应用于市场的传播人才问题，我一直在实践，也一直在思考，互联网环境带来的新媒体风暴，仿佛从多个维度对传统传媒业带来了全面的冲击。受智能推荐算法的影响，在新媒体平台上，用户获取的信息将更加定制化、个性化和垂直化，这必然呼唤新媒体内容编辑更加专业化。面对传媒市场环境的变化，传统编辑该如何转型，新时代编辑该如何培养，这是行业变革中一个艰难的问题，也是一个需要实践才能探寻出答案的问题。当我今天看到张立副院长这本即将出版的《智能技术驱动传媒业变革》

书稿时，非常兴奋。初步浏览全书内容，我觉得这是一本不可多得的将理论体系与实践案例高度融合的专业性极强的著作，既是一本学术专著，也是一本计算机与传播学相关专业的辅助教材。相信本书的出版发行，必将在人才培养、行业变革中发挥重要作用。

传媒业的科技创新缘于以互联网为代表的新兴技术的快速发展，新兴技术以数字化为基础，以智能化为特征，通过大数据、网络化的方式，重新定义了人们获取信息、知识、能力的方式。在传统环境中，因为传播介质的限制，传播方式基本是单向的，受众在接受信息服务后即完成了整个传播过程。而在互联网环境中，信息在送达受众后，往往会在用户的社交网络内进行二次传播，这极大地提升了信息的传播效率。如今，新媒体平台的市场格局已经基本稳定，头部平台强有力地占据市场绝大部分用户，传统媒体想要从信息渠道的平台建设方面超车几乎没有可能。所以我认为传统媒体应在保持自身优势的前提下，完成垂直领域的超越。例如，应用互联网社交网络的特点，拓展传统出版物的产品生命周期，完善受众购买出版物之后的服务，打通读者与读者、作者与读者、编辑与读者间的信息屏障，使出版社发挥其最大的"IP"价值。

在读这本书之前，我读过张立副院长的多部著作和文章，深知其写作的认真和独到。本书再次展现了其博大的视野和专业的知识素养。本书对智能技术的起源与发展进行了全面的梳理，并从"大数据""算法"与"编程"三个角度剖析了智能技术的原理，使读者可以脱离对"智能"的幻象，去理解智能的实质，学会利用智能，学会在"内容智能分发"下生产优质内容。此外，书中提出的"智能技术的本质是设计"及"设计即服务，设计即营销"，令人深思。

与以往一样，张立副院长总是喜欢在他每本书的结尾处写一篇后记。他的这些后记，亦庄亦谐，心直口快，读后往往给人留下深刻的印象。他为本书撰写的后记《从议程设置到算法设计》，又有创新。整个后记1万多字，除继续保留其惯有的调侃风格外，更多了些学术论文的写作风范。后记从工业文明造就了大众传媒谈起，到精英主义、理性主义面临的挑战；从传统媒体的议程设置，到隐藏在草根社会背后的算法设计；从新闻传播学与编辑出版学的教育，到智能技术带来的未来社会的问题等，都一一进行了讨论和思考。读来使人深受启发。

最后，感谢张立副院长的邀请，使我有幸为本书写点感受，衷心希望本书的出版发行，能为传统媒体从业者和广大新闻传播学与编辑出版学专业的师生，提供有益的教学参考资料。

国家文化和科技融合示范基地主任

国家新闻出版署融合出版智能服务技术与标准重点实验室主任

国家新闻出版署出版融合发展（武汉）重点实验室主任

武汉理工大学教授、博士生导师

刘永坚

序三
一名新媒体科普作者的自白

说来惭愧，我是个看书从不看序的人，再加上作为一个理工男，平时写的大部分内容都是科研论文和报告。让我写一篇合格的序言，实在有点无从下手。那就索性真实一点，把自己在自媒体平台上从事科普宣传的心路历程、所思所感做个小小的总结。一方面算是为本书的内容抛砖引玉，另一方面也是一位业余传媒从业者的小人物的自白。

为什么选择做科普

在我读书期间，经常会在各大门户网站看到各类科普视频或文章，但当时互联网正处于野蛮生长阶段，存在大量营销号。他们传播的科普视频或文章，有时连我自己也分不清到底哪些是真，哪些是假，内容质量参差不齐。好奇之处我也会自己检索专业资料，对照印证。但有时自己实在没有时间和精力查证，所以很多信息真假难辨。

另一件事，我的东北五线小城的老妈，经常会给我发各种健康养生的链接。我虽很少看，但有一天我突然想到，她给我发的这些都是她认为信得过的有用信息，我虽然觉得这些不一定靠谱，但我妈确确实实认为这些是对的，而且这些信息都是来自各种所谓的"专家""世外高人"的不传之秘。于是下一次回家的时候，我专门去看了看我妈的朋友圈，除了朋友的日常分享，大部分都是这类的健康养生信息。更过分的是，各种保健品销售信息每天通过线上、线下各种形式轮番轰炸，在这样的猛烈攻势下，怎么能要求人们清醒地分辨出哪些是科学的，哪些是虚假的呢？

最后分享一组数据。在 2005 年，我国公民具备科学素质的比例仅为 1.6%，这项数据在 2010 年是 3.27%，在 2018 年达到 8.47%[①]。当我第一次看到这项数据的时候，内心特别惊讶，惊讶于我们在经济上取得巨大成功的同时，在全民科学素养这一项指标上，还有这么大的提升空间。但细一反思，再结合前面那两件事，觉得这似乎也不难理解。作为一名高校老师，我觉得应该做点什么，于是就开始了科普的尝试。

科普初体验

在刚刚决定做科普的时候，其实面对的压力还是挺大的。主要来自几个方面：第一，我刚刚毕业，30 岁才开始有能力独立养活自己，这时候是不是应该专心在自己的本职工作上，毕竟我不仅是我自己，也是个儿子，也是个丈夫；第二，我一直是一个纯粹的理工男，从没有过任何传播经验，从拍摄到剪辑都是零基础，我完全不知道该从哪里入手；第三，老实讲，我并不太愿意走到屏幕前，我在哈工大学习了 10 年，哈工大对我的影响太大了，"规格严格，功夫到家"这个校训深深刻在我的骨子里，我只想踏踏实实做好自己的专业。但既然决定做科普，这些压力都要想办法克服。庆幸的是家人们都很支持我的想法。

于是我置办了一些二手设备，在当时租的 30 平方米的小房间里开始了我的科普工作。但开始阶段确实不顺利，我最早选择的平台是抖音，因为没有经验，所以传播效果一般，准确地说是惨不忍睹。现在我写下这些的时候，回想那段时间，心里还会五味杂陈。

那个夏天太热了，小房间不通风，又不太舍得开空调，所有的闲暇时间，我都在拍视频、光着膀子剪视频。但发出去的视频很少有超过 5 个赞的，我注意到有一个账号，我的每期视频他都会来点赞，当时还特意私信他表示感谢，结果发现那是我弟弟。

但我这个人确实有点不撞南墙不回头的劲儿，即使这样，我还是觉得要继续做。于是，我迎来了更艰难的阶段，我觉得自己的问题在于不够娱乐化，就开始努力娱乐，具体的过程就不多说了，反正账号依然没有起色，我做的科普还是没人看，而且

---

① 数据来源：2018 年 9 月 18 日，中国科学技术协会公布的"第十次中国公民科学素质调查"结果。

身边的人逐渐知道我在网络上卖力娱乐科普，这让自己确实有点尴尬。不过，其间也收获了一点成果，比如当时得到了抖音和中科院合办的"抖知计划"三等奖，当时兴高采烈地自费去北京领奖，花 120 块钱找了间小旅店，然后在颁奖会场到处给人介绍我的账号，但实际并没有什么用。

迷茫中的转机

一年的时间确实不算长，但是亲历过的人，也确实知道这一年有多少次满怀希望，又惨淡收场。

刚也说了，我这个人有点不撞南墙不回头，那既然这样，要不就换个地方试试。于是我又辗转到了今日头条和西瓜视频，不知道是不是应了那句"树挪死，人挪活"的话，在换了新的平台后，第一条视频就迎来了很大的转机，那一刻是真的挺开心的。也逐渐发现，其实科普这件事的本质还在于硬核的知识内容，娱乐作为锦上添花可以起到很好的装饰作用，但基础不牢、地动山摇。在今日头条和西瓜视频没多久，就迎来了新年，随之而来的，还有这次波及全球的新冠肺炎疫情。

想必每个人对 2020 年初始那段时间里全国上下的严防严控还记忆犹新吧，大家都足不出户，承受了巨大的压力。当然，我也是，那段时间我的科普话题也都是围绕疫情展开的，比如火神山、雷神山医院是如何修建的，生产口罩的无尘车间是如何实现的，无人驾驶技术在抗击疫情中的作用，等等。这段时间，今日头条和西瓜视频也都给了我很大的支持，比如承担了最让我头疼的视频后期环节的工作，让我可以专心于科普内容的创作。很大程度上得益于平台方的帮助，我逐渐找到了科普的方向，就是结合自己比较擅长的工程制造领域开展，从这点看来，我还是挺幸运的。这半年来，我的粉丝涨了一百多万。

一点心得体会

做科普创作这段时间，我有一点深刻的体会，那就是我们的网民其实愿意接受新鲜事物，尤其是在知识领域。在我自己开始做科普之前，我总觉得网络上相当多的一部分内容是娱乐性的，我一度相信这是市场选择的结果。但后期经验证明并不完全是这样，现在我深信把有价值的知识做得扎扎实实，仍然会有很多人喜欢看。虽然在如今人工智能算法分发的背景下，这样的内容有时会显得比较被动。但就像曾国藩说的那句话"结硬寨、打呆仗"，步步为营，稳扎稳打，总会有一天拨云见日。

还有一点，就是要做有价值的事。那什么是有价值的事呢？在我的认知里，就是推动社会进步的事，哪怕只是一点点，也是好的。我能坚持科普创作，很大一部分原因也是观众的良性互动，这让我知道我做的这件事是有意义的，总有人在等着我更新。就像夜归的浪子，知道还有盏灯在等着他，那种感觉确实很好，有人在自己的世界里给我留了一小块位置，这也是我做这件事的价值的一点体现吧。

最后还有一点想说，就是人总得有点梦想。梦想这东西不能当钱使，也不能当饭吃，但我总觉得人是应该有点梦想的，无论大小。有了梦想，人活着才有奔头，才知道自己要去的地方是哪。如果自己的梦想，可以让自己的家庭，甚至整个世界都更好一点，那追梦人就应该是快乐的。

长安大学讲师
哈尔滨工业大学博士
薛恒潇

目 录

领导寄语 从智能技术革命到媒体深度融合 ／ 邬书林 1

序一 以智能与设计交叉视角透视媒体变革 ／ 彭 兰 1

序二 新媒体时代的编辑培养 ／ 刘永坚 3

序三 一名新媒体科普作者的自白 ／ 薛恒潇 6

第一章 变革中的传媒产业 ／1

    第一节 媒体智能设计时代的到来 ／ 1

        一 传媒的历史溯源 ／ 1

        二 传统媒体与互联网媒体的比较 ／ 2

        三 传媒的社会功能 ／ 4

        四 关于媒体的若干概念 ／ 6

        五 传统媒体的议程设置 ／ 8

        六 新媒体的算法设计 ／ 10

    第二节 智能与人工智能 ／ 12

  一 智能研究的历史溯源 / 12

  二 智能技术的发展 / 14

  三 智能技术的应用 / 19

  四 智能技术在新媒体平台上的应用 / 20

第三节 智能技术的本质是设计 / 20

  一 什么是设计 / 20

  二 人类工具设计的历史 / 21

  三 计算机程序设计 / 22

  四 智能设计给传媒业带来的挑战与机遇 / 24

  五 智能技术是人的智能的延伸 / 25

  六 智能设计的社会责任 / 26

第四节 此消彼长的媒体营销方式 / 29

  一 营销规模和增长率的变化 / 29

  二 服务理念上的变化 / 29

  三 运营模式上的变化 / 31

  四 传播方法上的转变 / 33

第二章 大数据驱动下的设计优化 / 36

第一节 大数据相关概念 / 36

  一 什么是大数据 / 36

  二 什么是大数据分析 / 39

  三 什么是用户行为分析 / 43

第二节 用户行为的定量分析方法 / 50

  一 事件分析法 / 50

二　漏斗分析法 / 52

　　三　留存分析法 / 55

第三节　用户行为的定性分析方法 / 58

　　一　Session 分析法 / 58

　　二　间隔分析法 / 60

　　三　归因分析法 / 63

　　四　路径分析法 / 64

第四节　基于用户分析的应用与策略 / 67

　　一　用户标签与用户画像 / 67

　　二　增长黑客 / 83

　　三　海盗指标 / 93

　　四　用户生命周期管理 / 96

第三章　算法设计下的传播 / 101

第一节　为什么需要算法 / 101

　　一　算法与模型的定义 / 101

　　二　模型的工作原理 / 105

　　三　如何评估生产模型 / 110

第二节　算法原理实例 / 119

　　一　最大熵模型 / 119

　　二　隐马尔可夫模型 / 124

　　三　决策树 / 129

第三节　用户隐私下的智能 / 134

　　一　被商品化的"个性化用户" / 134

二　算法平台的核心构件 / 135

　　三　算法已成为新媒体的核心竞争力之一 / 141

第四章　新媒体设计的技术路线 / 143

第一节　编程技术基础 / 143

　　一　编程的基本流程 / 144

　　二　编程语言的分类 / 145

　　三　编程语言的演变 / 146

第二节　技术路线的选择 / 147

　　一　选择开发语言 / 147

　　二　存储结构与安全性 / 164

　　三　性能要求与代码测试 / 167

　　四　IT应用与信息孤岛 / 168

　　五　第三方技术平台的应用 / 168

第三节　技术文档的表达 / 173

　　一　技术可行性分析 / 173

　　二　技术文档的组成 / 174

　　三　表达功能规格 / 177

第五章　新媒体平台的产品设计 / 184

第一节　产品设计相关概念 / 184

　　一　产品与产品设计 / 184

　　二　用户与用户分层 / 186

　　三　企业产品与用户产品 / 187

　　　　四　产品定位 / 189

第二节　产品设计与用户需求基础 / 190

　　　　一　用户与用户需求 / 190

　　　　二　基于用户需求与用户体验的产品设计原则 / 191

　　　　三　定义用户需求 / 192

　　　　四　用户产品使用场景分析 / 194

　　　　五　用户需求分析方法 / 197

　　　　六　企业产品需求分析 / 200

第三节　产品定位 / 203

　　　　一　定位原则 / 203

　　　　二　定位方法 / 204

　　　　三　产品定位变迁 / 207

第四节　用户分层 / 207

　　　　一　用户分层产生的背景及作用 / 207

　　　　二　用户分层的方法 / 208

　　　　三　用户分层应用 / 213

　　　　四　用户分层评估 / 221

第五节　产品策划与方案设计 / 222

　　　　一　目标与原则 / 222

　　　　二　角色设置 / 223

　　　　三　设计流程 / 225

　　　　四　产品生命周期 / 227

第六章　新媒体的运营方法与策略 / 229

第一节　现代商业运营 / 229

一　什么是商业 / 229
　　二　什么是运营 / 231
　　三　什么是营销 / 231
第二节　定位新媒体运营方向 / 232
　　一　认知新媒体内容产品 / 232
　　二　定位内容受众 / 234
第三节　创作新媒体文案 / 236
　　一　文案概念与具体内容 / 236
　　二　文案组织与表达 / 243
　　三　场景化文案要点 / 245
第四节　内容生产与运营 / 247
　　一　内容与优质内容 / 247
　　二　内容运营的概念 / 248
　　三　内容生产机制 / 250
　　四　内容生产流程 / 253
第五节　活动运营与用户运营 / 254
　　一　理解活动运营 / 254
　　二　活动运营的工作流程 / 255
　　三　什么是用户运营 / 257
　　四　用户运营指标与方法 / 260
第六节　"流量"经济策划 / 264
　　一　流量变现模式概览 / 264
　　二　自媒体流量变现运营 / 265

参考文献 / 269

后记　从议程设置到算法设计　　张　立　271

案例目录

案例2-1　如何确定准确的核心指标 / 46

案例2-2　行为事件分析模型应用场景 / 52

案例2-3　漏斗分析的场景应用 / 55

案例2-4　留存分析应用场景 / 57

案例2-5　间隔分析模型中用户属性的设置 / 61

案例2-6　间隔分场景案例 / 62

案例2-7　企业案例中的数据分析场景 / 65

案例2-8　从用户触点、流程中找场景 / 79

案例2-9　基于用户特征识别的分类标签 / 81

案例2-10　建立场景标签 / 81

案例2-11　深挖价值数据 / 87

案例2-12　常见北极星指标的拆解 / 90

案例2-13　常见的获取新用户的方式 / 94

案例2-14　用户产品周期的定义 / 97

案例3-1　时间复杂度实例 / 102

案例3-2　空间复杂度实例 / 102

案例 3-3　最大熵模型通俗解释 ／ 120

案例 3-4　隐马尔可夫模型应用案例 ／ 124

案例 3-5　决策树的生成 ／ 133

案例 4-1　Python 应用场景 ／ 149

案例 4-2　Java 应用场景 ／ 153

案例 4-3　C 语言、C++ 语言应用场景 ／ 158

案例 4-4　PHP 语言应用场景 ／ 161

案例 4-5　PGC 资源检索服务的分布式整合策略 ／ 165

案例 4-6　项目背景样例 ／ 177

案例 4-7　文档目的样例 ／ 178

案例 4-8　术语定义样例 ／ 178

案例 4-9　功能规格样例 ／ 180

案例 4-10　开放接口样例 ／ 181

案例 4-11　性能需求样例 ／ 182

案例 4-12　存储需求样例 ／ 182

案例 5-1　基于场景的产品推广 ／ 194

案例 5-2　A/B 测试的价值 ／ 200

案例 5-3　RFM 模型的起源 ／ 208

案例 5-4　哔哩哔哩的用户增长之路 ／ 214

案例 6-1　防御性产品案例 ／ 234

案例 6-2　创意性文案 ／ 237

案例 6-3　具象化文案案例 ／ 238

案例 6-4　符合用户属性的文案案例（产品初期）／ 239

案例 6-5　符合用户属性的文案案例（产品中后期）／ 239

案例 6-6　疑问与反问式标题样例 / 240

案例 6-7　结合热点的标题样例 / 240

案例 6-8　结合数字与符号的标题样例 / 241

案例 6-9　运用反差对比的标题样例 / 241

案例 6-10　引起共鸣的标题样例 / 241

案例 6-11　让用户产生画面代入的标题样例 / 242

案例 6-12　强调型标题样例 / 242

案例 6-13　创意型标题样例 / 242

案例 6-14　干货型标题样例 / 243

案例 6-15　获利型标题样例 / 243

案例 6-16　故事性文案样例 / 246

第一章
变革中的传媒产业

第一节　媒体智能设计时代的到来

一　传媒的历史溯源

（一）传媒的定义

传媒的字面意思就是传播的媒介或具有传播功能的媒介。当然，有人从功能上也把它理解为传播工具。传媒的英文词"media"在1943年美国图书馆协会的《战后公共图书馆的准则》中第一次作为术语出现，指传播信息资讯的载体，即信息传播过程中从传播者到接收者之间携带和传递信息的一切形式的物质工具。但如果这样定义的话，所有具有传播功能的介质都包含其中，这样定义实际上使传媒的含义特别泛化。定义一旦泛化，其应用场景及给人的想象空间就会成倍地扩展。在远古时代，人类最初以自己的身体器官为传播介质，如用声带发声、用手打手势等。后来，人类从自然物中发现了传播介质，如动物的甲壳儿、皮肤，植物的茎、叶等。再后来发明了纸张。纸张之后是底片胶片、电报电波、磁带磁盘等。今天，则是遍布全球的网络媒体。

但今天人们说到传媒时，一般习惯上特指传媒业，即报纸、广播、电视，当然也包括互联网（我们曾经称之为第四媒体）、手机（我们曾经称之为第五媒体）上的内容传播平台等。实际上，今天的传媒业涉及的范围更广泛，随着融媒体时代的到来，媒体几乎无处不在，电梯、客舱、路牌、包装，甚至冰箱、可穿戴物品等，相当多的物体都可能成为媒介。

（二）传媒的流行

从传媒史角度看，一般认为，现代传媒业起源于19世纪末20世纪初。这一时期，报纸实现了从小众政治工具向大众信息来源的飞跃。这一时期，报纸的发行量迅速上升，由过去的几万份增加到十几万份，乃至上百万份。这主要是由于报纸承载信息的大众化与便宜的售价使其读者范围不断扩大，面向人群从过去的政界、工商界等上层人士扩展到中下层人士。量的积累产生了质的飞跃，宣告了大众传播时代的到来。从第一份廉价报纸开始，广告逐渐占领了重要版面，走入市场化运营的传媒业开始兴起并发展。

我国传媒业的发展与世界其他各国相比，起步相对较晚。一般认为，传播学最早于1957年传入我国，当时复旦大学新闻系在《新闻学译丛》中翻译过"大众传播"一词，并将其解释为"群众思想交通"。1976年后，我国新闻传播领域全面复苏，传播学作为人文学科的重要内容被引入中国。我国传媒业也得益于经济的发展与政策的支持而全面发展，广播电视作为最受欢迎的媒介在我国迅速普及，引进型影视剧、综艺节目等尤为受到推崇与喜爱。如果说这一时期我国传媒业在内容上仍是"输入"型的，那么到如今的新媒体时代，我国已经开始凭借优质的内容平台和优秀的分发算法向世界"输出"了。我国的传媒业已经从蹒跚学步的婴儿成长为世界传播路上的重要引路人。

二 传统媒体与互联网媒体的比较

（一）内容载体的实物性与虚拟性

载体的实物性是传统媒体的基本属性。传统媒体有两个生产过程，一个是内容生产过程，即创作过程；二是出版物生产过程，即复制、封装过程。内容生产过程生产传统媒体的精神内容，物质生产过程是把精神内容成果封装在一定的物质载体上，形成传统媒体的物质形式，即供人阅读和传承的最终产品。精神内容和物质载体的二重合一性，是传统媒体的基本特征之一。新媒体和自媒体则是在互联网的虚拟平台上进行内容创作和生产，而虚拟平台的特性使内容生产过程更多地渗透了作者的主观意愿，也更多地弱化了产品的特征。这种弱化也导致以作品为保护对象的版权机制受到挑战。

（二）内容数量的有限性与海量性

传统媒体作为封装型实体出版物——无论是图书、报纸还是期刊，均受到载体开本、页数、版面的限制，所承载的内容量与新媒体相比非常有限，且难以拓展。而新媒体由于不受开本、页数、版面的限制，其内容本质上已变成数据流存储和传播，又由于目前服务器的存储能力已经非常大了，特别是云存储，理论上说，在这样的平台上创作和存储的内容是海量的。随着网络传输能力地不断提升，无论是在存储还是传播方面，新媒体的内容承载量都是非常大的。

（三）内容创作的精英性与草根性

传统媒体是典型的精英主义产物。这首先是由于传统媒体起源于精英主义时代，其内容反映的是精英主义的思想观念、精神气质和情感需求。其次是由于传统媒体资源的稀缺性，使内容的生产与发布都由少数精英控制，一般大众想要发表一篇文章或出版一本书非常困难。此外，传统媒体的内容审核机制也决定了其精英主义特点。但互联网的特点是用户创作内容，这首先是因为互联网本身不像平面媒体那样内容承载量有限；其次，互联网搭建的是社交媒体和自媒体平台，它使"人人皆媒"得以实现，因此互联网上活跃的是"草根一代"，它是属于所有人的媒体。

（四）内容组织的整体性与碎片化

传统媒体是封装成册的出版物，它以整体的实物形式进行出版发行和消费阅读。它有以下四个方面的特点：一是出版物内容的难以更新性或静态性，只有图书勉强可能通过再版来更新，其更新周期很长；二是出版物形式的封装性，表现在内容与介质的统一，或者说不可分离上；三是传统媒体上的内容多以一种整体的单元形态呈现，即以版面、栏目、章节等形式分割成不同的单元，对应不同内容；四是书刊一般都有封面和目录。而互联网媒体则采用超链接式的检索和滚动条式的浏览，其内容结构往往以碎片方式呈现，碎片化内容之间以一定的规则进行关联。因此，将传统媒体原封不动地搬到网上，本质上只是传统媒体的搬家，还不能算是新媒体，因为它的内容结构不具有互联网媒体的特点。

（五）内容传播的单向性与交互性

传统媒体在传播方式上是以一个中心为起点，向周围辐射性传播。这也是其单向性特征之一。无论是书报刊，还是广播电视，都是如此。同时，传统媒体采用的是先生产后消费的生产流通方式。内容生产与内容阅读之间存在一定的时间间隔，传受者之间缺乏交流和互动。读者的反馈一般发生在传统媒体发行之后，多数情况是以读者来信等形式进行反馈和互动。这是传统媒体单向传播的另一个特征。与传统媒体相反，互联网媒体的传播机制是多中心、交互式的。在互联网平台上，每一个自媒体都是一个内容生产与传播中心。互联网使内容生产者与内容传播者身份相互混淆，形成一种圈子套圈子的传播机制。

（六）内容介质的单一性与富媒体、跨媒体属性

传统媒体一般都是单一的介质形态，包括图书、报纸、期刊等，其介质形态都是单一的纸质介质，也叫平面媒体，即使后来发展出了电子出版物，其介质形态也是单一的电子介质，而不是后来的富媒体介质或跨媒体出版物等。但互联网媒体，则是富媒体形式，即文本、图形图像、音频视频，乃至各种不同表现形式的信息统一于一个媒体。因此，到了互联网平台，我们很难说只能浏览文本内容或音视频内容，实际上这些内容都是相互打通的。

（七）经营上的"二八法则"与"倒二八法则"

载体的实物性与承载内容的有限性决定了只有少量作品才能进入传播领域和流通渠道。这就是为什么传统媒体的营销方式，在图书领域专注于畅销书的策划，在期刊领域专注于时尚消费类期刊的市场占有率，在报纸领域专注于大众传播类报纸的经营。这是由传统媒体精英属性导致的"二八法则"或"关键少数法则"决定的。因此，出版社只要策划几本畅销书，杂志社只要拥有一本时尚消费类期刊，报社只要发行一张覆盖普通读者的大众传播类报纸，其经营业绩一定不错。到了互联网平台，内容产品的营销则遵循"倒二八法则"，即支撑收入和利润的是80%的小众产品。这体现了长尾理论的基本原理。

三　传媒的社会功能

工业革命以来，传媒业特别是大众传媒业在社会的方方面面都扮演了非常重要的

角色，对社会发展产生巨大影响。今天，离开传媒的社会是难以想象的。传媒业从平面媒体发展到电波媒体，又发展到互联网媒体，其对社会的影响日益深远。

关于传媒业的社会功能，早在20世纪就有众多学者进行研究并做出界定，大体上可从政治、经济、教育三个方面进行概括（见表1-1）。

表1-1 关于传媒业社会功能的代表性观点

学术人物代表	传媒业的社会功能
拉斯韦尔	环境监测功能、社会协调功能、社会遗产传承功能
赖特	环境监测、解释与规定、社会化功能、提供娱乐
施拉姆	政治功能：监视功能；协调功能；社会遗产、法律和习俗的传递功能 经济功能：提供关于资源及其买卖机会的信息；解释这种信息，制定经济政策，活跃和管理市场；开创经济行为 一般社会功能：提供关于社会规范、作用等的信息；协调公众的了解和意愿，行使社会控制；向社会的新成员传递社会规范和作用的规定；娱乐功能
拉扎斯菲尔德和默顿	社会地位赋予功能、社会规范强制功能、作为负面功能的"麻醉作用"

近代，随着资产阶级和无产阶级革命运动的蓬勃开展，大众传媒的社会功能日益加强，媒体从业者也因此有了"无冕之王"的称号。这一称号说明媒体对社会的影响很大。具有先进舆论导向的媒体，对社会进步的推动作用非常明显。实际上，我国老一辈革命家都非常重视媒体的社会作用。早在五四时期，陈独秀就主办过《新青年》，该刊在哲学、文学、教育、法律、伦理等广阔领域向封建意识形态发起了猛烈的进攻。毛泽东青年时期主办过《湘江评论》，以宣传最新思潮为宗旨。

还有些研究者把媒体的社会作用概括为这样几个方面：媒体的守望作用，指现代媒体扮演着"鸣鼓的守望人"的角色，实际上就是媒体的监测功能。媒体的会议作用，指现代媒体取代了古代亲族会议或村民会议的功能，可以帮助人类将自身的反应与出现在地平线上的挑战与机会结合起来，并调和各种不同意见，使人们能够采取一致的行动。也有研究者将其称为媒体的"社会协调功能"。媒体的教化作用，指现代媒体因其广泛的传播能力所具有的社会教化作用，这里也包括媒体的文化传递功能。媒体的娱乐作用，指现代媒体所承担的大众娱乐功能。媒体的商业作用，指现代媒体在促进商业的生产、流通与消费等方面发挥的作用，实际上就是媒体的经济功能。有人还提出了现代媒体具有"社交功能"。

近年来新媒体、自媒体平台的发展与普及,改变了传统大众传媒的传播地位,传统媒体的传播效果明显下降。虽然传播功能不等同于传播效果,但传播效果的改变却深深影响着传播的社会功能。新媒体、自媒体平台具有更加强大的社会信息传播功能、娱乐功能及虚拟化的社交功能。新媒体、自媒体平台的这些功能对社会发展,特别是对青年人的影响非常深远。因此,新媒体、自媒体平台的社会责任更为重大。

四 关于媒体的若干概念

这里有几个概念需要解释一下,分别是平面媒体、电波媒体、电子媒体、多媒体、新媒体、自媒体、跨媒体、富媒体、网络媒体、移动媒体、全媒体。

(一)平面媒体/印刷媒体/纸质媒体

平面媒体也称"印刷媒体"或"纸质媒体",一般特指书报刊等媒体。顾名思义,平面媒体是在平面介质上阅读的媒体。与平面媒体相关的概念还有"平面印刷",它来自平面印刷机——一种可以在任意平面材质上彩印的数码印刷设备。与其相对应的概念是具有立体传播功能的广播电视媒体和网络媒体。

(二)电波媒体/广播电视媒体

此概念较为宽泛,主要指以无线电波为传播介质将声音或图像发送出去的媒体。电波媒体也可以理解为广播电视媒体的总称。电波媒体中的"媒体"有两重含义,一是指传输介质为无线电波,二是指呈现介质为屏幕等。中间一般还有一个接收设备。

(三)电子媒体

电子媒体主要指早期的磁盘媒体和光盘媒体,如在磁盘上写入内容的出版物,以及写入 CD-ROM、VCD-ROM、DVD-ROM 等的多媒体出版物。电子媒体强调的是电子介质,多媒体强调的是多形态的数字内容。两者有时混用,但强调的重点不同。

(四)多媒体

多媒体很容易与跨媒体混淆。多媒体最初指一款电子介质中包含了文本内容、音频内容、视频内容、图形图像内容，甚至数据库内容等。所谓电子介质，特指20世纪90年代出现的软磁盘介质（如三英寸磁盘、五英寸磁盘、CD-ROM、VCD-ROM、DVD-ROM光盘等）。因为只有在电子介质中，才能集中呈现多媒体的功能。

现在，随着电子介质被淘汰，"多媒体"一词出现的频率反而少了。如果偶尔使用，主要是泛指现在的一些数字媒体。

（五）新媒体

"新媒体"是相对于"旧媒体"而言的一个概念，或至少是相对于"传统媒体"而言的一个概念。它是一个相对的概念，是随媒体技术不断创新发展而不断更新内涵和外延的一个概念。对平面媒体来说，新媒体可以是广播电视媒体；对平面媒体和广播电视媒体来说，新媒体可以是电子出版物，如CD-ROM、VCD-ROM等。而如今，新媒体可以是互联网平台或手机终端。

如今的新媒体是指利用数字技术、网络技术、移动技术，通过互联网、无线通信网、卫星等渠道，以及电脑、手机、数字电视机等终端，向用户提供信息和娱乐服务的新型媒体形态。由于如今的新媒体是由数字技术支撑的媒体形态，因此，新媒体有时也被称为数字化媒体。

（六）自媒体

字面上说，自媒体指个性化的媒体或专属于个人的媒体。自媒体是相对于传统的由专业机构主办的媒体而言的。在传统的大众传媒时代，自媒体是不可能出现的形态。因为任何个人都无法自办报纸、杂志、电台和电视台等。早期的互联网平台，基本也是由机构主办，不支持个性化或个人的媒体。但如今互联网上的内容应用平台，几乎都支持强社交，支持多用户系统。只要符合基本的资质条件，任何人都可以在互联网平台上开设账号，开设个人公号，面向公众发布信息。

（七）跨媒体

跨媒体指跨越不同的媒体形态，如平面媒体、广播电视媒体、电子媒体、网络媒体等。一般指同一内容在不同媒体上呈现或发布。当然，这会涉及内容格式和显示形态的不同。在原国家新闻出版总署"国家数字复合出版工程"中有一种说法是"内容的一次制作，多元发布"。这里的"多元发布"指的就是跨媒体的意思。

（八）富媒体

富媒体概念与多媒体较为接近，强调同一介质中包括的内容形式多种多样。"富"本来就是"多"的意思，两者在一定语境下是近义词。"富媒体"一词晚于"多媒体"出现。

（九）网络媒体

网络媒体一般指互联网媒体，早期也包括局域网媒体。如果宽泛地定义，也可以包含移动互联网媒体。它强调的重点是"网络""联网"或"在线"。因此，网络媒体有时也会与在线媒体或线上媒体混用。与其相对的概念是线下媒体或离线媒体。

（十）移动媒体

移动媒体有时也叫"移动数字媒体"，主要指以移动数字终端为载体，通过无线数字技术与移动数字处理技术运行各种平台软件及相关应用，以文字、图片、视频等方式展示信息内容和提供信息内容处理功能的媒体。当今是一个移动互联网的时代，移动媒体是媒体产业未来的主要趋势。

（十一）全媒体

全媒体即全部媒体的总称。但实际上，全媒体更多是营销意义上的概念，因为现实中，任何内容的出版都不可能覆盖所有媒体形态。本书作者之一——张立曾于2009年出版过一本书《数字时代的全媒体整合营销》，较早提出了全媒体的概念。

五 传统媒体的议程设置

关于议程设置的理论，可以追溯到20世纪60年代。1968年，美国传播学者唐纳德·肖和麦克斯威尔·麦克姆斯对美国总统大选进行调查，调查的目的是想看看媒介议程对公众议程的影响。这是议程设置最早的实践性研究。1972年，他们以《大众传播的议程设置功能》（"The Agenda-Setting function of Mass Media"）为题，将研究结果发表在《舆论季刊》（*Public Opinion Quarterly*）上。议程设置理论被正式提出。该理论认为，大众传播往往不能决定人们对某一事件或意见的具体看法，但可以通过提供信息和安排相关的议题来有效左右人们关注哪些事实和意见，以及他们谈论的先后顺序。大众传播可能无法决定人们怎么想，却可以影响人们想什么。他们发现，在公众对社会公共事务中重要问题的认识和判断与传播媒介的报道活动之间，存在着高度对应关系，即传播媒介作为"大事"加以报道的问题，同样也作为"大事"反映在公众的意识中；传播媒介给予的强调越多，公众对该问题的重视程度也就越高。根据这种高度的对应关系，麦克姆斯和肖认为大众传播具有一种形成社会"议事日程"的功能，传播媒介以赋予各种议题不同程度"显著性"的方式，影响着公众瞩目的焦点和对社会环境的认知。

议程设置功能暗示了传播媒介是从事"环境再构成作业"的机构。议程设置的"0/1""0/1/2"和"0/1/2/n"三个传播效果中，"0/1"效果指的是大众传媒报道或不报道某个"议题"，会影响公众对少数议题的感知；"0/1/2"效果指的是媒介对少数议题的突出强调，会引起公众对这些议题的突出重视；"0/1/2/n"效果指的是传媒对一系列议题按照一定的优先次序给予不同程度的报道，会影响公众对这些议题的重要性顺序所做的判断。

根据麦克姆斯和肖的研究，媒介的议程设置效果还要看公众与媒介的接触频率、公众对媒介的需要程度、当时人际交流的情况、不同公众的兴趣等因素的影响。而且，人际交流和亲身观察以及很多具体情况也会增大或减弱媒介议程设置的效果。另外一些学者通过研究发现，时间在媒介的议程设置中也是一个重要因素，媒介议程设置的效果并不是立即出现的，一般都是在新闻报道几周后。同时，公众对信息的接受量一般是有一定限度的，过多的议程往往会削弱媒介议程设置的效果。麦克姆斯和肖的一项研究发现，公众的议事日程中不能超过 7 个议题，否则受众就会忽略很多媒介认为重要的议题。

美国学者沃纳·赛佛林和小詹姆斯·坦卡德在其《传播理论：起源、方法与应用》（*Communication Theories Origins, Methods and Uses in the Mass Media*）一书中，对议程设置理论提出了较为理性的认识，认为媒介的议程设置功能就是指媒介的这样一种能力——通过反复播出某类新闻报道，强化该话题在公众心目中的重要程度。中国学者郭庆光教授在其《传播学教程》一书中，认为议程设置的中心思想是大众传播具有一种为公众设置"议事日程"的功能，传媒的新闻报道和信息传达活动以赋予各种

"议题"不同程度的显著性的方式,影响着人们对周围世界的"大事"及其重要性的判断。①

六 新媒体的算法设计

传统媒体(报纸、广播、电视)的议程设置功能,已经被众多的学者接受,他们从政治、社会、生活的多个方面对此进行了实证性研究。人们也普遍意识到传统媒体在一定程度上对公众议程的影响是潜移默化的,更是强大无比的。

但是,随着互联网和移动互联网的飞速发展,新媒体、自媒体平台已经成为当今社会信息传播最重要的载体,仅从传播力上说,传统媒体已被远远甩在身后了。造成传统媒体影响力日益式微的原因在于:第一,网络传播有着很强的互动性,网络受众可以自由地选择信息和表达观点,网络上存在着既是内容的消费者又是内容的创作者、提供者和传播者的一群人;第二,新媒体、自媒体平台那种圈子套圈子的"裂变式"传播,使以报纸头版或电视头条形式出现的传统媒介的议程设置功能在网络时代不再那么显眼;第三,网络上铺天盖地的巨量信息内容,使传统媒体有限的资讯几近被淹没。因此,很多学者认为,在网络传播中媒介的议程设置功能将会弱化,甚至不再存在。

相比以上原因,还有一个更重要的原因,就是在网络传播中媒介的议程设置功能不是简单地被弱化,而是被算法设计所取代了。通过大数据技术对用户行为轨迹的精准捕捉、趋势预测,大数据将很快告知后台算法接下来会引起广泛讨论的话题是哪些,算法将会提高话题相关内容的推荐权重,该话题将在短时间内获得巨大的曝光量,引起大众的广泛关注。基于新媒体、自媒体平台上用户的停留时长、页面访问量、评论的倾向性、信息的转发程度等,算法设计不断迭代优化,以影响受众。算法的这种潜移默化的影响力远高于传统媒体。

这可能还会造成另一个现象——小事件大新闻,即在新媒体、自媒体时代引起大众广泛关注的热点事件往往要比传统媒体的热点事件小。例如,新媒体中关于个人遭遇的报道也会引起社会的广泛讨论,这在传统媒体盛行的时代却不多见。

---

① 郭庆光.传播学教程[M].北京:中国人民大学出版社,2011:22-35.

与传统媒体定制化、功能化的议程设置不同的是,算法设计更看重趋势热点,数据的理性化减弱了议程设置功能。所以笔者认为虽然传统媒体的议程设置功能被智能设计逐步取代,但对"智能"的持续人为干预是未来媒体进行议程设置的必要手段。

图 1-1 是我们为了便于理解绘制的"新媒体、自媒体平台中的智能设计"的简单示意。可以看出,新媒体、自媒体平台通过程序里的埋点、采集及定制化表单等形式收集用户数据,将这些海量的数据存入数据仓库,形成数据量级层面的大数据。大数据分析师通过对这些海量、真实、低密度价值的信息进行统计分析、数据挖掘,可以发现真实的业务指标、增长趋势等信息,并将这些信息反馈给产品团队,支持其对产品持续的优化设计,使大数据的价值得以发掘。

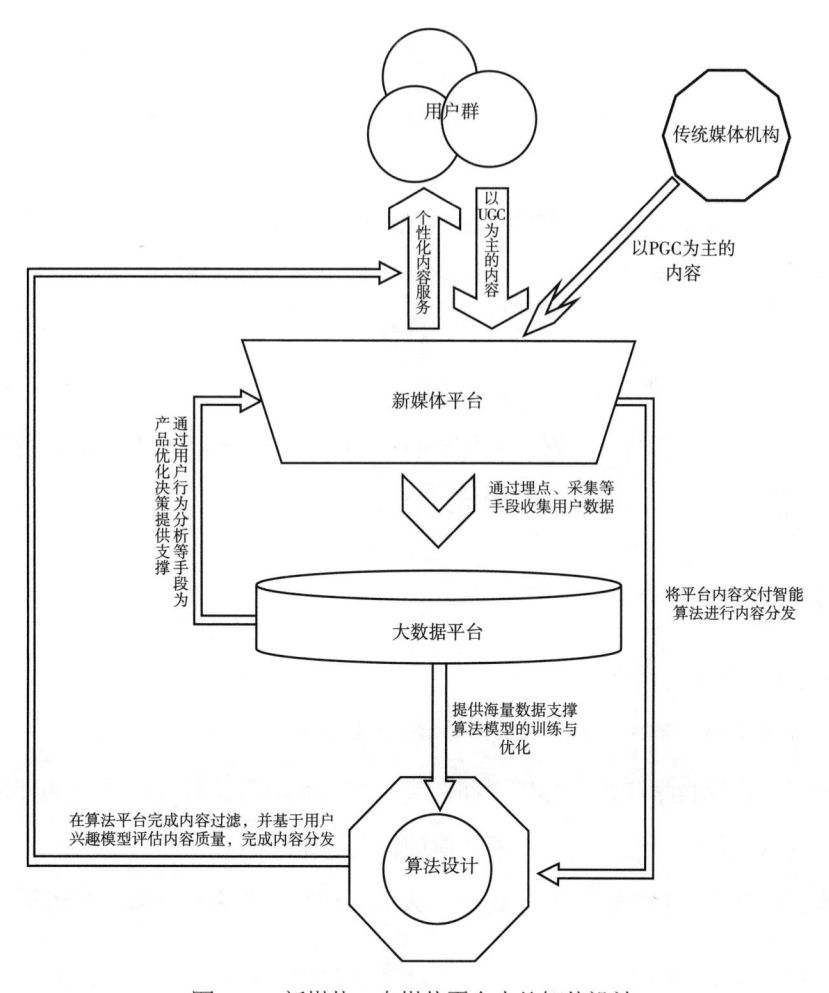

图 1-1　新媒体、自媒体平台中的智能设计

取代传统议程设置的核心技术——智能算法[①]对大数据有着很强的依赖，无论是从数据量级层面还是计算能力层面，现阶段人工智能的成功都离不开大数据的支持。通过算法设计，新媒体平台实现了对内容的管理，其中包括敏感信息过滤、重点内容推送、个性化内容分发与流量变现服务等具体模块。与传统媒体的议程设置相同之处是新媒体、自媒体平台更加牢固地把控了用户获取信息的渠道，从本质上说，新媒体、自媒体平台将用户封装成了产品，而算法设计实现了对这些产品的管控。某种意义上来看，智能算法是对传统意义上议程设置的增强，而两者的区别无非是传统媒体的议程设置是通过媒体从业者进行的，而新媒体、自媒体平台是通过程序员的智能算法来实现的。在这个功能更迭过程中完成了主宰者的更替，传统媒体走向日暮，智能设计艳阳正起。

第二节　智能与人工智能

在一般人朴素的认识里，智能就是智慧和能力的合称，或智慧方面的能力。至少，在我们写这本书之前，我们这些作者潜意识里是这样认为的。相信这具有一定的普遍性。

当然，词典有词典的释义。《新华词典》对"智能"的释义是这样的：第一，指智谋与才能；第二，指智力。这与我们对智能的认识差不多。仔细推敲，智能包含了"智谋"的意思，还是《新华词典》中的释义更全面些。

一　智能研究的历史溯源

（一）关于智能的定义

对学术界来说，词典里对"智能"的释义未免太简单了。关于智能，不同学者有不同的定义。在脑科学和神经心理学研究者眼里，智能有这样几种不同的理解，其中影响较大的观点包括思维理论、知识阈值理论及进化理论。

思维理论认为，智能的核心是思维，人的一切智能都来自大脑的思维活动，人类

[①] 本书将深度学习、传统机器学习等试图发现不能通过原理分析获得的规律，通过模型训练的方式实现对未来数据行为或趋势的准确预测的方法，定义为"智能算法"。

的一切知识都是人类思维的产物。①

知识阈值理论认为,智能行为取决于知识的数量及其一般化的程度,一个系统之所以有智能是因为它具有可运用的知识。因此,知识阈值理论把智能定义为在巨大搜索空间中迅速找到一个满意解的能力。② 这一理论在人工智能的发展史中有着重要影响。

进化理论认为,人的本质能力是在动态环境中的行走能力、对外界事物的感知能力、维持生命和繁衍生息的能力。核心是用控制取代表示,从而取消概念、模型及显示表示的知识,否定抽象对智能及智能模型的必要性,强调分层结构对智能进化的可能性与必要性。

综上,可以认为智能是知识与智力的总和。其中知识是一切智能行为的基础,而智力是获取知识并运用知识求解问题的能力,是头脑中思维活动的具体体现。③

(二)多元智能理论

1983年,美国当代著名心理学家和教育家霍华德·加德纳博士在其撰写的《智能的结构》(*Frames of Mind:The Theory of Multiple Intelligences*)一书中,系统地提出了"多元智能理论",包括语言智能、数学逻辑智能、视觉空间智能、音乐韵律智能、身体运动智能、人际沟通智能、自我认识智能、自然观察智能(见图1-2)。

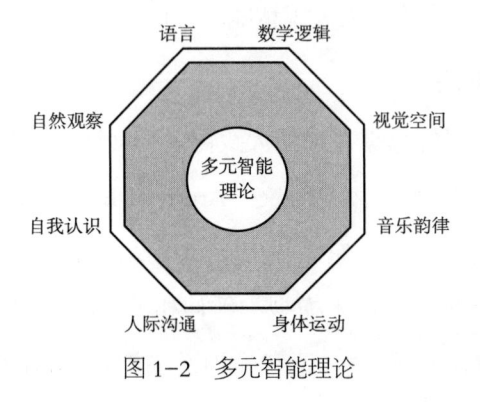

图1-2 多元智能理论

---

① 刘国建.论理论思维与科学思维[J].自然辩证法研究,2006,22(008):104-108.
② Lena.D,何华灿.关于人工智能的最新假说:知识的阈值理论[J].计算机科学,1989(01):1-7.
③ 林崇德,杨治良,黄希庭.心理学大辞典[M].上海:上海出版社,2003:1704.

所谓语言智能指的是语言理解及表达能力；数学逻辑智能指的是运用逻辑和科学的方式思考的能力；视觉空间智能指的是能准确看到周围形象，并留意细节的能力；音乐韵律智能指的是对音乐的敏感性及表达音乐的能力；身体运动智能指的是具备良好的肢体运动及身体、大脑间的协调运动能力；人际沟通智能指的是与外界交往理解以及沟通能力；自我认识智能指的是理解自身，并学会对自己的生活负责的能力；自然观察智能指的是善于观察自然界中的各种事物，对物体进行辨别和分类的能力。

二 智能技术的发展

近年来，随着计算机存储能力与计算能力的大幅提升，科技工作者们在大数据、云计算、自然语言处理等方面通过不懈努力，取得了一系列瞩目成绩，使人工智能这一概念迅速升温，成为人们张口闭口必说的热词之一。人工智能实际上就是智能技术。在现实中，它越来越深入，甚至左右我们的工作和生活，至少它已经开始决定我们获取信息和使用知识的方式了。毫无疑问，我们今天已经进入一个人工智能的时代。

在2018年乌镇世界互联网大会上，百度公司创始人、董事长兼CEO李彦宏说，互联网时代和人工智能时代是两个不同的时代，过去20年人类社会走在互联网时代，但是未来三五十年人类社会将进入人工智能的时代。①

（一）人工智能的概念

什么是人工智能？仅凭感觉，我们大致可以将其理解为赋予软件或机器以智能。学者们可能喜欢把它叫作AI，就是英文"Artificial Intelligence"的缩写。学术上的定义有很多，但无论怎么定义，它至少应该包括两部分内容，即人工和智能。有一种说法认为，人工智能是研发用于模拟、延伸和扩展人的智能的理论、方法、技术及应用系统的一门新的技术科学。还有一种说法是人工智能旨在研究智能的本质，并生产出一种能以类似我们人类智能的方式做出反应的智能机器。但截至目前，人工智能取得的成功主要来自其细分领域的具体应用，在传媒领域的应用，我们经

---

① 李彦宏：人工智能和互联网完全不同［EB/OL］.〔2021-6-10〕.https://www.sohu.com/a/274082279_395737.

常认为它应该包括自然语言处理（Natural Language Processing，NLP）、推荐系统（Recommender System, RS）、计算机视觉（Computer Vision，CV）等 AI 细分领域及相关技术。

（二）人工智能的发展

学者们把人工智能技术的 60 年发展历程总结为 7 个阶段（见图 1-3）。图中的"ABC 时代"指以人工智能（AI）、大数据（Big Data）和云计算（Cloud）为代表的技术革命和产业趋势。人工智能包含的分支研究领域有深度学习、计算机视觉、语音识别、虚拟个人助理、自然语言处理、智能机器人、引擎推荐等方向（见表 1-2）。

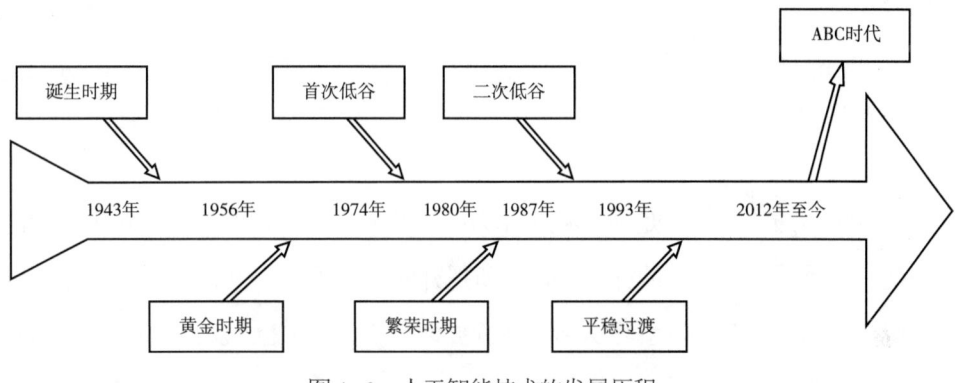

图 1-3 人工智能技术的发展历程

表 1-2 人工智能主要分支研究领域

名称	具体内容
深度学习 （Deep Learning, DL）	"深度"体现在神经网络的层数上，一般来说，神经网络的层数越多，也就是越深，则学习效果越好；"学习"体现为神经网络可以通过不断地灌溉数据来自动校正权重、偏置等参数，以达到更好的学习效果
计算机视觉 （Computer Vision, CV）	一门研究如何使机器"看"的科学，更进一步地说，就是用摄影机和电脑代替人眼对目标进行识别、跟踪和测量等，并进一步做图形处理，使电脑处理的图像成为更适合人眼观察或传送给仪器检测的图像
语音识别 （Voice Recognition）	让机器通过识别和理解过程把语音信号转变为相应的文本或命令的技术，也就是让机器听懂人类的语音。主要采用模式匹配法。根据识别的对象不同，大体分为孤立词识别、关键词识别和连续语音识别

续表

名称	具体内容
虚拟个人助理 （Virtual Personal Assistance, VPA）	一种能替个人执行任务或服务的软件代理，也被称为"代理"，像导演一样将其他一般服务进行集成，以便最有效地满足需要。虚拟个人助理是一个事实上的操作系统，它将连接人类与所有种类的服务，并在处理过程中确保巨大宝贵的个人数据安全，是大多数网上商业交易的中介者
自然语言处理 （Natural Language Processing, NLP）	自然语言处理研究的是实现人与计算机之间用自然语言进行有效通信的各种理论和方法，是一门集语言学、计算机科学、数学于一体的科学。自然语言处理并不是一般地研究自然语言，而在于研制能有效实现自然语言通信的计算机系统，特别是其中的软件系统。因而它是计算机科学的一部分
智能机器人 （Intelligent Robot）	即把机器视觉、自动规划等认知技术、各种传感器整合到机器人身上，使机器人拥有判断、决策的能力，能在各种不同的环境中处理不同的任务
引擎推荐 （Engine Recommendation）	即基于用户的行为、属性（用户浏览行为产生的数据），通过算法分析和处理，主动发现用户当前或潜在需求，并主动推送信息给用户的浏览页面

  智能技术中的"智能"是一个随着算力的提升而不断更迭的概念，对于不同的应用端来说，其是否"智能"的标准也是不断提升的。以手机为例，21 世纪初手写屏手机开始流行，那时拥有较好手写识别的手机被称作"智能手机"。到 2007 年，随着第一代苹果手机的面市，业界将支持无线接入互联网、具备 PDA（掌上电脑）功能、具有开放性操作系统并支持个性化扩展的手机称作"智能手机"。自 2016 年 6 月 13 日苹果公司在全球开发者大会（Worldwide Developers Conference，WWDC）上发布智能语音助手 Siri 之后，国内手机也纷纷推出自己的智能助手，一些手机厂商纷纷打出"智能手机"的旗号，将 10 年前的"智能"标准再次推翻。

  如今几乎所有人都认为手写识别程序已经算不得智能，而 2016 年战胜九段棋手李世石的阿尔法围棋（AlphaGo）才算得上智能[1]，是否未来的几年里 AlphaGo 也算不上"智能"了呢？OpenAI 最新数据披露，自 2012 年以来，人工智能训练任务所需求的算力每 3.43 个月就会翻倍，这一数字大大超过了芯片产业长期存在的摩尔定律（每 18 个月，芯片的性能翻一倍），算法创新、数据与算力共同推动着人工智能的发展。

---

[1] 阿尔法围棋（AlphaGo）是第一个击败人类职业围棋选手、第一个战胜围棋世界冠军的人工智能机器人，由谷歌（Google）旗下 Deep Mind 公司戴密斯·哈萨比斯领衔的团队开发。其主要工作原理是"深度学习"。

当前"智能"的概念仍随着每一次逻辑电路的闪烁而不断更迭。随着更多算力的投入，海量数据 24 小时不间断地哺育懵懂的"学习算法"，人工智能所能处理的问题也越来越复杂。

当我们回溯"智能技术"的历史起源时，就不能不提到那个负气离家的数学天才沃尔特·皮茨与擅长神经科学的沃伦·麦卡洛克相遇的故事。或许就在芝加哥大学的图书馆里，他们看到英国数学家图灵（Alan Turing）的论文，论文中图灵证明了"建造一种可以在有限步骤里完成任何函数计算的机器的可能性"，此时皮茨与麦卡洛克坚信大脑正好就是这样一种机器，它用编码模拟神经网络里的逻辑来完成计算，于是神经科学与数理逻辑发生了奇妙的碰撞，两人于 1943 年在《数学生物物理学通报》（The Bulletin of Mathematical Biophysics）上发表了《神经活动内在思想的逻辑演算》（A Logical Calculus of the Ideas Immanent in Nervous Activity）一文。此文被认为是神经网络研究的开山之作。再到 1959 年，罗森布拉特发明了一种模拟人脑运作方式的前馈式人工神经网络——感知机。此后一段时期里，各种神经网络研究火热进行，引发了第一次神经网络研究浪潮。1969 年，感知机不能解决异或（XOR）问题的缺陷和感知机数据线性不可分问题的提出，使神经网络研究热迅速冷却。直到 20 世纪 80 年代，神经网络的研究一直处于休眠状态。1980~1995 年第二次浪潮兴起，这期间使用反向传播方法训练具有一两个隐藏层的神经网（见图 1-4），以及多层神经网络的提出再次加快了神经网络的研究进程。①

我们有理由相信在第一次、第二次神经网络研究热潮里，科研人员有能力建立适用于当前"智能"标准的模型，但他们不得不等，等待一个又一个 18 个月，等待计算机算力的提升，因为以当时计算机有限的内存和处理速度不足以解决任何实际的 AI 问题。时间终于来到我们所处的 21 世纪，得益于芯片行业的不懈努力，我们终于有了足够的算力去解决实际问题。2006 年，机器学习领域的泰斗日托在《科学》（Science）上发表了一篇论文《利用神经网络降低数据的维度》（Reducing the Dimensionality of Data with Neural Networks），开启了深度学习在学术界和工业界研究与应用的浪潮。

---

① MCCULLOCH WS, PITTS W. A logical calculus of the ideas immanent in nervous activity [J].The bulletin of mathematical biophysics, 1990, 52 (1-2): 99-115.

图 1-4 多层神经网络示意①

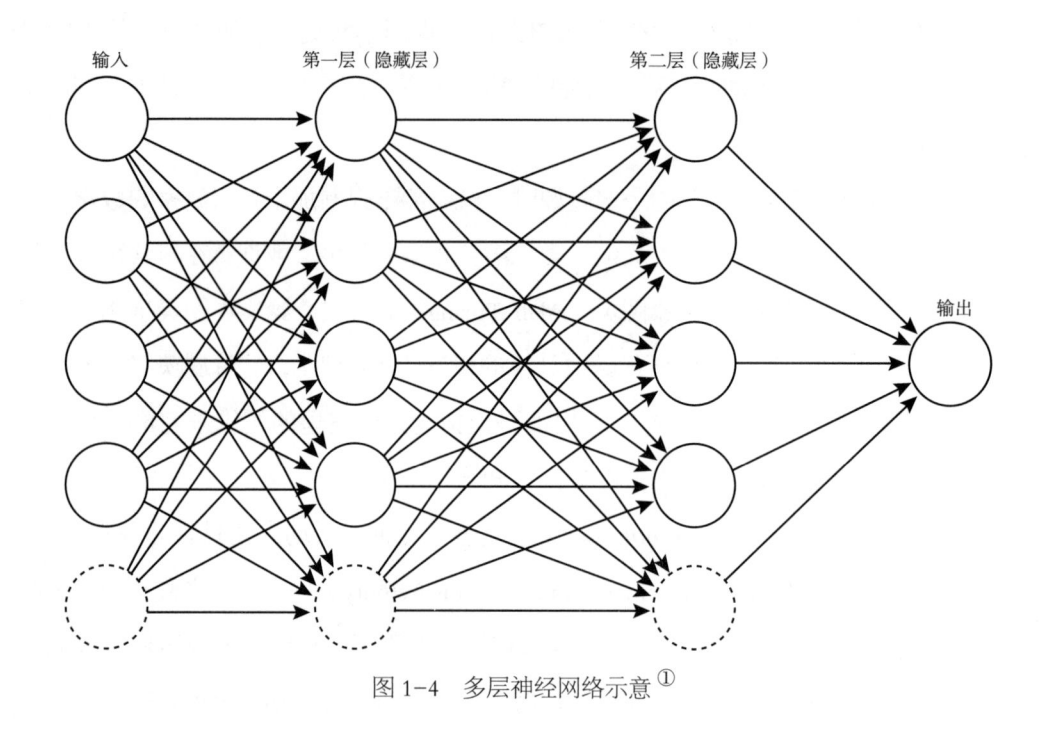

为了让读者更清晰地了解当代人工智能技术发展水平与智能技术应用情况，我们在这里引用 2015 年为纪念人工智能概念提出 60 周年，杨立昆、约书亚·本吉奥和杰弗里·辛顿在《自然》(*Nature*)杂志上合作发表的综述文章《深度学习》："深度学习可以让那些拥有多个处理层的计算模型来学习具有多层次抽象的数据的表示。这些方法在许多方面都带来了显著改善，包括先进的语音识别、视觉对象识别、对象检测和许多其他领域，如药物发现和基因组学等。深度学习能够发现大数据中的复杂结构。它是利用 BP 算法来完成这个发现过程的。BP 算法能够指导机器如何从前一层获取误差而改变本层的内部参数，这些内部参数可以用于计算表示。深度卷积网络在处理图像、视频、语音和音频方面带来了突破，而递归网络在处理序列数据，比如文本和语音方面表现出了闪亮的一面。"②

---

① 图片来源：[美]伊恩·古德费洛，[加]约书亚·本吉奥，[加]亚伦·库维尔. 深度学习[M]. 赵申剑，黎彧君，符天凡，李凯译. 人民邮电出版社：北京，2017.
② LECUU Y, BENGIO Y, HINTON G. Deep Learning [J]. Nature, 2015, 521: 436−444.

三 智能技术的应用

人工智能可以对人的意识、思维的信息过程进行模拟。人工智能虽不是人的智能，但它却是人的智能的延伸，开发者可以通过人工智能技术把人的智能赋予软件或机器，使其具有像人那样思考和判断的能力，甚至像人那样自我反省、自我学习和自我进步的能力。这种能力如果与计算机的超级计算能力和超级存储能力相结合，其应用价值完全可能是人无法比拟的，至少今天的人工智能已经在某些领域远远超过了人的智能。就像人创造了起重机，而起重机所能举起的重量远远超过了人所能举起的重量一样。

（一）人工智能应用

目前，人工智能技术的应用领域非常广泛。在医疗领域，其应用包括语音录入病历、医疗影像辅助诊断、药物研发、医疗机器人、个人健康大数据的智能分析等。在交通领域，其应用包括车辆检测、车辆身份识别、车辆行为分析、无人驾驶、航线规划、路口与路段感知、泊车感知等。在通信领域，其应用包括智能外呼系统、客户数据处理、通信故障排除、病毒拦截、骚扰信息拦截、语音识别、在线翻译、图像识别等。在零售领域，其应用包括无人便利店、无人仓、无人车、商品分拣与出库、客流统计与购买转换率提升、智慧供应链等。在物流领域，其应用包括自动化运输、仓储、配送、装卸、搜索、规划、无人车、无人机等。在教育领域，其应用包括机器批改试卷、识题答题、语音识别纠正发音、师资力量配置的优化等。在安防领域，其应用包括视频监控、电信诈骗数据锁定、犯罪分子抓捕、消防抢险（灭火、人员救助、特殊区域作业）等。在服务领域，其应用包括在线点餐、传菜，餐具回收、清洗，酒店查询、预定、修改、提醒等。在金融领域，其应用包括股票证券的大数据分析、行业走势分析、投资风险预估等。在农业领域，其应用包括无人机喷洒农药、除草，农作物状态实时监控，自动灌溉、收获、销售等。在家居领域，其应用包括智能家电（音箱、电视、冰箱）、智能控制平台、家庭安全和检测等。

（二）强人工智能技术

尽管人工智能的应用已经非常广泛了，但到目前为止，人工智能的研究仍停留在处理已有明确定义的问题上。如果人工智能继续深入发展，一定会转向强人工智能。强人工智能的特点是可以通过学习认识世界的抽象特征，处理未被预先定义的东西。

人的思维本身就是分为两部分的，一部分是逻辑的，这部分用数理方式很容易将其解决；另一部分则是基于认知形成的模糊系统，牵涉到判断、想象等思维方式，这部分目前还很难解决，这构成了人工智能里需要被解决的核心问题。

四 智能技术在新媒体平台上的应用

除上述领域的应用外，人工智能在新兴的互联网内容平台或新媒体、自媒体平台上也有广泛的应用。在新媒体、自媒体平台的应用包括机器人写作、机器人评论、机器人播报、自动翻译、新闻个性化推送、广告精准投放、阅读行为分析、舆情监测、智能挖掘、模式识别等。

新媒体平台中内容的分发主要依赖智能算法的推荐，通过对用户的兴趣挖掘与特征人群聚类，使用户对可获取的内容保持持续兴奋，增加用户使用时间，保证内容的最大曝光量。基于智能算法的内容分发模式彻底打破了传统媒体的经营模式，使传统媒体丧失了渠道的主动权，失去了巨大的广告收益。此外体育类、数据资讯类新闻开始广泛应用智能写作、智能组稿等技术，资讯变得更及时，播报周期变短，在减少人工的同时，极大加快了资讯发布速度与媒体传播数量。智能技术通过深入新兴的数字新媒体行业，改变了人们获取信息的方式，同时也间接改变了众多行业的决策形式、生产方式与经营模式。

第三节 智能技术的本质是设计

一 什么是设计

从某种意义上说，人工智能的本质是设计。也许，理解了设计的概念，就理解了人工智能技术的本质。

那么，什么是设计呢？在我们的习惯认知中，或在一般人交流的语境中，设计大致包括两方面的意思，一是美术方面的设计，如平面设计、装帧设计、插图设计、服装设计、建筑设计等；另一个是预先规划方面的设计，如方案设计、程序设计、架构设计、线路设计等。本书所说的设计，指后一种设计。

在人类几千年的文明发展进程中，预先规划设计始终存在。可以说，它源于人类最本质的需求，源于人类智慧的发展，它既是人类对未知领域的思考，对未来事物的判断，也是人类从茫然无知走向现代文明社会的历程。

"设计"在《新华词典》中的解释是：①设下计谋；②根据一定要求，对某项工作预先制定图样、方案；③指搞设计工作的人。20世纪西方学界对设计概念的公认解释是"Conception and Planning of the Artificial"，即对人造事物的构想与规划。这个解释很宽泛。

1992年，美国教授理查德·布坎南将设计与社会工程学中的棘手问题联系在一起，并阐明设计所解决的正是"棘手问题"。其对"棘手问题"是这样定义的：一类难以程式化的社会系统问题，在这其中，信息是含混不清的，存在着多方利益冲突的决策者，并且解决问题的结果在整个系统中的影响是难以捉摸的。

目前，在计算机领域人们对设计的理解是这样的：如果将设计解决问题的过程总结为构想与规划（Conception and Planning），这个过程是区分"人的智能"与"机器智能"重要的逻辑分界点。业界对设计的实施已形成较为成熟的流程，即发现问题、理解问题、提出构想、完善测试、迭代发展五个步骤，这使得设计很像一个按部就班的线性模型。

二 人类工具设计的历史

关于工具设计的萌芽，我们也许还可以追溯得更早。自人类诞生以来，就一直持续不断地在探索，试图借助通过改变外在事物的方式来简化或替代人的工作。我们的祖先曾把石块打磨成武器，以帮助他们徒手捕猎。在把石块打磨成锋利的武器时，设计实际上已经悄然萌芽了。我们的祖先还驯化了动物、创造了马车以帮助他们出行和运输，马车与步行相比，不仅速度更快，运载能力也更强。马匹的驯化和马车的制造，更是蕴含了丰富的设计思想和设计意识。我们的祖先还创造设计了兵器以抵御入侵，当然也可能入侵异族领地，因为兵器比徒手更利于搏斗。

至于传媒，我们的祖先曾改造了自然物品，使竹简、莎草、泥块都成为记载信息的介质；曾创造设计了各类书写工具——毛笔、铅笔、自来水笔、圆珠笔等。当然，更值得一提的是，中国人还创造设计了纸张和活字印刷术，德国人创造设计了机械印刷机。

工业革命带来了大机器生产，这使得设计在工业生产中变成了非常重要的一环，从此设计从人们无意识的行为变成了人们有意识的主动行为，成了人们为实现某种目标、完成某项任务必须事先规划清楚的事情。今天我们常说的工业设计，就是伴随大机器批量生产与批量销售出现的一种设计行为。

工业设计从广义上说，大致包括三方面的内容，一是机器设备的设计，二是生产流程的设计，三是产品的设计。如今，约定俗成的狭义的工业设计，则多指产品设计。所以可以肯定地说，到了工业化时代，人类的设计步伐大大加快了。蒸汽机发明后，欧洲中世纪非常发达的手工业作坊就失去了主流地位。在农业社会时代，中国人曾因自己的智慧，站在人类文明的制高点上，但西方人率先完成工业革命后，机器制造使西方人走到了文明的制高点。在生产领域，发明了大机器设备，设计了生产流程和流水作业；在交通运输领域，先后发明了火车、汽车、轮船和飞机；在通信领域，先后发明了电报、电话，并设计完成了代码、密码等；在传媒领域，先后发明了滚筒印刷机、胶版印刷机、广播、电视等。这一切都使设计在生产与销售领域成为日益重要的前置环节。

三　计算机程序设计

到了人工智能时代，我们更关注的是计算机程序设计。计算机程序设计广义上是指以某种计算机语言为工具，编写出供人机操作的软件程序。程序设计过程一般包括分析、设计、编码、测试、排错等阶段。这里说的设计是狭义的设计。狭义的设计常体现在编码前的阶段，就是我们常说的"概要设计""详细设计"等工作内容。

（一）从工业设计到程序设计

工业时代的设计是越来越细分的设计。我们听到比较多的说法是工业设计、机械设计、自动化设计，可能还有市场设计、渠道设计等。这些概念都是伴随几次工业革命和市场化浪潮逐渐流行起来的。而计算机程序设计则是随着计算机技术的发展逐渐流行起来的概念。两者的区别在于：第一，工业设计、机械设计、自动化设计等注重的是产品或产品生产设备及产品线本身，而计算机程序设计注重的是软件或设备中的工作系统；第二，工业设计、机械设计、自动化设计强调的是产品的性能与体验、机械设备的功能与应用、工业化的生产流程等，而计算机程序设计强调的则是程序在执行命令过程中的逻辑和程序与人交互的功能。

实际上，在现代社会中，设计已经无处不在了。设计本身代表着人类对事物的预先规划，是人的本性，也是人处理事物的一种方式或态度。甚至从某种意义上说，离开设计，现代社会的发展就会出现混乱。

（二）计算机程序设计的内容

在计算机技术发展早期，软件构造活动主要就是程序设计活动。但随着软件技术的发展，软件系统越来越复杂，逐渐细分出许多专用的软件系统，如操作系统、数据库系统、应用服务器等，而且这些专用的软件系统逐渐成为计算环境中常见的一部分。在这种情况下，软件构造活动的内容越来越丰富，不再是纯粹的程序设计，还包括数据库设计、用户界面设计、接口设计、通信协议设计和复杂的系统配置过程等。在实际开发过程中，计算机程序设计的步骤包括问题建模、算法设计、代码编写、编译调试、编写程序文档等。

程序设计的目的在于确定所设计的程序如何完成预定任务，程序一旦设计完成，程序的使用者就必须按照设计的模式进行操作，并完成任务。如果使用者是需求的提出者，程序设计就是为使用者服务的；但如果使用者不是需求的最初提出者，而是后来的被动使用者，则程序设计就是预定的。也就是说，使用者是被动使用的，甚至可以说是被设计的。今天我们常说，人的需求是被创造出来的，对消费者而言，这其中就含有被设计的意思。

当然，这里还有一个概念是软件设计。软件设计与程序设计的区别在于，软件设计是指一个软件项目的开发，如市场调查、需求分析、可行性分析、概要设计、详细设计、形成文档、建立模型、编写代码、测试修改、发布应用等。而程序设计通常属于软件开发中的一个子过程，即根据前期的调查分析结果和设计文档来进行详细的代码编写工作。

随着人工智能快速走向应用，智能设计正逐渐成为计算机程序设计的重要方面。如果说机械设计、自动化设计整体上是赋予机器以人的体能，早期的程序设计是赋予计算机某种工作的能力，那么智能设计则主要是赋予机器或软件以人的判断能力，甚至是简单的思考能力，它最终是要赋予机器或软件以智能。

四 智能设计给传媒业带来的挑战与机遇

用户个性化推荐系统的广泛应用使传媒业的传统经营模式遭受巨大打击。如今，报纸的订阅份数和广告收入持续下滑，大众消费类期刊经营捉襟见肘，学术期刊全靠论文发表的硬性规定在小圈子里生存，图书的起印册数和被引频次逐年走低，电视的开机率也是逐年下降，音频平台大有取代收音机的趋势。造成传统媒体衰落的原因，恰恰是互联网的崛起和人工智能技术的进步。它们给新媒体提供了强大的开放体系和智能算法功能。

例如，我国的网红少女李子柒在全球拥有超过 3000 万粉丝，仅在 YouTube 上，她的粉丝量就达 1280 万（数据截至 2020 年 10 月 12 日），并且这个数字还在增长中。与她相比，号称美国影响力最大的媒体之一的 CNN，粉丝才 792 万，号称世界最大的新闻广播机构之一的 BBC，粉丝才 558 万。而她仅仅是一个自媒体！她仅仅是出生于中国四川省绵阳市的一个"90 后"女孩！

信息技术的进步深刻影响了传媒业的变革，而且这种影响是以加速度的方式进行的。随着人工智能和 5G 技术的普及，新一代的信息技术应用的核心亮点肯定不会是 4G 时代被大众熟知的抖音、今日头条这类旨在建立互动社区的自媒体平台了。5G、人工智能、机器学习、深度学习以及目前广泛应用的大数据技术不断发展，物联网甚至脑联网的时代终将到来。内容的作用也不仅是提供简单的阅读和浏览，它会进一步延伸，延伸到周围的环境，人们的关注点很可能不仅是内容本身的数字化，而是整个环境围绕数字化的重构，最终要实现的是人、机、自然的完全交互。同时，内容将日益突破载体的限制，为用户带来更生动的感官体验。而这一切的变革与重构，本质上仍是人通过各种算法和技术设计实现的。

五 智能技术是人的智能的延伸

前面我们提到了人工智能技术。人工智能是人的智能的延伸，开发者通过人工智能技术把人的智能赋予软件或机器，使其具有像人那样思考和判断的能力，甚至是像人那样自我反省、自我学习和自我进步的能力。

我们是否可以这样理解：当我们通过人工智能技术赋予软件或机器以思维能力时，我们也会被智能软件或智能机器所左右？但智能软件或智能机器里的程序至少目前来看，仍是其背后的人所设计的。从这个意义上说，少数人的设计通过软件或机器为大多数人所使用，这大多数人可能就是被动的使用者，或者说是被设计者。当然，如果智能软件或智能机器有一天真的会像人那样具有自我意识，那人的角色也许会更尴尬。但本书主要不是讨论未来人工智能的发展对人类本身的威胁，而是讨论在今天的大数据和人工智能条件下，传媒业正在发生的变革。

今天传媒业正在发生的变革究竟是什么呢？一句话，传媒业正在从传统媒体的议程设置向新媒体、自媒体平台的算法设计转型。算法设计说得比较笼统，更准确地说，是新媒体平台正在通过大数据的埋点与分析，不断追踪用户行为。通过对用户行为的追踪与分析，不断对用户进行画像，准确描绘出用户的行为特征和需求特点，进而不断优化系统算法，向用户提供定制化、个性化的服务，以增加用户黏性，使用户对平台产生依赖。换句话说，今天用户的需求实际上是被技术追踪设计出来的，是预先谋划的。

在传统媒体中，我们很难准确追踪用户行为，传统媒体的经营基本都是 to B 的模式，由于其产品的实物属性，它强调的是地面配送渠道。由于传统媒体是精英体制下的产业，因此从某种意义上说也不需要关注用户。对用户需求的了解，充其量就是通过读者来信的方式获得的。这是一种非常简单的反馈模式。

但新媒体、自媒体平台完全不是这样的。互联网的扁平化管理模式，使新媒体、自媒体平台成为 to C 的平台，这意味着它可以直接追踪到任何角落的用户行为。如果是 to B、to C 兼容的模式，也完全可以准确追踪到平台上的所有 B 端和 C 端的行为，并对 B 端和 C 端的所有行为进行分析。我们只要看看大数据的一些分析方法就不难了解这一切了。如大数据的用户行为分析，就包括了漏斗分析、用户留存分析、Session 分析、归因分析、路径分析，这些分析都会准确地为用户贴上标签，向其提供准确的信息内容服务乃至商业交易服务。

在营销方面，新媒体、自媒体平台甚至提出了所谓的增长黑客与北极星指标，并对用户进行分层。它还可以通过活跃度指标的实施，来提升用户价值，进而"驾驭"用户。

如果这一切还不足以说明问题的话，我们可以看看今天网游的开发。为什么那么多人沉迷游戏之中？是因为后台的设计所致。因此，今天的新媒体、自媒体平台，就是通过智能技术的设计来圈住用户。网红是被设计出来的，高的流量也是被设计出来的，利润也是被设计出来的。可以说，离开了设计，就没有今天的新媒体、自媒体平台。仅从这个意义上来说，智能技术的本质就是设计。实际上在今天，智能设计已经无处不在了。随着人工智能技术的进一步发展，智能设计也许将彻底改变我们的媒体业，甚至改变我们的生存方式。

六　智能设计的社会责任

技术是把双刃剑，智能技术更是一把锋利无比的双刃剑。对于媒体行业来说，它在颠覆传统媒体的内容生产与传播方式，带来用户体验的便捷性和精准性的同时，又使人类在内容消费时，轻易被算法所捆绑，失去了对内容的自主选择权。

想想核技术与核工业给我们带来了什么，也许就不难理解了。随着 X 射线的发现、钋和镭的发现、加速器的制成、原子核模型的建立、放射性同位素的发现、核裂变与链式核反应的发现等，核技术及其应用给人类生产与生活带来了一系列的变化。核电站的建设解决了人类的能源问题，夜光粉可以用于钟表业，X 射线已经广泛应用于医学诊断，同位素示踪法已经在分析化学中得到应用，镭在癌症治疗中也已得到应用。这是有益的一方面。另一方面，在军事上，原子弹和氢弹等核武器研制成功，如果将其全面用于战争，其破坏能力已足以摧毁人类文明本身。因此，核武器的限制试验与使用，是人类社会对自己的一种责任。

传媒业是一个神圣而具有重大责任的行业。媒体是社会舆论的引导者，是对外宣传的窗口。因此，媒体担负着重大的社会责任，关系着社会的安定与秩序，关系着社会的舆论导向，新闻传播最重要的就是担负应有的责任，媒体从业者需要具有很强的社会责任感与使命感。

在新旧媒体交替过程中，从传统报纸期刊的征订数、阅读率，到广播电视的开机率、收听收视率，以及广告投放量和收入规模，再到图书的首印册数、被引频次等，无不证明传统媒体正在快速地被新媒体、自媒体平台所取代。新媒体、自媒体平台拥有如今规模最大的信息流量入口，拥有如今最多的受众关注度和使用量。在这种情况下，其后台的智能算法和大数据分析系统，对人们获取信息的方式、获取信息是否客观全面，特别是对人们的价值判断有着深刻的影响。

如果这里提到的新媒体、自媒体平台对人们的影响不那么直观的话，我们可以继续拿网络游戏为例进行说明。看看如今的网游对青少年的影响程度就知道了。网游平台的背后也是智能算法和大数据采样与分析系统，它可以追踪每一个玩家的行为，包括从哪里获取到网游入口的信息、首次登录与首次充值的情况、每个页面甚至每个按钮停留的时长、购买武器装备的消费情况、在哪个页面离开的等，通过这些埋点和分析，对用户进行画像，研究为什么用户会离开或为什么没进行大量消费等。然后再通过修改算法和优化系统、更新页面设计，来吸引玩家更多地依赖游戏。从某种意义上说，相当多的网游开发者为了其商业利益的最大化，实际上是在研究人性的弱点，有针对性地提供服务。如果这样的话，青少年沉迷网游几乎是不可避免的。因此，当前游戏平台开发者的首要问题是增强自身的社会责任感。对政府来讲，就是要加强对其的监管。关于网游的沉迷问题，可参阅本书作者之一的另一篇文章《今天，我们变成提线木偶了吗？》。

对如今的新媒体、自媒体平台来讲，应完善其内容分发机制，在设计优化中权衡内容加工与内容分发的工作重心。在内容加工端，加强内容智能化鉴别的算法设计，包括违规内容的识别处理、内容资源的标签深度（兼顾精准度与推送广度）、信息真伪性认证、舆情监控等模块的设计。在内容分发端，应优化推送逻辑，结合传统媒体业内容把关的优势和互联网内容生产与传播的优势，做到内容推送兼顾内容的正确性与正能量，在保持用户信息兴奋的同时，避免"信息茧房"效应，做到时政新闻、严肃知识的智能化加权，保证政策信息与严肃知识的实时有效传播。同时，要实时监测舆论发展态势，避免有害信息快速传播，给社会造成伤害甚至引发动荡。

新媒体、自媒体平台还应通过智能手段，用技术的方式摒弃利用耸人听闻的标题吸引用户的恶习，做到标题准确、知识正确、内容优质等特点。新媒体、自媒体平台还应主动肩负使命传递、科学普及的社会责任，加强对读者最感兴趣的内容与正确的知识内容和正确的价值观之间的权衡，注重学术内容的严谨性与娱乐内容的健康性，注重内容资源的分类拓展，使内容资源发挥更大更好的社会效益。

解决新媒体、自媒体平台社会责任问题最好的办法就是中央提出媒体融合策略的落实。2014 年 8 月 18 日上午，习近平总书记主持召开中央全面深化改革领导小组第四次会议，审议通过了《关于推动传统媒体和新兴媒体融合发展的指导意见》。习近平强调，推动传统媒体和新兴媒体融合发展，要遵循新闻传播规律和新兴媒体发展规律，强化互联网思维，坚持传统媒体和新兴媒体优势互补、一体发展，坚持先进技术为支撑、内容建设为根本，推动传统媒体和新兴媒体在内容、渠道、平台、经营、管理等方面的深度融合，着力打造一批形态多样、手段先进、具有竞争力的新型主流媒体，建成几家拥有强大实力和传播力、公信力、影响力的新型媒体集团，形成立体多样、融合发展的现代传播体系。要一手抓融合，一手抓管理，确保融合发展沿着正确方向推进。时隔六年，2020 年 9 月，中共中央办公厅、国务院办公厅印发了《关于加快推进媒体深度融合发展的意见》，并发出通知，要求各地各部门结合实际认真贯彻落实。两个《意见》既为传统媒体的转型升级指明了方向，也为新媒体、自媒体的发展指明了方向。传统媒体要通过融合的方式向新媒体平台学习互联网时代的传播方式；同时，新媒体、自媒体平台也要通过融合的方式，向传统媒体学习内容生产与内容把关方式。优势互补，才是未来媒体业发展的趋势。

最后，面对智能技术的迅速发展，传播学理论和传播学教学也应与时俱进，迭代修订已过时的内容，增加新的理论与新的实践案例并对其进行科学总结。本书后续章节通过前沿技术的应用案例来展现当前新媒体、自媒体平台的运营方法，为传统媒体从业者提供相关技术通识，提供转型升级与融合发展的相关知识，为新闻传播学和编辑出版学专业的学生提供学习辅助材料。

第四节 此消彼长的媒体营销方式

随着智能时代的到来，传统媒体与新媒体平台在营销方式和营销结果上发生了巨大的改变。

一 营销规模和增长率的变化

《中国传媒产业发展报告（2020）》的数据显示，2019 年我国传统纸媒市场规模占比持续缩减，其中报刊收入占比从 2018 年的 2.04% 下降至 1.43%，图书收入占比由 2018 年的 5.16% 下降至 4.47%[①]。与此同时，在直播等新兴互联网业态快速发展的背景下，传媒产业移动内容及增值收入快速增长，占比由 2018 年的 38.52% 增加至 46.13%。

2021 年北京市传统编辑人员的平均薪资为 9500 元/月，低于地区平均薪资水平 35.2%，其中收入水平超过 1 万元/月的人群占比不足 50%。而新媒体内容运营的薪资平均为 17400 元/月，其中收入水平超过 1 万元/月的人群占比超过 60%。[②] 传统媒体的持续衰落与人才流失之间形成一种恶性循环。新生力量得不到补充，人才的缺失又导致衰败加剧，因此传统传媒企业必须尽快做出选择，谋寻转型升级、融合发展之路，开辟新的营收模式，否则很可能会在持续衰落中由"大众传媒"走向"小众传媒"。

二 服务理念上的变化

（一）从以创作者和生产者为核心的模式向以读者和用户为核心的模式转变

传统的新闻出版广电传媒业是以内容创作者、内容生产者和内容发布者为核心建立起来的生产与消费模式，是精英式产业。在这种产业模式中，读者是被动消费的。但是，随着新媒体、自媒体平台的迅速崛起，以读者和用户为核心的生产与消费模式正在改变原有模式。

---

① 数据来源：崔保国，徐立军，丁迈.中国传统产业发展报告（2020）[M].北京：社会科学文献出版社，2020.
② 数据来源：职友集.查工资[EB/OL].[2021-6-16] https://www.jobui.com.

在这一过程中，内容生产方式和营销方式也发生着变化。例如，罗辑思维推出的得到 App，它的内容生产机制就类似于《纸牌屋》的内容创作连载模式，作者不需要写完一整本书，而是边写边连载，读者可以通过在社交网络上的反馈间接参与创作过程，作者也可以在得到 App 后台随时增添删改内容，用迭代化的思维来做知识产品。传统出版的供应链太长，常常会导致修订版的销量不佳。罗辑思维直接与作者和出版社合作，大幅提升了出版效率，甚至出现先有电子版后有纸质版的营销模式。

（二）从无差别传播向个性化推送转变

以纸质媒介为代表的传统出版物呈现在读者用户面前时，其发布渠道、展现形式、传播内容基本是一致的，即所有读者接收到的内容都是相同的。传统出版作为印刷媒介，其内容分发方式是一种无差别传播，缺少信息反馈，无法及时准确分析用户差异化的个性需求。

不同于传统的新闻出版产品这种无差别传播模式，大数据技术可以采集用户行为，对其进行精准画像，这就使一对一式的个性化推送成为可能。所谓个性化推送，就是指系统可以根据用户的行为特征，为用户定制、推荐符合其个人偏好或使用习惯的内容。例如，今日头条会根据用户特征、场景和文章特点进行个性化推荐，而这些推荐并不像传统媒体那样靠编辑人为进行，而是靠智能算法实现。今日头条在给用户推荐一篇喜欢的稿件时，会考虑三方面的因素：第一，用户特征，包括兴趣、职业、年龄、短期的点击行为；第二，环境特征，结合用户行为数据，在不同时段、不同地点，为用户推送不同的信息；第三，稿件特征，包括稿件中有哪些主题词会命中用户的阅读需求、稿件热度、是否有多家媒体进行了转载等。

（三）从封装型书报刊出版物向无固定产品形态的内容聚合关联转变

传统书报刊出版物的产品形态是封装型的，有固定的物理介质、固定的定价标识。其封装特点是内容与载体不可分离，无法围绕出版物在作者与读者之间形成关联和交互。另外，传统书报刊出版物所承载的知识内容也不具有聚合性，即不能根据读者的个性化需求对知识进行结构上的重组。但随着大数据技术在新媒体平台上的广泛应用，新的内容聚合形式可满足读者和用户对知识内容的深度阅读和强关联查询。特别是在学术研究领域，读者在查询某一知识点或内容时，更希望获得所查询知识点或内容的全貌及相关文献信息，通过对大量知识资源的分类、聚合、管理等，从庞大的内容数据资源中挖掘有效信息。新媒体平台更能满足读者的需求，为读者呈现更丰富、更多元的知识内容。

例如，中国知网为法律行业开发建设的中国法律知识资源总库，整合了超过300万篇法律相关文献资源，同时运用大数据分析技术对案例要素进行挖掘，对各类案例裁判结果进行分析，围绕定罪、量刑、法律适用整合法条解读、案例参考、办案指导等资源，提供定量分析，与各类业务系统无缝对接，方便读者直接查询所需的相关信息并掌握相关法律知识，通过对资源的聚合关联，提高法律工作者的工作效率。

（四）知识内容从难以获取向可获取转变

传统的新闻出版单位将出版物生产出来后，由于纸质媒介单向传播的局限性，出版单位无法及时全面掌握读者真实阅读情况及其兴趣点，同时读者也缺乏有效途径来反馈自己的需求，致使图书策划方向与读者的阅读需求无法匹配。当下，以移动阅读为代表的数字媒介所带来的阅读方式，将阅读从一种单独、个人行为，转变为某种可以获取的半公开行为。通过抓取网站、移动端及电子阅读器的后台数据，能够让新媒体平台的编辑人员及时了解读者的阅读强度、阅读时长、是否标注重点、是否查阅词典、是否分享到社交媒体等，方便将数据转化为某种可参照的指标。互联网技术使读者的阅读行为获取成为可能，从而通过相应的数据来获悉读者的阅读心理或购买倾向等。

在目标用户分众化的时代，只有实时、系统、全面地了解用户的阅读行为，并根据用户阅读需求的差异来进行市场细分，才能提供个性化、定制化的阅读服务。大数据技术可以把用户阅读行为分析融入信息服务过程中，将用户阅读行为数据信息转化为用户需求，掌握用户的兴趣点，以便更有效地为用户提供内容，从而节省用户的时间，并提升阅读体验。

三　运营模式上的变化

（一）从以产品为中心的运营模式向以服务为中心的运营模式转变

传统媒体的商业模式遵循"产品中心、内容为王"的经营理念，通过提供高质量的书报刊产品,来满足读者需求。新媒体平台则强调"用户中心、服务为王",即通过互动性极好的新媒体形态,绕过中间商,直接与读者发生联系,进行交易。就传统的平面媒体而言,基本上是 to B 模式或 to B、to C 兼容的模式。而新媒体平台则主要是 to C 模式。因此,传统媒体关注的是产品的配送渠道,新媒体关注的是服务方式。

(二) 从工业化生产与销售模式向虚拟化生产与销售模式转变

传统传媒业是工业化的生产模式,它具有明确的物质化的载体形式及单向度的传播渠道。这使其产业经营具有鲜明的特性,对图书而言包括固定的定价策略、严格的地面配送渠道、约定好的折扣体系、明确的版权机制等;对报刊而言则包括预付款的征订模式、固定的广告版面等。由于其实物属性,以畅销书为目标的图书盈利模式具有极大的产业特色,几乎 80% 的收入都来自畅销书,因此追求畅销书成了大众图书出版的主要目标。这也是传统出版所谓的"二八法则"。但新媒体则完全是虚拟经济的产物,虽然"内容为王"仍是行业的准则,但由于其虚拟属性,经营模式和经营手段完全发生了变化。

(三) 从单一内容形态和单一运营模式向富媒体形态和多元化运营模式转变

由于技术功能的不断加强,新媒体平台突破了传统单一的内容形态,集文本、音频、视频、图形、图像,甚至数据库等内容形态于一体,成为名副其实的"富媒体"平台。

随着内容形态的日益丰富,其运营模式也日趋多元。由于新媒体技术对消费者浏览时间、点击行为的效果、用户兴趣可进行追踪观察,从而新媒体的广告投放对于广告主而言,其效果比传统媒体的根据媒体覆盖范围、收视听率、广告到达率的"被迫式广告"投放更为精准。因此新媒体运营模式从面向作者的运营模式逐渐转向面向读者的运营模式。在技术的帮助下,平台的产品经理可以基于细粒度数据研究用户需求,设计面向个人的越来越精准化的服务。

新媒体运营更注重内容运营而不是产品运营,过去的传统媒体主要以运营产品的影响力为主要目的,例如运营一本期刊、一种报纸或是一档节目等。而如今内容分发"智能化",社交资讯"个性化",受众可直接消费内容,产品的影响力下降,渠道的有效性下降,新媒体运营以建立围绕内容生产的运营逻辑为主。编辑不再围绕作者进行选题策划，而更多地基于用户大数据筛选用户感兴趣的内容，直接提高"创作内容"的曝光度。基于用户的服务理念，聚集内容产品设计，以算法的内在逻辑进行推广运营。

从单纯的版权经营向开源与开放版权模式转变。传统传媒业的商业模式主要基于版权进行运营，传媒业中内容产业占很大比重。以出版业为例，作品是出版产业的核心要素。因创作和传播作品而产生的权利主要是版权。长期以来，出版业的商业模式是以版权为基础建立起来的，对版权的维护与使用，是出版产业的利润来源。而互联网本身具有的开源性和开放性，使其运营的内容作品也有相当部分采取了类似的模式。尽管称互联网为"免费的午餐"不一定合理，但互联网的开源与开放模式将会对未来的内容作品的运营模式带来巨大的影响。

四　传播方法上的转变

传统媒体的传播方式是有中心化的，即一般由一个内容生产与传播中心，向受众辐射式传播（见图 1-5）。如果站在消费者角度看，内容消费的方式是被动接收的。无论报刊图书还是广播电视，无不如此。这种传播方式的特点是中心传播什么内容，受众就只能接收或阅读什么内容，受众无法直接决定发布或播放的内容，也无法直接决定内容发布或播放的时间。受众对内容或时间的影响，最多只能通过所谓的读者或观众来信、来电间接产生，而且影响力也是非常有限的。

而新媒体平台，特别是新媒体平台中的自媒体，内容生产者、传播者与内容消费者的角色是可以互换的，任何内容的消费者都可以成为内容的生产者和传播者，每个人都可以在网络上发表意见，也可以转播他人发表的意见。这些内容既可以是文本的形式，也可以是音频、视频的形式。在自媒体平台中，也不是只有一个内容生产与传播中心，而是有多个内容生产与传播中心——从技术上讲几乎可以是无数个中心，这些中心形成圈子套圈子的模式，其传播方式也是通过圈子套圈子的模式完成的（见图 1-6）。

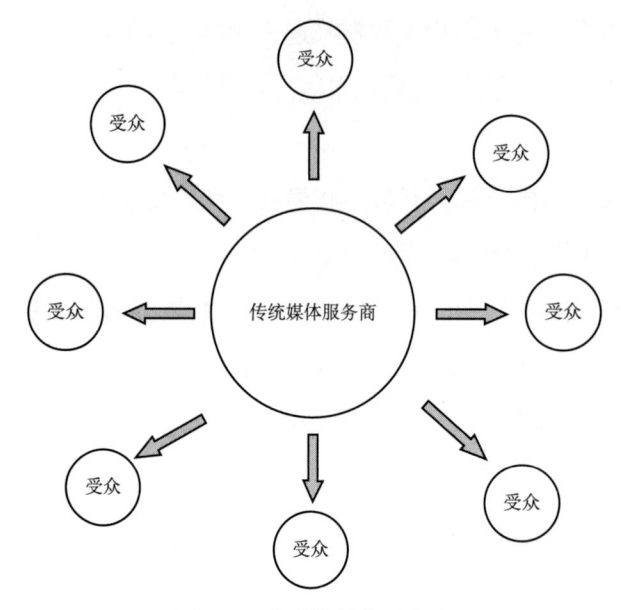

图 1-5 传统媒体传播方式

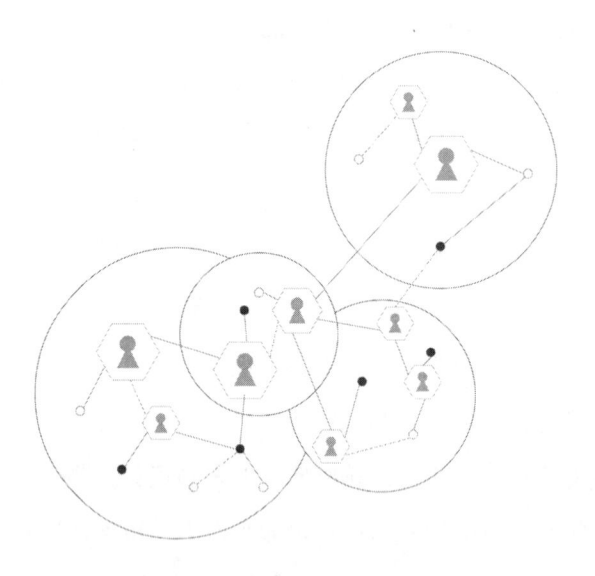

图 1-6 新媒体内容交互传播

这些相互嵌套的圈子，实际上也是一个个虚拟的社交网络。社交网络的迅速延展，使个人掌握了内容传播的主动权，传播内容迅速膨胀，并以指数级的速度爆发式增长，可供用户选择的内容空间变宽，文化和思想的对撞与共鸣使内容在社交网络中裂变式传播，用户会选择自己认同或反对的观点进行赞扬或批判，传播方式在这时可以概括为"主动选择"。因此，自媒体时代，也可以说是社交网络泛滥的时代。这里的"泛滥"一词，并不是指其"烂"，而主要是指其"多"，像洪水泛滥一样。

20世纪80年代，在大学里曾广泛流传过一个词叫"信息大爆炸"，也出现过"知识价值论"或"知本论"的说法。但今天看来，当时的学术界对此实际上是一知半解。只有到了互联网时代，"信息大爆炸"才成为可能，因为人人都可能成为媒体，人人都可能将自己脑子里的内容随时随地发布到网上，甚至还可能将别人的内容随时随地分享给其他人；人人都可能将他人的内容改编后发布到网上——这里暂时不讨论版权的问题。在《数字出版商业模式研究》一书里，作者曾提出过"脑联网"的概念，意思是互联网实际上是把每个人的大脑联结在一起了。这才是"信息大爆炸"的真正原因。当然，今天西方人提出的"脑联网"是另一个意思。今天的"脑联网"指的是脑机接口，即将多个动物的大脑通过大脑接口实时协同互换信息的新型计算机核心。有"钢铁侠"之称的马斯克已经宣布，其掌舵的脑机接口企业 Neuralink 公司，已经研发出脑机接口系统，可实现人脑与人工智能的实时连接和共存。

当然，今天社交媒体的泛滥，也会使用户在持续兴奋的内容中迷失方向，逐渐丧失选择的主动权，传播的结果变为受众的"智能式的被动接受"。这就是本书一再强调的"设计即服务，设计即营销"的概念。算法设计代替了"有中心"时代的议程设置。大众最终仍然沦为被动的消费者，或被设计者。只不过这个设计者并非媒体人，而是平台拥有者与算法工程师合作的结果。

第二章

大数据驱动下的设计优化

第一节　大数据相关概念

一　什么是大数据

大数据是智能技术发展的三个重要基础（数据、算法、算力）之一，其本身与人工智能有着紧密的联系。自2013年以来，信息量的爆发式增长推动着媒体转型。虽然在技术层面大数据并不是一个新的概念，但大数据时代却是伴随着近年来的信息爆炸而来，也正是基于大数据技术的发展，人工智能技术才在落地应用方面获得了诸多突破。

（一）数据与数据分析

1. 什么是数据

数据是指对客观事件进行记录并可以鉴别的符号，是对客观事物的性质、状态以及相互关系等进行记载的物理符号或这些物理符号的组合。它是可识别的、抽象的符号。这里首先要明确，"数据"在概念上不等于"数字"。数字是一种用来表示数的书写符号，如阿拉伯数字。但阿拉伯数字并不是阿拉伯人发明的，而是印度人发明的。阿拉伯人将其传播到世界各地，因而得名。

在古代印度，人们在进行城市建设时需要设计和规划，进行祭祀时需要计算日月星辰的运行，于是，数学计算就产生了。大约在公元前3000多年，印度河流域居民的数学就比较先进，而且采用了十进位的计算方法。

今天人们常说的"数据"一词，更多是计算机领域的概念，指所有能输入计算机并被计算机程序处理的符号的总称，是用于输入电子计算机进行处理，具有一定意义的数字、字母、符号和模拟量等的通称。数据是有含义的，有多种分类，且数据的含义是可以被解释的。数据的含义表现在，它代表着一定的具体意思，这个意思可能指年龄，也可能指时间，还可能指定位等。而数据的分类，因角度不同，可有多种分类方式：定量数据，如长度、面积、体积、速度等；定时数据，如年、月、日、时、分、秒等；定位数据，如坐标数据等；定性数据，如居民地、河流、道路等；类型数据，如数字数据、模拟数据等。这些特征使数据分析成为可能。

2. 什么是数据分析

数据分析是指用适当的统计分析方法对收集来的数据进行分析，提取有用信息、形成有效结论而对数据加以详细研究和概括总结的过程。

在大数据时代到来之前，数据分析就已经得到广泛应用。数据分析的数学基础在20世纪早期就已确立，但直到计算机的出现才使实际操作成为可能，并使数据分析得以推广。数据分析是数学与计算机科学相结合的产物。

（二）大数据与大数据特征

1. 大数据的概念

大数据顾名思义指数据量巨大。但数据量多到什么程度可以算作"大数据"呢？这里至少牵涉两个问题，一是大数据中的"数据"含义是什么？二是大数据中的"大"的含义是什么？

今天说的"大数据"严格说是计算机术语。关于"大数据"有太多有识之士给它下过定义了，有些定义大同小异，有些则表达角度不同。本书采用麦肯锡的定义，即一种规模大到在获取、存储、管理、分析方面大大超出了传统数据库软件工具能力范围的数据集合，它具有海量的数据规模（Volume）、快速的数据流转（Velocity）、多样的数据类型（Variety）、价值密度低（Value）、数据真实性（Veracity）五大特征。本质上，它为我们观察世界提供了一种全新思维。

2. 大数据的特征

大数据的主要特征可以概括为"5V"：（1）海量的数据规模。大数据的起始计量单位至少是P级，甚至是E级和Z级。为了理解大数据的"大"，本书作者之一在其《出版业有"大数据"吗?》一文中写道:"大数据的'大'是否可以理解为是名词,而非形容词,它代表一个数据级别,而非简单形容数据之多。也就是说只有到一定级别的数据才能被称为'大数据',如 PB、EB 等?"(2)快速的数据流转。大数据的数据增长速度快,处理速度也快,时效性要求高。比如搜索引擎要求几分钟前的新闻能够被用户查询到,个性化推荐算法要求尽可能实时完成推荐。这是大数据区别于传统数据挖掘的显著特征。《出版业有"大数据"吗?》一文中写道:"它是指数据的实时快速生成、更新与累积,如互联网公司服务器上的实时生成的日志、社交网站上实时生成的用户信息、传感器数据和监视数据等。所以有人提出 1 秒定律,来形容其数据更新的快速性。也就是说它指的不是出版物上的静态数据,而是基于联机交互、实时更新的动态数据,大数据是活水,会有新的数据不断地注入进来。"(3)多样的数据类型。大数据的数据类型和来源多样化,包括结构化、半结构化和非结构化数据,具体表现为网络日志、音频、视频、图片、地理位置信息等,多类型的数据对数据处理能力提出了更高的要求。(4)价值密度低。大数据的数据价值密度相对较低,或者说是浪里淘沙却又弥足珍贵。随着互联网以及物联网的广泛应用,信息感知无处不在,信息海量,但价值密度较低,如何结合业务逻辑并通过强大的机器算法来挖掘数据价值,是大数据时代最需要解决的问题。"即价值密度的高低与数据总量大小成反比,数据量越大,有价值的数据越难荟萃,越需要通过强大的机器算法和工具软件来实现,因此有人认为价值'提纯'是大数据的特点之一。换句话说,完全面对需求的严谨的、干净的结构化数据,还需要挖掘吗?挖掘的本意不就是沙里淘金吗?"[①](5)数据真实性。大数据的准确性和可信赖度高,即数据质量高。数据的重要性就在于对决策的支持,数据规模并不能决定其能否为决策提供帮助,数据的真实性和质量才是获得真知和思路最重要的因素,是制定成功决策最坚实的基础。获取真实可靠的数据是保证分析结果准确、有效的前提。只有真实而准确的数据才能获取有意义的结果。[②]

除以上特征,大数据还有一些特点,比如分布式(Distributed),也就是说这么大规模的数据量,只能通过分布式存储、分布式读取、分布式利用来实现;又如复杂性

---

① 陈明. 大数据概论[M]. 北京:科学出版社,2015.
② 张立. 出版业有"大数据"吗?[J]. 出版人,2016(08):52—55.

（Complexity），即数据量巨大，数据来源多渠道，包括传统数据、交易事务型数据等，而互联网和物联网的发展则带来了微博、社交网络、传感器等多种数据来源。

由此可见，并不仅是因为数据多就能被称为大数据，大数据只有在互联网时代才能产生。其实，人们对"大数据"的膜拜，最早可以追溯到《大数据时代》这本风靡一时的书，而美国影视作品《纸牌屋》的播出和热评，也给"大数据"带来了很好的宣传效果。

3. 大数据的换算

为了便于让人们理解大数据之"大"，这里引用《出版业有"大数据"吗？》一文中的换算。

我们知道，二进制数据的最小单位是比特（bit），用"b"表示。比特和字节（Byte）的关系是8比特等于1字节，即8b = 1B。其中，1字节又等于0.5个汉字。B，KB，MB……EB之间，以1024的倍数增长。本书直接采用Windows计算器进行计算如下。

1KB=1B*1024=1024 字节 =512 个汉字；

1MB=1KB*1024=1048576 字节 =524288 个汉字；

1GB=1MB*1024=1073741824 字节 =536870912 个汉字；

1TB=1GB*1024=1099511627776 字节 =549755813888 个汉字；

1PB=1TB*1024=1125899906842624 字节 =562949953421312 个汉字；

1EB=1PB*1024=1152921504606846976 字节 =576460752303423488 个汉字；

1ZB=1EB*1024= 1180591620717411303424 字节 =590295810358705651712 个汉字；

……

通过这种计算，我们大致知道了EB级别的水平，也就是57亿亿以上个汉字。

从以上分析可以看出，大数据绝不是传统新闻出版业中普通的销售量数据或发行量数据，也不是平面媒体中印出来的内容数据。因此，传统新闻出版业，如不转型升级到互联网或移动互联网平台，基本上其处理的数据都不属于今天所说的"大数据"。

二 什么是大数据分析

随着智能技术的快速发展，如今大数据、物联网、云计算、人工智能这些技术术语已深入人心，以至完全没有接触过这些技术的人经常会望文生义，想象出它们的应用场景。以大数据为例，至今新闻出版界还有大量的人认为大数据和大数据分析就是平时的销售数据的统计与分析或财务数据的计算与分析。这显然与真正的大数据应用相距甚远。

受运算能力和采集技术的限制，以及数据统计自身局限性的影响，大数据分析实际上直到 21 世纪初才得以实现，并在技术革新的基础上，在更多领域得到应用。基于大数据应用，通过洞察用户的属性和行为，我们可以更精准地了解不同群体的特征，了解不同个体的需求，并根据业务能力，提供定制化的服务。有人说 2013 年是大数据元年，经过数年的推进，如今无论是政府部门解决民生问题和提供服务，还是企业（主要是互联网企业）满足用户需求和扩大营收，都已经离不开大数据采集与大数据分析了。

大数据分析是数据与统计分析的结合。数据本身不产生价值，它是通过数据建模、数据挖掘等技术，将原始的数据转化为分析指标，从而将用户特征绘制成用户画像，为上层业务的改进和升级提供支撑。如果说信息化是用来连接真实世界和虚拟世界的桥梁，那么数据分析，就是把虚拟世界的数据，翻译为现实世界物理现象的方法。

大数据分析需要从数据的采集开始，经过数据入库存储，数据关联打通，再通过不同维度的统计分析，形成业务层面或用户层面的洞察，最终提高上层业务的服务能力。因此，大数据分析不仅要解决分析层面的问题，还要解决运算、存储、ID 关联等业务难题。此外，大数据的部署，还要保障数据的物理安全并解决人为攻击等问题。

2018 年阿里巴巴提出"数据中台"概念，将数据进行了从底层到应用的全流程打通。数据从采集存储到标签画像，再到人群洞察，最终流向数据银行，通过业务应用，如营销、运营、推荐等，进行商业领域的推广。这几年，大数据分析从统计层面的摸索阶段开始，逐步延伸并形成了一套完整的技术和业务解决方案。

（一）传统数据分析和大数据分析的区别

1. 数据分布状态的区别

维克托·迈尔－舍恩伯格及肯尼斯·库克耶在《大数据时代：生活、工作与思维的大变革》(*Big Data:A Revolution That Will Transform How We Live, Work, and Think*)

一书中提出，大数据分析不采用随机分析法（抽样调查），而采用所有数据进行分析处理，因此不用考虑数据的分布状态（抽样数据需要考虑样本分布是否有偏差，是否与总体一致），也不用考虑假设检验，这是大数据分析与一般数据分析的区别之一。

2. 抽样与全量的区别

过去我们做数据分析的时候，通常要通过样本来预估整体的数据特征，运用概率统计学知识来校验结果的准确性和可信度。通常要得到一个结论，需要经过多次抽样，反复校验。

大数据分析，不仅仅局限于计算期望值、方差值、离散度等统计概率，而是走向真实的数据反馈。最主要的原因在于大数据分析面对的数据是全量数据，不再受限于样本出现的数据波动。我们计算一个指标时，直接就可以通过全量数据得出最终值，不再需要反复验证数据的准确性，这提升了分析工作的效率，也提高了分析结果的可信性。

3. 问卷调查与埋点采集的区别

在传统的数据分析中，设计调查问卷是非常重要的环节。过去媒体行业进行数据分析时，经常会通过问卷调查采集受访者是否看电视、几点看、看什么节目、对节目的评价等信息，得到用户的基础数据。但是，难免会有人因为各种原因不如实作答，这样会造成分析的可信度下降。

数据采集是跨入大数据时代的一个重要技术转变。我们不再依赖于问卷调查的形式，互联网的用户行为通过前端后端的代码埋点进行采集，现实世界的用户行为通过摄像头、传感器等形式进行采集。同时，结合 CRM、ERP 等其他软件存储的用户数据，基本可以覆盖用户在真实世界的行为轨迹。我们将这些采集到的行为数据储存在数据仓库中，通过数据分析模型进行分析。用户有没有看视频、看了什么视频、看了多久、App 的访问日志等都有清晰的记录。因此只需要对这些数据进行统计计算即可，不再需要进行问卷调查工作。

当然，凡事没有绝对。数据的运算是要消耗资源的，有些数据量很大的计算，对结果的要求只是定性分析，而非精准定量的分析，这时候往往仍会采用抽样的方式进行计算。有些很难采集到的用户行为，也可以通过调查问卷的形式进行收集。综合来说大数据是在技术上的进步，是对数据分析的升级。

（二）数据分析方法的快速变革

在大数据理论提出之前，计算机和通信发展处于初期阶段，一方面受到硬件的限制，存储的服务器性能和空间无法达到预期；另一方面计算能力上也存在差距，难以处理海量级的数据。因此，在这一时期，主要依赖抽样调查，对样本进行分析，其准确性、实时性以及分析的细度都无法和现在的大数据分析相比拟。

20世纪90年代约翰·马什提出大数据概念。一方面，大数据解决了传统的统计分析无法在允许的时间范围内进行大量数据的采集和处理的问题。另一方面，数据规模造成的存储压力，也是大数据相关技术需要攻克的重要难题。

数据分析经历了三个阶段，从概率统计，到大数据分析，再到机器学习。每一个阶段，都依赖技术的革新，都对原有知识进行了改进和升级。未来真正意义上的人工智能，所依赖的基础也将会是大数据和机器学习。

（三）大数据分析的必要性与可行性

不同的行业，不同的角度，都会有不同的数据需求。就目前的互联网行业来说，一方面，产品和业务逐渐趋同化，同类App繁多，模式和功能相互借鉴，逐渐融合，垂直类App逐步转化为社交化媒体或社区型电商。另一方面，变现模式逐渐趋同，模式单一，主要从广告、电商、金融、信息、增值服务五个方面变现。与此同时，随着移动互联网的普及，人口红利下降，行业流量饱和，主要用户被大的渠道垄断，如阿里系、腾讯系、百度系、字节跳动系等，造成市场获客成本提高，导致用户增量减少、存量垄断、竞争加剧。

由于主要的获利手段和竞争方式都是围绕新媒体、自媒体平台进行的，或者更准确地说是围绕新媒体、自媒体平台上的用户行为进行的。因此，企业要谋求生路和提高利润，就无法绕过平台上的用户行为，对用户行为的分析也很难用传统的统计学方法进行。这就使新的数据分析方法的使用成为必要。

又由于与传统实体经济时代的地面用户相比，新媒体、自媒体平台上的用户在量级上是海量的，在行为上是实时的，在模式上是交互的——甚至是以复杂的圈子套圈子的方式进行交互，因此如何用更加实用的新技术手段捕捉用户行为轨迹，并对其特征和潜在需求进行分析，就成了平台开发方、经营方必须考虑的事情。更准确地说，如何通过数据分析形成用户特征画像，从而挖掘存量用户潜在需求和价值，分析用户流失的原因，增强用户黏性，提高用户留存时长和付费积极性，以确保在"零和博弈"[1]时代保持商业领先，已成为平台方必须解决的事情。上述这一切呼唤着大数据技术的登场。

三 什么是用户行为分析

在介绍完大数据分析的历史渊源后，我们开始介绍大数据分析的具体应用。大数据分析有很多视角，有供应链侧的、用户侧的，也有内容侧、商品侧的等。大数据分析的目标对象有很多种类型，目前我们常用到的大数据分析，一般指的是基于用户视角的数据分析。随着"消费者主权"意识的崛起，以用户为核心的数据分析在企业数字化的过程中起到重要的指导作用。如果说互联网的第一阶段在人口红利的作用下，用户流量是企业的核心竞争力，那么互联网的第二阶段就是在存量用户的竞争中，用户洞察能力成为企业的核心竞争力。多维的用户分析视角，可以更好地指导业务发展，越来越多的行业和工作离不开大数据。

（一）用户行为分析的概念

用户在网站、App、小程序、公众号上，也在线下门店、线下活动中产生行为，根据这些行为产生的数据集进行的数据统计分析，叫用户行为分析。

用户行为分析可以分成两个视角，一个是从用户全生命周期角度进行的行为分析，分析用户获取、活跃、转化、留存、传播等整个生命周期链条中的核心指标。通过事件分析、漏斗分析、留存分析等手段，发现产品、运营等方面存在的问题，尽可能地找到用户在整个生命链条中流失的原因，并予以解决。另一个是从用户自身的属性、标签、特征角度进行 360 度用户画像洞察。通过群分析、维度下钻，依托用户标签，尽可能地将用户划分成不同的特征群组，并通过用户画像描述这些人群。

通过这两个角度的交叉分析，企业能更好地解决业务上存在的漏洞，提高业

---

[1] 零和博弈：即非合作博弈。它是指参与博弈的各方，在严格竞争下，一方的收益必然意味着另一方的损失，博弈各方的收益和损失相加总和永远为"零"，双方不存在合作的可能。

务水平，同时也能更好地了解自己的客户，根据不同群体的需求，提供更精准的服务。

（二）用户行为分析指标体系

1. 数据分析中的指标和纬度

维度描述的是一个事物或行为所具备的特征或属性。购买一件商品，那么商品的价格、名称、分类都属于这个商品的属性维度。看了一部小说，小说的名称、小说的作者、小说的类型也属于维度。对于个人来说，性别、年龄、职业等数据也是维度。在实际的数据分析中，维度往往用来描述指标，比如，单一的访问数指标并不能告诉我们太多信息，一旦加上维度，就马上变得有意义了。新用户访问了多少，老用户访问了多少，安卓版和苹果版的用户比例是多少，不同年龄段的用户组成占比是多少等。

指标即数据的统计标准，访问人数、页面浏览量、访问停留时长、文章阅读率、文章阅读完成率等都属于常见的指标。指标一般可分为计数指标和复合指标。计数指标如访客、访问量、页面浏览量、停留时长等；复合指标如跳出率、访问深度、转化率等。指标一般伴随维度来分析才有更大的意义。

指标是评估业务发展好坏的重要标准，这个标准也会随着时代的发展而发生变化。以媒体行业为例，随着技术的不断发展和业务的更迭，传统媒体和新媒体的指标也发生了翻天覆地的变化。传统媒体指标一般包括订阅量、发行量、销售额、收听率、收视率、短信参与率、票房、节目覆盖率等。新媒体的指标一般包括视频点击量、视频点击人数、视频点击率、用户平均视频播放时长、人均播放视频量、点赞率、分享率、评论量、评论率等。

指标是与业务密切联系的，在实际业务中，指标可以得到明确的解释和定义。因此在构建指标时，应该充分了解实际业务，知晓业务逻辑和业务痛点，再制定针对性的数据指标。

2. 指标体系的作用

我们有时候会看到这样的现象，当进行投放评估时，A 渠道点击通过率（CTR）为 0.27%，B 渠道 CTR 为 0.09%，很明显当我们进行广告投放时会选择 A 渠道。但是，在后续的追踪分析中，我们发现 A 渠道的转化率（CVR）只有 0.5%，而 B 渠道的 CVR 可以达到 3.1%。因此，再去看的时候，选择 B 渠道会更合理一些。任何一个单一维度、单一环节的指标，都会存在片面因素。

在产品和运营的工作中，单一的指标往往比较零散，无法串联起来并系统化地分析问题。而指标体系化，则是将零散的数据串联起来，通过单一指标分析全局，通过全局体系解决单一问题。通过相关指标值的变化，综合判断业务现状。

制定指标体系时，通常需要有明确的业务需求与业务场景，并明确最终要实现的分析目的。在建立指标体系的过程中，要明确抓手，明确分析目标，让指标发挥作用，而不是盲目地分析得出一些不切实际的结论。

3. 指标体系的构建方法

建立指标体系时，要从两个方面考虑：一方面是指标的业务价值，另一方面是指标实现的技术难点。

指标的业务价值即对业务层有明确的分析价值，可以衡量业务发展的真实状况，指标口径被大众认可。指标技术难点在于如何使数据源容易采集，如何使指标统计的精准度高，如何支持多维度的下钻等问题。但很多时候，因为技术难题或者业务属性的采集难度，以及单一数据源的局限性，我们往往很难找到很完美的指标。因此，定性分析和定量分析，主视角和多视角的构成，就显得很有必要。

指标的选取原则方面，指标体系要依赖业务需求，建构能从各个维度反映业务状况的分析框架。在建立指标体系时，指标的选取要注重三个原则：一是目的性，即指标要具有明确的业务目的性。二是可理解性，即指标应该具有现实物理意义，并且符合常规的业务理解，对数据的上涨下跌，都应有合理的业务解释。三是结构性，即能够充分对业务进行解读，可以对指标进行下钻和深挖，和其他指标具有因果关系。

确认好指标的选取原则后，就要开始建立指标体系。主要分为四个步骤：厘清业务阶段和目标、确定核心指标、关联指标与维度拆解、指标存档与落地。

第一步，厘清业务阶段和目标。企业的发展通常分为业务前期（创业期）、业务中期（上升期）、业务后期（成熟发展期）三个阶段。针对不同的阶段，关注的指标也会不同。业务前期最关注用户量，此时的指标体系应该紧密围绕用户规模与渠道效果的提升来建立。而在业务中期，除了关注用户量的走势大小，更加重要的是优化当前的用户黏性和转化率。成熟发展期更多关注的是产品变现能力和市场份额，更加关注成本和收入之间的关系。

第二步，确定核心指标。核心指标就是唯一关键性指标，是当前阶段企业和部门最迫切要提升的数据指标。为帮助大家理解，我们通过案例2-1来具体说明。

案例2-1　如何确定准确的核心指标

问题：假设现有产品A的日活定义为App启动触发人数，运营团队通过不断地购买用户推广服务，使产品A的日活一直稳步上升。但数据显示在产品A的日活不断增高的同时，产品A的新增订单量却不见明显增长。为找到该问题的原因，产品A的运营团队开始基于用户行为进行大数据分析。

经过分析发现，打开App的用户中，有30%的用户3秒就离开了，这是非常不健康的用户行为表现。

解决方案：分析得知当前的核心指标——日活，实际上不能完全反映产品A的用户状况。此时将核心指标优化为将App停留时长大于3秒的用户作为日活用户进行统计。经过优化后的核心指标与实际业务收入达成强线性关系，该核心指标在产品A的现阶段评估上非常有效。

进一步思考：如果你完成了以上工作，那么你是一个合格的数据工作者。而一个好的数据分析师，还需要思考的是为何会存在30%的用户只访问3秒就离开了。是来自媒体主的虚假流量，还是存量用户的误点，抑或是数据底层存在的脏数据，还是用户真的不太喜欢我们的App？这个就需要我们进一步的研究和分析。

第三步，关联指标与维度拆解。即通过一横一纵两个方向，建立对核心指标的多维度描述。一方面，我们要在核心指标所处的链条上下游进行挖掘，找出因果关系，并将它们以数据指标的形式展示。例如，若选择分析成单流程，就一定需要分析详情页访问、提交订单、交易成功这三个行为形成的链路。另一方面，对核心指标的深挖，也具有重要意义。同样的支付成功行为，还可利用店面属性（如城市、省份）、商品属性（如商品名称、类别）、人口属性（性别、年龄等）对核心指标进行洞察。

第四步，指标存档与落地。指标存档指对指标的口径和分析目的进行存档，方便其他人查阅。同时，根据该指标的统计口径，确认好需要采集的行为，进一步指导技术进行采集埋点。在指标建成后，以数据仪表盘等形式进行数据的展示。用 Tableau 等 BI 工具，进行数据挖掘。

4. 通用指标体系

通用数据分析指标体系在垂直领域存在，但是一个泛行业的指标体系是不存在的。行业不同、业务不同、数据内容不同，数据的定义方法也不同。因此指标体系一般都是通过业务场景或关键绩效指标（Key Performance Indicator，KPI）考核来制定。

KPI 是通过对组织内部流程的输入端、输出端的关键参数进行设置、取样、计算、分析，来衡量流程绩效的一种目标式量化管理指标，是把企业的战略目标分解为可操作的工作目标的工具，是企业绩效管理的基础。KPI 可以用于部门主管明确部门的主要责任，并以此为基础，明确部门人员的业绩指标。建立明确且切实可行的 KPI 体系，是做好绩效管理的关键。关键绩效指标是用于衡量工作人员工作绩效表现的量化指标，是绩效计划的重要组成部分。

KPI 法符合"二八原理"，即在一个企业的价值创造过程中，存在着"80/20"的规律——20% 的骨干人员创造企业 80% 的价值；而且在每一位员工身上"二八原理"同样适用，即 80% 的工作任务是由 20% 的关键行为完成的。因此，必须抓住 20% 的关键行为，对之进行分析和衡量，这样就能抓住业绩评价的重心。在新媒体、自媒体平台中，也是 80% 的收入或利润是由 20% 的用户创造出来的。

在新媒体领域，最常用的有数据流量 KPI、用户行为 KPI、用户访问方式 KPI、用户和流量增长 KPI、功能及内容效率 KPI、搜索效率 KPI、推送效率 KPI 等。

（1）数据流量 KPI。它是评价移动互联网产品效果最常用的指标体系之一，其指标项及说明如表 2-1 所示。

表 2-1 数据流量 KPI

指标项	指标说明
访问量（PV）	即应用打开次数或页面浏览量及点击量，用户每次访问均被记录1次。用户对同一页面的多次访问，访问量值累计。需要注意的是，产品中有的页面是从服务端获取的，有的是客户端本地的，注意数据的获取与融合
日均访问量	对应时间范围内，所有用户每日的平均访问量
最高日访问量	对应时间范围内，某一天获得的最高访问量
PV 百分比	选择时间范围内某个类别的 PV 占总 PV 的比例
独立设备	在一天之内，访问产品的独立设备总数。互联网中一般使用 IP，相同 IP 地址只被计算一次。但是移动互联网中不能用 IP 区分，而是使用移动设备标识进行区分
独立用户数（UV）	产品中的用户有不同的类型，注册用户相对容易统计，但对于非注册用户，一般将每台独立设备视为一位用户，UV 指一天之内访问和使用的用户数量。一天之内相同设备的访问只被计算1次
UV 百分比	对应时间范围内，某个类别的 UV 占总 UV 的比例
活跃用户	某个用户或移动设备再次访问记为一个活跃用户，它的数目即为活跃用户数量
活跃用户百分比	活跃用户占全部用户的比例
活跃用户使用数量	某个用户或移动设备除第一次访问之后，又访问或使用产品的次数
人均使用页面数	对应时间范围内，每个用户使用产品的平均页面数

（2）用户行为 KPI。它主要反映用户如何访问产品、在服务上停留了多长时间、访问了哪些页面等，主要统计指标见表 2-2。

表 2-2 用户行为 KPI

指标项	指标说明
访问深度	在一次完整的产品使用过程中，用户所访问的页面数，访问页面越多，深度越高。访问深度可以理解为平均页面访问数的另一种形式，也是衡量网站黏度的指标
新增用户数	某个移动设备的首次访问作为一个新用户，新增注册用户的价值更大
最近使用的用户数	最新用户统计，最近一段时间内使用产品的独立用户数，按"进入时刻"倒序排列
同时在线人数	在一定时间范围内在线使用的 UV 数，例如1分钟，对于有长链接服务的产品，可以通过某个时间或时段的长链接个数判定
最高小时在线人数	对应时间范围内，在某一小时内最高同时在线的唯一用户数
使用人口的页面占比	每次产品使用过程中，用户从首页进入的第一个页面所占比例

续表

指标项	指标说明
使用出口的页面占比	每次产品使用过程中，用户结束使用的最后一个页面所占比例
点击密度分析	直接反映用户在产品的页面上点击了哪里
用户停留时间	用户使用产品的持续时间
平均停留时间	所有用户的使用持续时间的平均值
来源分析	分析用户的来源类型，来源页面统计。可以关注用户在产品内部的页面之间进行跳转而产生的流量
总数据	产品自上线之日起至今的各种数据量总和
使用量变化率	对应数据项在当前时间段，与上一个时间段相比较，使用产品的同比变化率。例如上周的访问量变化率为 −21.1%，表示上周的访问量比上上周的访问量下降了 21.1%。又如，今日 10：00-11：00 的访问量变化率为 +1.3%，表示今日 10：00-11：00 比昨日 10：00-11：00 的访问量上升了 1.3%
被访页面	分析产品中除首页和登录页外各个页面的流量分布，以及其随时间的变化趋势
访问路径	每个用户从进入首页开始，一直到最后离开，整个过程中先后浏览的页面
访问频度	用户每日访问的频率，用于揭示产品对用户的吸引程度
点击次数	用户点击页面上功能按钮的交互次数

（3）用户访问方式KPI。它主要反映用户的地域以及用户使用的设备、操作系统、软件版本、操作系统版本等，主要统计指标有地理位置、网络服务提供商、IP 段、移动设备类型、屏幕分辨率、操作系统、软件版本等。

（4）用户和流量增长 KPI。其主要指标如表 2-3 所示。

表 2-3　用户和流量增长 KPI

指标项	指标说明
用户增长百分比	即 UV 独立访客的同比或环比增长值
流量增长百分比	即 PV 的同比或环比增长值
渠道推广用户占比	从各个应用商店或渠道获得用户占全部用户的比例
新用户占比	新用户占全部用户的比例

（5）功能及内容效率 KPI。其主要指标如表 2-4 所示。

表 2-4　功能及内容效率 KPI

指标项	指标说明
每次使用的平均页面数	每次使用的平均页面数 = 总访问量 / 访问人次，平均页面访问数代表了产品的黏度，黏度越高，用户看的页面越多，平均页面访问数也就越高
每个独立用户的平均使用次数	一段时间内每个用户使用该功能的平均次数
回访率	活跃用户占所有用户的比例，用于揭示用户的忠诚度
新老用户比	新用户与老用户的比例
不同停留时长内的用户数量	例如（0~30 秒，30~120 秒）
不同访问深度的用户数量	不同访问深度的分布区间，包含的用户数量
首页跳出率	指仅浏览了首页就离开产品的用户比例

（6）搜索效率 KPI。它主要包括使用搜索的用户占比、每次访问的平均搜索次数、得到"0 结果"的搜索百分比、从搜索结果得到"0 点击"的百分比。

（7）推送效率 KPI。它主要包括消息推送的到达率、消息推送的及时到达率、消息推送的打开率、小消息推送的有效转化率。

5. 内容评估指标体系

内容是新媒体运营的核心之一。内容运营常用指标体系有营销效率 KPI 和转化率 KPI 两种。营销效率 KPI 主要包括每个用户获取的平均成本、每个用户的平均收益、新用户和老用户的收益比较、新用户对老用户的收益百分比。转化率 KPI 主要包括活动转化率、注册用户的转化率、活跃用户的转化率、K 因子（每个用户平均发生邀请的数量与收到邀请转化为新增用户的比例）。

第二节　用户行为的定量分析方法

根据前文的介绍，用户行为分析是目前新媒体产业中大数据分析的主要视角。本书将选取"用户行为分析"作为大数据驱动设计优化的主要实践方法，用户行为分析方法主要包括定量分析和定性分析两种。本节主要介绍常用的几种定量分析方法。

一　事件分析法

事件就是用户行为，浏览一个页面，点击一个按钮，购买一件商品，这些行为都被称为事件。事件分析是大数据分析中最常用的洞察方法，大部分的数据需求都是以事件分析来实现的，如用户注册、浏览产品详情页、成功投资、提现等。通过研究与事件发生关联的所有因素，可以挖掘用户行为事件背后的原因、交互影响等。

在实际工作中，我们对于业务的统计分析，如最近七天来自哪个城市的新用户数量最高？用户数量趋势如何？各年龄段的人均消费分别是多少？上周来自京东广告且发生过观看视频行为的去重用户数是多少？此类的指标构建，都离不开事件分析。

在目前新媒体及其他行业的大数据分析中，行为事件分析有着体系化的分析模型（见图 2-1）及分析方法，用以研究某行为的统计特征或详细维度特征。下面将从行为事件分析模型及其应用方法来进行详细讲述。

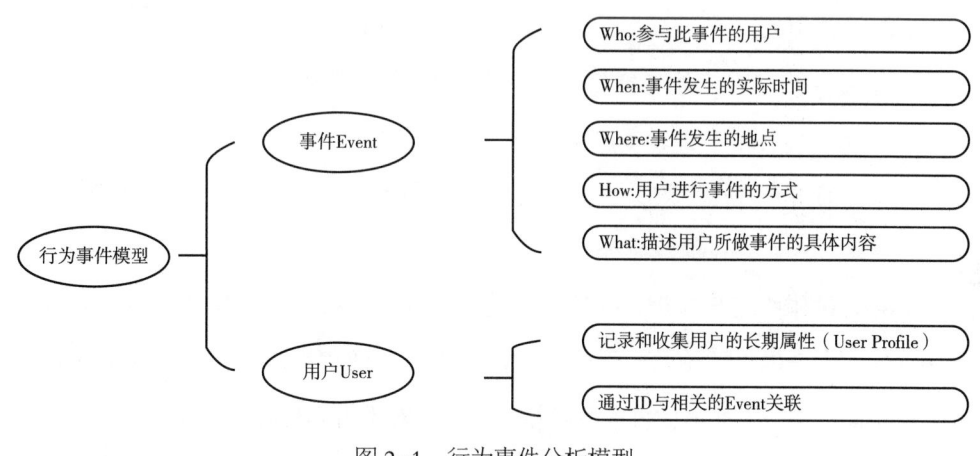

行为事件模型
- 事件 Event
  - Who: 参与此事件的用户
  - When: 事件发生的实际时间
  - Where: 事件发生的地点
  - How: 用户进行事件的方式
  - What: 描述用户所做事件的具体内容
- 用户 User
  - 记录和收集用户的长期属性（User Profile）
  - 通过 ID 与相关的 Event 关联

图 2-1　行为事件分析模型

行为事件分析法具有强大的筛选能力、分组能力和聚合能力，构建指标时逻辑清晰且使用简单，在指标的构建中被广泛使用。行为事件模型通过事件的定义和选择、多维度细分、分析结论三个步骤进行构建，并组成事件分析的全流程。案例 2-2 展示了行为事件分析模型应用场景。

1. 事件的定义与选择，即选择分析指标的决定性行为。比如产品 A 的需求是分析日活量，那么决定其日活量的行为就是用户访问了产品的 App，那么应该选取的事件就是"今日访问过该产品 App 的用户"。

2. 多维度细分。一个行为是具有描述属性的，比如上文提到的 App 访问，在访问行为中包含多种属性，例如首次访问、新的访问 IP 等。这类属性可以下钻分析，将产生该行为的用户标记为首次访问用户。通过行为中的其他数据，例如访问地点、访问终端设备型号等，我们还可以得到安卓手机访问数、各地区访问数等更加细粒度的分析数据。一个完整的事件分析，除了对主事件的分析之外，还应该有灵活的下钻维度和条件限制。

3. 分析结论。即对指标结果，通过分析和判断，对比其他维度数据理论，给出合理的解释与判断，并结合实际的业务情况，给出分析结论和预测。

案例 2-2　行为事件分析模型应用场景

场景一：车企销售成单的行为事件分析

车企在销售成单时，会对成单的客户进行行为事件分析，一方面要了解汽车的销量状况，另一方面要进行客户和车型的洞察。

对成单行为的统计包括销售成单量、销售成单总额、各车型的销售排行、各经销商的销售排行等。对用户洞察则包括购买汽车的用户年龄分布、首购和换购用户占比、购买 A 系汽车用户的城市分布等。

场景二：新媒体的流量分析

对新媒体的流量分析，也可以通过事件分析进行指标的建立，如内容的点击量、点击率、评论量、评论率，以及内容的阅读完成率，内容的阅读时长等。通过这些指标评估内容的好坏，即用户对于内容的感兴趣程度。

二　漏斗分析法

现代营销观念认为，用户营销和项目管理一样，把控住过程就把控住了结果。漏斗分析模型是进行用户过程管理的重要数据分析模型，通过关注每个流程中的用户转化率和流失率来了解用户在产品流程中的体验，通过关注流程的转化时长来找寻业务流程或用户流程中的问题。

（一）什么是漏斗分析

漏斗分析是一套流程式的数据分析，它能够科学反映用户行为状态以及从起点到终点各阶段用户转化率情况。

漏斗分析模型已经广泛应用于流量监控、产品目标转化等日常数据运营与数据分析工作中。例如在一款直播平台类产品中，用户从激活 App 开始到产生消费的"一般用户购物路径"为激活 App、注册账号、进入直播间、互动行为、礼物花费五大阶段（见图 2-2），漏斗能够展现各个阶段的转化率，通过漏斗各环节数据的比较，可以直观地发现问题，指导下一步工作计划。

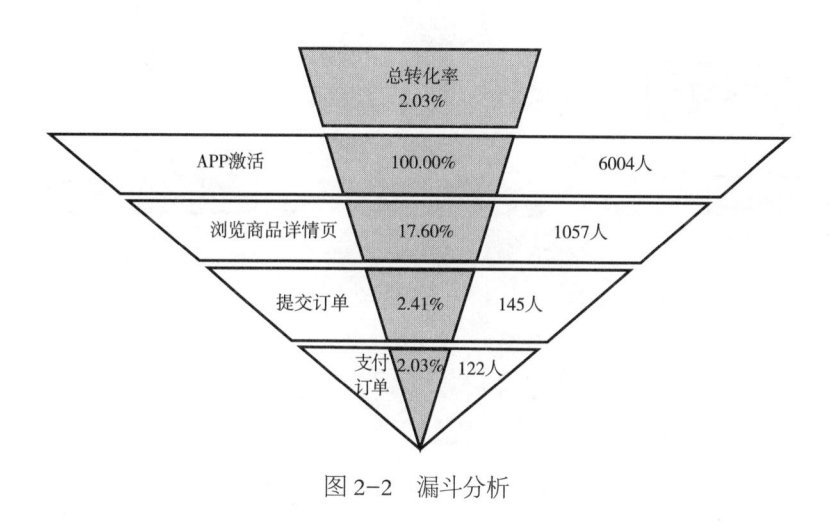

```
         总转化率
          2.03%

 APP激活        100.00%    6004人

   浏览商品详情页   17.60%   1057人

      提交订单    2.41%   145人

       支付订单  2.03%  122人
```

图 2-2　漏斗分析

（二）漏斗分析的特点与价值

漏斗分析的特点为流程化。对流程相对规范、周期较长、环节较多的业务进行漏斗分析，能够直观地发现问题所在。图 2-3 展示了漏斗分析的一种可视化结果。漏斗分析模型并非只是简单地呈现转化率，科学的漏斗分析模型能够实现以下价值。

第一，企业可以监控用户在各个层级的转化情况，聚焦用户选购全流程中最有效的转化路径；同时找到可优化的短板，提升用户体验。在用户选购流程中降低流失是运营人员的重要目标，通过不同层级的转化情况，迅速定位流失环节，针对性持续分析找到可优化点，提升用户留存率。

第二，多维度切分与呈现用户转化情况，"成单"瓶颈无所遁形。科学的漏斗分析能够展现转化率趋势的曲线，可以精细地捕捉用户转化的核心点，并通过产品改进和运营策略优化加强核心点的转化。

第三，通过不同用户群体间的漏斗比较，更易寻找出高转化率的目标群体。通过不同用户群体漏斗间的比较分析，运营人员可以观察到不同维度的用户群体（如不同城市的客户、不同广告来源的客户）各环节转化率和转化时长的差异，挖掘转化率最高的用户群体，并找到用户特征，提高广告投放精准率。

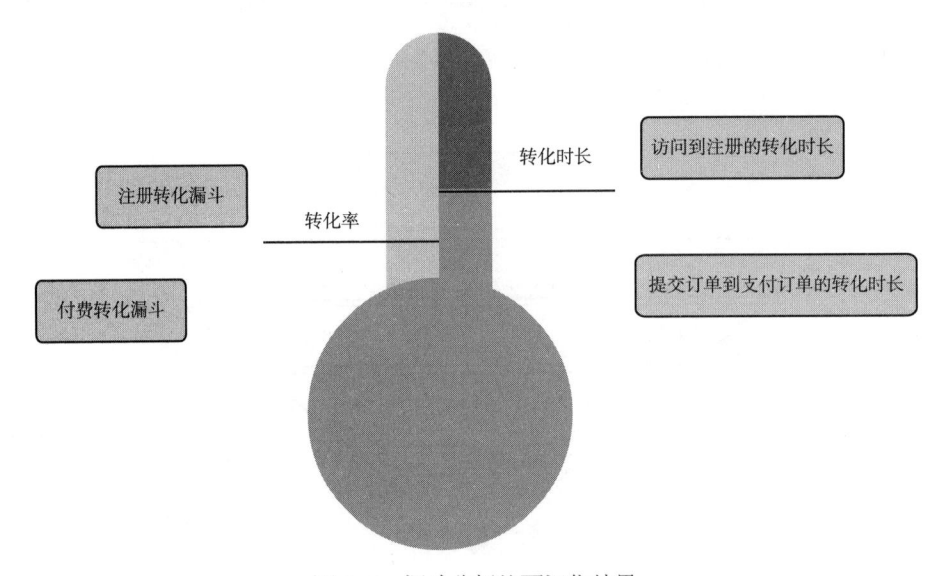

图 2-3 漏斗分析的可视化结果

（三）漏斗分析模型中的科学归因和属性关联

1.归因设置

在科学的漏斗分析中，需要科学归因设置。每一次转化节点应根据事件功劳差异（事件对转化的功劳大小）科学设置。企业一直致力定义最佳用户购买路径，并将资源高效集中于此。而在企业真实的漏斗分析中，业务流程转化并非理想中的那么简单。

2.属性关联

在进行漏斗分析时，尤其在电商行业的数据分析场景中，运营人员在定义"转化"时，会要求漏斗转化的前后步骤有相同的属性值。比如同一 ID（包括品类 ID、商品 ID）才能作为转化条件——浏览 iPhone 12，并购买同一款 iPhone 12 才能被定义为一次转化。因此，"属性关联"的设置功能是科学漏斗分析不可或缺的内容。

漏斗分析模型已经广泛应用于各行业的数据分析工作中，用以评估总体转化率和各个环节的转化率，以科学评估促销专题活动效果等，通过与其他数据分析模型结合进行深度用户行为分析，从而找到用户流失的原因，以提升用户量、活跃度、留存率，并提升数据分析与决策的科学性等。案例 2-3 将结合实际场景说明漏斗分析的具体应用。

案例 2-3　漏斗分析的场景应用

场景一：分析不同客户群的消费转化

问题：某电商企业根据客户的消费能力，将客户划分为普通、黄金、钻石、黑金等不同级别的会员。为提高用户的转化率，针对不同的会员等级进行漏斗分析。结果显示，普通会员在"提交订单"到"支付订单"的流程中，转化率低于钻石会员。

解决方案：为进一步分析该步骤转化率低的原因，该公司的大数据分析师进行了进一步的维度对比，最终发现是由于一批安卓端的虚假流量造成了订单转化率的降低。去除这部分数据后，普通会员的转化率回到正常水平。同时，也通过这次分析工作，剔除了一批虚假流量用户。

场景二：坑位运营的效果转化分析

问题：依据某 App 首页推广位"一元促销"和"清洁专场"两个 Banner 转化率情况，判断广告位置的推广效果与广告价值。

结论：广告推广位是站内运营的重要一环，主要依赖坑位带来流量完成转化。运营人员可以通过漏斗分析方法判断页面不同推广位置的效果，实现流量收益的最大化。

三　留存分析法

中国在 21 世纪的前 10 年充分发掘了人口红利，然而随着市场的逐步饱和，企业获客成本越来越高。2013 年一家互联网金融创业公司的投资获客成本区间为 300～500 元，而到了 2016 年则涨为 1000～3000 元。在电商领域，获得一个新客的成本，是维系一个老用户的 3~10 倍。

如今，居高不下的获客成本让互联网和传统行业的企业遭遇新的"天花板"，甚至陷入"纳不起"新客的窘境。而花费了极高成本才获得的客户，可能仅访问了首页，点击了几个按钮，就流失掉了。随着获客成本的攀升，绝大多数企业转向关注如何增加客户黏性，延长老客户的生命周期并深挖其价值。因此，用户的留存越来越受重视。

（一）什么是留存分析

留存分析是一种用来分析用户参与情况和活跃程度的分析模型，考察进行初始行为的用户中有多少人会进行后续行为，是衡量用户黏性的重要指标。

我们会从用户的留存，观测用户对产品的喜好程度：一个新客户在未来的一段时间内是否仍会继续访问 App？某个社交产品改进了用户评论的引导流程，用户对评论功能的参与度是否有所增加？产品新增了短视频剪辑功能，流失客户是否有一定比例的回归？

（二）为什么要做留存分析

如果产品正处于一个高速增长阶段，有可能新用户中的活跃用户数增长掩盖了老用户活跃度的变化。同时，由于每一天的活跃人数不尽相同，很难去追踪某一批人群在设定的时间点访问后，后续的活跃变化情况。通过留存分析，你可以得到类似这样的分析结果："产品改版前，注册的用户 7 日留存率只有 17%；但是经过 6 月的改版后，该月注册的用户 7 日留存率提高到了 31%。"

（三）留存分析模型特点与价值

科学的留存分析模型应该具有灵活的维度细分筛选能力——根据具体需求筛选初始行为或后续行为的细分维度，针对用户属性筛选合适的分析对象。那么，留存分析有哪些价值呢？

第一，留存率是判断用户黏性最重要的标准，体现了产品保留用户的能力。留存率反映的是一种长期的转化率，即由初期的摇摆的新用户转化为活跃用户、稳定用户、忠诚用户的过程。随着统计数字的变化，运营人员可看到不同时期用户的变化情况，从而判断产品对客户的吸引力。

第二，留存率有助于宏观上把握用户生命周期长度以及定位产品可改善之处。通过留存分析，可以查看新功能上线之后，对不同群体的留存是否带来不同效果，可以判断产品新功能或某活动是否提高了用户的留存率。结合版本更新、市场推广等诸多因素，砍掉使用频率低的功能，实现快速迭代验证，制定相应策略。

下面将结合案例2-4讲述留存分析的具体应用场景。

案例2-4　留存分析应用场景

场景一：游戏行业提升活跃、留存——如何精准找到玩家"流失点"？

游戏生命周期的长短差异、玩家的游戏黏度，直接体现了游戏的竞争能力和盈利能力。玩家对游戏的直观感受、游戏难度曲线、游戏节奏的松弛、游戏福利等游戏内涵都能导致游戏玩家流失。正确找到玩家流失原因，是提高玩家活跃度、挽留玩家的第一步。下面是《迷城物语》在删档测试期间的相关应用情景。

运营人员通过统计流失玩家的等级分布，判断玩家流失与关卡设置的相关性。大数据分析结果显示，100~110关、80~90关是玩家流失较多的关卡。为精准找到导致玩家流失的关键因素，需要对每个环节、具体场景进行深入追踪与分析。

场景二：了解新用户的留存

我们以某金融产品A来举例，运营人员想从总体上看用户留存的情况是否越来越好，可根据新用户启动App的时间按日或按月进行分组，得到同期群。通过观察该群体用户发生投资的7日留存、14日留存或30日留存，比较不同的同期群，可以获知7日或者30日仍留下来做投资的用户显然是忠诚度非常高的用户。我们继续对该部分用户进行观测，能够看到留存下来的用户的一些信息，比如借款次数、借款金额、用户年龄等。通过总借款次数以及借款金额，可进行用户质量评估；通过用户年龄可以分析金融平台吸引的群体用户的年龄分布等内容。

第三节　用户行为的定性分析方法

一　Session 分析法

在数据分析领域，Session 分析是一种专业的数据分析法。Session 即会话，指在指定时间段内在网站上发生的一系列互动。例如，一次会话可以包含多个网页的浏览、事件的触发、社交的互动和电子商务交易等。

上一节我们说到事件分析模型，它是我们最常使用的模型，但用户行为事件往往以"点"的方式呈现，即某人在某个时间某个地点做了一件什么样的事，也就是常用的事件 4W1H 模型：Who、When、Where、How、What。例如，王小明昨天下午在专卖店买了一件优衣库的衣服；贝贝今早 6 点在河马点了一份快送；欢欢晚上下班时，在和平里用打车软件呼叫了一辆出租车。对于这样的用户行为，我们可以通过事件分析模型来进行统计和分析。但是，有些需求是不能通过"点"来描述的，比如用户平均到访几次，每次平均访问几个页面，每次平均访问时长，某个具体页面中用户的平均停留时长等。

这些需要把用户单点行为串联起来，并在此基础上才可以进行的数据分析指标，更像是一条"线"。而 Session 分析最初的目的，就是解决用户行为分析中的"线"性难题。Session 的关键点是限定时间内用户做了什么事。

（一）Session 的时间切割

我们先假设一个问题：假如王小明下载了某个新媒体 App，并注册登录了一个账号，然后就被领导叫去开会，40 分钟后又跑回来继续操作 App，看了 2 篇文章。那么他到底访问了几次 App。

上述问题就要依据数据分析工具的 Session 切割规则。根据实际的分析工作经验，一般 Web 产品建议切割时间为 30 分钟，App 产品建议切割时间为 1~5 分钟（见图 2-4）。当然，一般来说具体问题具体分析，有些新媒体是做文章的，那么用户的浏览动作就会非常多、非常密集。如果新媒体 App 是做长视频的，那么用户就可能很久没有任何动作。这时候切割时长的设定就会不同。对于我们刚才假设的问题，如果设置切割时间为 30 分钟，那么王小明两次动作的间隔时间超过了切割时间，会被记录为 2 个 Session。

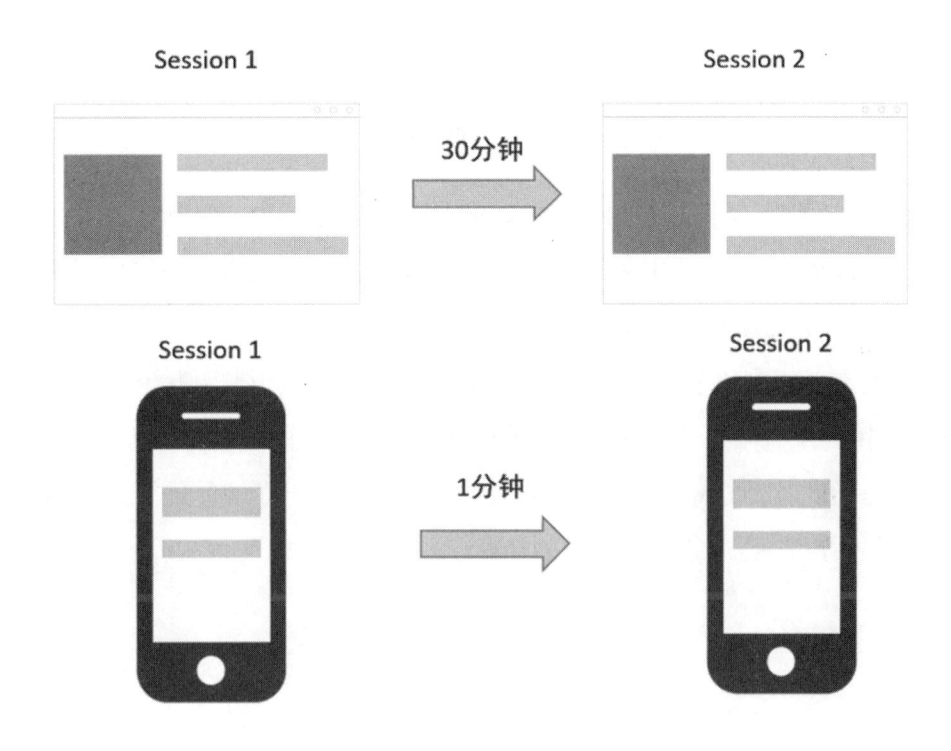

图 2-4　不同切割时长的 Session

（二）Session 的事件选取

Session 的事件选取是一项充满技巧性的工作。什么是 Session 的事件选取呢？既然 Session 是用来分析"线"性动作的，那么参与这个会话连接的行为，则被称为 Session 事件。我们既可以选择将所有事件参与到 Session 的统计当中，也可以只将某些特定的事件参与到统计中。通常来说，我们选用 Session 事件时，不会选用所有的行为。比如点击按钮和浏览页面很多时候表达的是同一件事情。最常选取的是页面的浏览，以及后端的支付、注册等行为，然后用这些行为串起整个会话。

（三）Session 分析的指标运算

1. 平均访问时长

平均访问时长是指在一定时间范围内，浏览网站或 App 时用户所逗留的总时长或某个特定页面的停留时长，其计算方法见公式 2-1。

$$\text{平均访问时长} = \frac{\text{所有用户的 Session 时长之和}}{\text{Session 数}} \quad (2-1)$$

平均访问时长越长，证明网站或 App 对用户越有吸引力，如果用户停留的平均时间较短，那么可能是由于内容不够吸引人，或交互体验存在问题，影响用户体验。

2. 平均交互深度或平均访问深度

平均交互深度和平均访问深度定义虽有差别，意义却很相似，只是用来判断的 Session 事件不一样。一个是使用所有的交互行为，另一个是仅用页面访问行为。两个指标都是衡量网站或 App 质量的重要指标，可以帮助企业了解页面内容的价值和功能是否满足用户需求。平均交互深度的计算方法见公式 2-2。

$$\text{平均交互深度} = \frac{\text{Session 内事件之和}}{\text{Session 数}} \quad (2-2)$$

3. Session 跳出率

另一个很重要的指标是 Session 的跳出率。和 Session 交互深度的分析相反，Session 跳出率是用来分析用户来到网站或 App 以后，访问了 1 个页面就离开的用户占比是多少。跳出率越高，说明用户对产品或特定页面的兴趣较低。

Session 分析最早起源于网页分析，在那个埋点采集较难的时代，用规则判定的方法解决了很多指标的构建，对数据分析的发展起到了重要的作用。时至今日，也仍然是用户行为分析的重要方法之一。

二 间隔分析法

（一）什么是间隔分析

间隔分析是从事件发生的时间间隔维度来探索用户行为数据价值的方法。它能够科学地反映特定用户群体（如北京地区年龄在 30 岁以上的女士）发生指定行为事件（如事件 A 到 B 的转化、金融用户的二次投资等）的时间间隔及数据分布情况。不同数据组的偏态和重尾可反馈用户路径过程中的应用体验，并据此评估产品设置的合理性。

例如在金融行业，为刺激新用户快速完成首投，运营人员会赠送新用户体验金。运营人员通过间隔分析可以了解新用户从首次注册到首次投资通常需要多久。在同城速递行业，快递上门时间长短非常影响用户体验，作为公司考核快递人员绩效的关键指标之一，企业通过间隔分析可以了解用户在官网发起快递请求后，快递员多久接单。

（二）间隔分析模型的特点与价值

企业市场、产品、运营人员通过事件发生的时间间隔、转化时间长短来判断与分析用户的活跃度、用户转化等情况。间隔分析模型的特点与价值主要表现在以下三个方面。

第一，可视化时间间隔，六类统计值直观描绘各用户群时间间隔分布差异。

间隔分析模型可以以箱线图形式展示，最大值、上四分位数、中位数、下四分位数、最小值、平均值六类统计量直观描绘特定用户群体的时间间隔分布差异（见图2-5），数据的偏态与重尾一定程度上反馈用户体验，从转化时间的维度暴露用户转化瓶颈，可借此评估产品设计的合理性。

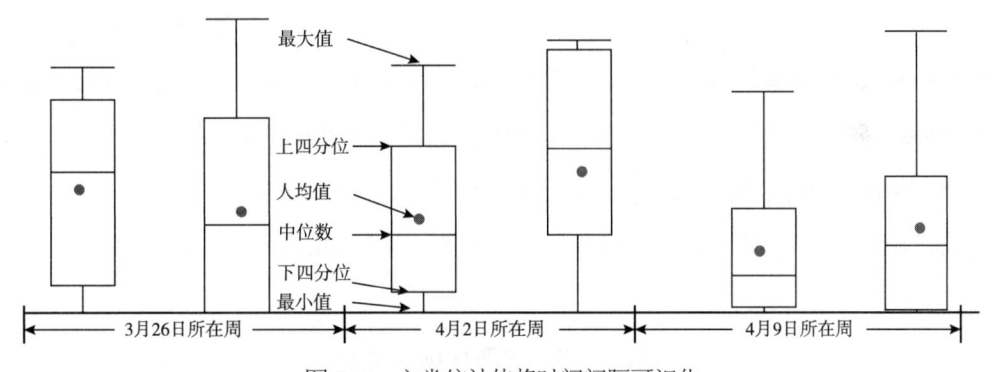

图 2-5　六类统计值将时间间隔可视化

第二，依据分析需求，灵活设置用户属性与事件属性（初始行为和后续行为）。

间隔分析模型，可以根据具体分析需求，灵活设置间隔分析的初始行为或后续行为，并根据用户属性筛选合适的分析对象。案例2-5展现了间隔分析模型中用户属性的设置。

案例 2-5　间隔分析模型中用户属性的设置

问题：在奢侈品电商企业中，需要分析高价值用户的复购频率与普通用户的区别。

解决方案：将初始行为与后续行为均设为"支付订单"，并给初始行为增加"订单金额大于10000元"的筛选条件来表示高价值用户，从而将两组用户群进行比对，得出分析结论。

第三，以全新视角探索数据价值，从转化时间获取优化思路，促进用户快速转化。

在间隔分析中，将初始行为、后续行为设置为相同事件或不同事件，可满足不同的数据分析需求。例如，在金融行业，将初始事件和后续事件分别设置为"注册成功"和"投资成功"，可用于分析用户转化花费时长，侧面反映用户的转化意愿，帮助企业有针对性地优化产品体验和运营策略；在线教育行业里，若将初始事件和后续事件均设为"学生上课"，则展示学生两次上课的时间间隔，可以此作为判断学生积极性、教育平台用户黏性的依据等。

间隔分析模型可以从时间间隔维度呈现用户转化、用户黏性等情况，提升用户行为分析的精度和效率，对用户行为操作流程的异常定位和策略调整效果验证有科学的指导意义。同时，通过判断各用户群体事件发生的时间间隔的偏态和重尾，以及数据分布的中心位置和散布范围，为发现问题、流程优化提供线索。

案例2-6将结合实际，展示间隔分析法在业务场景中的实际应用。

案例2-6 间隔分场景案例

场景一：金融场景中如何合理设置体验金的发放时间

在金融投资类产品运营过程中，为了让新用户在注册后能够快速投资，运营人员通常会通过一些激励措施来刺激首投，如发放体验金。这会涉及我们前面提到的"如何合理设置体验金的发放时间"的问题。在具体操作时，运营人员可以在间隔分析中将初始行为设置为"注册成功"，后续行为设置为"投资成功"，了解事件发生的时间间隔，给设置体验金发放时间提供参考。

当然也可以按天展示不同渠道来源的新用户首次投资成功所花费的时

长情况，运营人员通过了解不同用户群体的差异，可以让运营更为精细。另外，不同渠道来源的用户表现也成为渠道投放判断的重要依据。

场景二：视频网站场景中用户多久完成一次视频播放

内容是短视频 App 提供给用户的核心价值，可通过"用户完整看过一个短视频"衡量用户是否感受到视频平台的价值。该场景中选择新用户从启动 App 到完成播放所花费的时长情况作为分析对象。如果用户普遍需要较长的时长才能完成转化，说明用户需要付出的视频筛选成本较高，则应将缩短新用户从启动 App 到完成播放的时间间隔作为优化目标。

同样，在同城速递行业，公司可通过了解用户发起快递请求后快递员的接单时间，来考核快递人员，从而进一步优化用户体验。

（三）间隔分析模型与其他分析模型的配合应用

最后值得强调的是，间隔分析模型作为数据分析模型之一，与其他分析模型存在无法割裂的关系。从用户转化角度来说，用户转化过程受很多因素影响，间隔分析通常是业务情况的反映，转化时间间隔只是分析用户转化的单一维度，只有与其他分析模型配合，才能清晰地看到用户行为的特点和背后动机。

虽然在多数情况下，时间间隔并不能作为优化的指标，但是与其他分析模型的配合可以帮助我们发现可能存在的问题。例如，从提交订单到支付订单间隔时长中位数是 5 分钟，说明一半的用户支付订单需要花费 5 分钟以上。这其中可能存在哪些问题？是支付功能的 Bug，还是其他问题导致支付失败？这需要结合事件分析、漏斗分析等多种分析模型才能定位问题。

总之，只有将各分析模型实现科学互动与配合，才能够科学揭示用户个人与群体行为的内部规律，并据此做出理论推导，不断在工作实践中优化商业决策和产品智能。

三 归因分析法

（一）什么是归因分析

随着新媒体业务的发展，广告投放相关业务逐渐兴起，广告投放的效果评估也随之而来。

首先,广告的投放一般都是收费模式,所以合作渠道商的好坏直接和自己的利益挂钩。于是,归因分析便最早应用在广告投放行业。归因分析最先应用在广告行业还有一个原因,即广告的目标是单一的。比如,无论有多少个渠道商,最后推的都是同一款 App。但是若将产品内部的运营位进行归因,就需要考虑该广告位和商品是否有关系。

举个例子,某款 App 投放了 3 个推广渠道,最后 App 通过某个渠道商完成了下载。此时,我们需要对 3 个渠道商对本次下载的贡献能力进行评估。这时我们便需要用归因分析来完成这项工作。

目前,归因分析主要分为渠道归因和运营位归因,渠道归因是目前市面上比较常见的归因应用场景。随着渠道归因的普及,从业人员逐渐认可了归因的计算方法和功劳分配方案,虽然模型的不同会导致计算结果存在一定偏差,但是这些都在可接受范围内。后来,随着产品的复杂化,以及公司部门的事业部、业务线的划分,产品内部的运营位逐渐广告化,运营位的归因需求逐渐暴露出来,针对公司内部不同运营位的综合归因分析开始盛行。

(二)归因方法形态

归因方法形态主要分为以下五种:(1)首次触点归因。第一个待归因事件功劳为100%,重视商品曝光,但容易受到归因窗口期影响。(2)末次触点归因。认为最后一个待归因事件功劳为 100%,转化路径少,周期短。(3)位置归因。认为第一个和最后一个待归因事件各占 40% 的功劳,其余待归因事件平分剩余 20% 的功劳,重视最初带来的线索和最终带来的成交。(4)线性归因。认为每个待归因事件平均分配此次功劳,多触点归因,但无法正确衡量各坑位的影响。(5)时间衰减归因。把功劳划分给最接近转化的坑位,越靠近转化的坑位做出的贡献越大,但给离得远的坑位权重较小。

四 路径分析法

(一)什么是用户路径

用户路径即用户在网站或 App 中的访问行为路径。为了衡量网站优化的效果或营销推广的效果,以及了解用户行为偏好,时常要对访问路径的转换数据进行分析,这个过程被称为用户行为路径分析。

以电商为例,买家从登录网站或 App 到支付成功要经过浏览首页、搜索商品、加入购物车、提交订单、支付订单等过程,而用户真实的选购过程是一个交叉反复的过程。例如,提交订单后,用户可能会返回首页继续搜索商品,也可能取消订单,每一个路径背后都有不同的动机。与其他分析模型配合进行深入分析后,能快速找到用户动机,从而引领用户走向最优路径或者期望路径。

(二) 用户路径分析模型的价值

用户路径的分析结果通常以桑基图形式展现,以目标事件为起点或终点,详细查看后续或前置路径,可以详细查看某个节点事件的流向,总的来说,科学的用户路径分析能够带来以下价值。

1. 可视化用户流,全面了解用户整体行为路径

通过用户路径分析,可以将一个事件的上下游进行可视化展示。用户可查看节点事件的相关信息,包括事件名、分组属性值、后续事件统计、流失、后续事件列表等。运营人员可通过用户整体行为路径找到不同行为间的关系,挖掘规律并找到瓶颈。

2. 定位影响转化的主次因素,指导产品设计优化与改进

用户路径分析最主要的目的是产品设计的优化与改进。通过了解用户从注册到登录,从浏览页面到购买整体行为的主路径和次路径,并辅助进行路径中各个环节的转化率分析,从而发现用户的行为规律和兴趣偏好,或用于监测和定位用户路径中存在的问题。

(三) 用户路径应用场景

谈到用户路径的真实应用场景,许多企业都是通过数据分析平台来实现的,下面以作者实际工作中所接触的企业案例中的数据分析场景为例来介绍(见案例 2-7)。

案例 2-7 企业案例中的数据分析场景 [①]

场景一:某社区 O2O 服务平台启动 App 后,为何只有 30% 商超(商品

---

① 注:因案例涉及商业机密,故模拟真实应用场景,数据则均为虚拟。

超级市场）客户交易成功

　　该平台属于中国最大的社区O2O服务平台之一。在某次评估客户总体转化率的过程中，通过漏斗分析发现，用户登录其App后，提交订单的商超客户仅有30%。用户路径分析模型清晰展示了商超客户的动作走向，为判断客户流失原因提供重要依据。

　　该平台的运营人员选取若干事件对客户购买路径进行深度分析。用户登录App后，约有40%的客户会点击商品推荐页，30%的客户会直接进行商品搜索，约10%的客户会浏览商品列表，约5%的客户直接退出App。

　　运营人员进一步查看四类用户的提交订单情况，直接进行"搜索商品"的用户提交订单比例最高，超过90%；与其形成鲜明对比的是，尽管"点击商品推荐页"是更多客户登录App后的首选动作（约占总客户的40%），但是这部分用户群体在浏览商品列表后，仅有30%提交订单。这说明Banner内容布局有着比较糟糕的用户体验，经过评估应将"商品推荐页"作为首选优化与改进的方向。

　　场景二：电商设计策略刺激用户支付

　　除了零售行业之外，用户行为路径在电商行业分析也应用广泛。某电商网站通过用户路径分析，得出两条主要的用户路径：一是启动App—搜索商品—提交订单—支付订单；二是启动App—未支付订单—搜索相似商品—取消订单。

　　第一条用户路径相关数值显示，客户提交订单后，大约75%的用户会支付，而高达25%的用户没有支付订单；而第二条用户路径上的用户显然有明确目的，即对比选择更倾心的商品，因为该类用户在打开App后直奔"未支付订单"，但是在路径中显示此类用户会再次"搜索相似商品"，这一行为可以判断客户可能存在比价行为，表明价格在一定程度上影响了这部分用户的支付欲望，这是一批"价格导向"的客户。

　　对此，该电商运营人员采取针对性措施:（1）"未支付订单"超过30分钟则自动取消;（2）在支付页面附近放置优惠券。

该电商新版本上线后，再次进行用户路径分析，发现客户在提交订单后，由于有30分钟的时间限制，有更多的客户愿意立即支付订单；同时未支付订单量大大减少，说明在支付页面附近放置优惠券的方式刺激了对价格敏感的客户。因此这也是一次很成功的改版。

总之，用户真实的选购过程是一个反复的过程，每一个路径背后都有不同的动机。通过用户行为路径能够清晰地看到用户行为特点与背后原因。若与其他分析模型配合，会产生更佳效果，通过数据分析能够快速找到用户动机，从而引领用户走向最优路径或者期望中的路径。

第四节 基于用户分析的应用与策略

前两节叙述了大数据分析的具体方法，但技术本身是抽象的，在结合实际之前，我们也想象不出大数据如何去驱动设计的优化。在本章的最后一节，我们将结合具体的产品运营手段与策略了解大数据应用的魅力。

一 用户标签与用户画像

（一）什么是用户标签

用户标签是用来描述用户特征和属性的统一方式。标签分为初级标签和模型标签。初级标签就是基础的用户属性，如年龄、性别、籍贯等。模型标签则是指通过对用户行为和基础属性进一步加工得出的一些推断性和判断性特征，如是否有车、经济状况、购房意向等。有些分类方式还会有事实类标签、规则类标签、预测类标签等。

传统媒体的运营模式，基本是电视台做什么节目，观众看什么节目；杂志做什么内容，读者读什么内容。虽然传统媒体也会根据市场调查和用户的反馈、在线观看人数、杂志销量等基础数据来判断内容质量，但真实的用户其实相当复杂。

互联网时代下的新媒体运营模式发生了颠覆性的改变，由于电台传统的节目表和报纸杂志固定的新闻版面变成了可自定义、实时变更的网页或 App 形式，内容精准推送（合适的内容推送给目标人群）成为新媒体的运营方法。这种方法，是基于内容的分组标签和用户的分组标签实现的，同时，将这些用户标签作为特征值放到算法中，可以使计算机能够更好地理解用户，将精准的运营服务应用于个性化推荐、个性化搜索、广告精准投放和智能营销等领域。

（二）什么是用户画像

用户画像是通过用户标签来描述人群特征的手段。用户画像的核心工作就是给人群打标签，标签通常是人为规定的高度精练的特征标识，如年龄、性别、地域、兴趣等。这些标签集合就能抽象出一个用户的信息全貌。图 2-6 是某个用户的画像，每个标签分别描述了该用户的一个维度，各个维度之间相互联系，共同构成对用户的一个整体描述。

图 2-6　用户画像

（三）用户画像的构建流程

我们将构建用户画像的方法总结归纳，将其分为目标分析、体系构建、画像建立三步。画像构建中用到的技术有数据统计、机器学习和自然语言处理等（见图 2-7）。在完成画像构建后我们往往还需要对内容进行建模，以完成内容与用户画像的关联。

下面将从目标分析、标签体系构建、画像建立与内容建模四个方面讲解用户画像构建与应用的全过程。

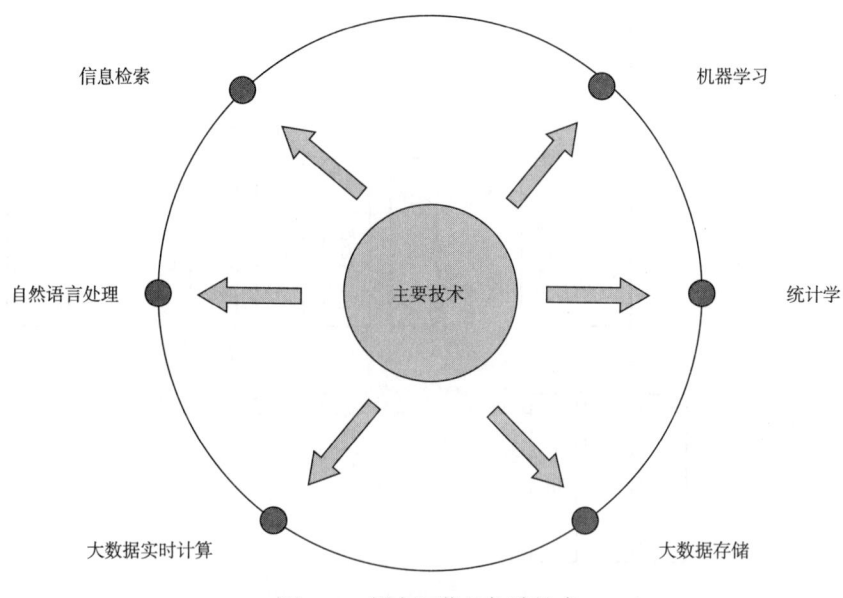

图 2-7　用户画像的构建技术

1. 目标分析

在目标分析中需要结合实际业务的应用场景设计用户画像的需求，在需求的设定中需要明确应用目标、设定清晰的技术边界。可覆盖所有产品的"万能画像"是不存在的，或者说"万能画像"在有限的成本中是不存在的。

2. 标签体系构建

目前主流的标签体系都是层次化的（见图 2-8）。标签分为几个大类，每个大类下进行逐层细分。在构建标签时，我们只需要构建最下层的标签，就能够映射到上面的两级标签。上层标签都是抽象的标签集合，一般没有实用意义，只有统计意义。例如，我们可以统计有人口属性标签的用户比例，但用户的人口属性标签本身对广告投放没有任何意义。

用于广告投放和精准营销的标签一般是底层标签。对于底层标签有两个要求：一是每个标签只能表示一种含义，避免标签之间的重复和冲突，便于计算机处理；二是标签必须有一定的语义，方便相关人员理解每个标签的含义。此外，标签的粒度也是需要注意的，标签粒度太粗会没有区分度，粒度过细会导致标签体系太过复杂而不具有通用性。表2-5列举了常见的底层标签。

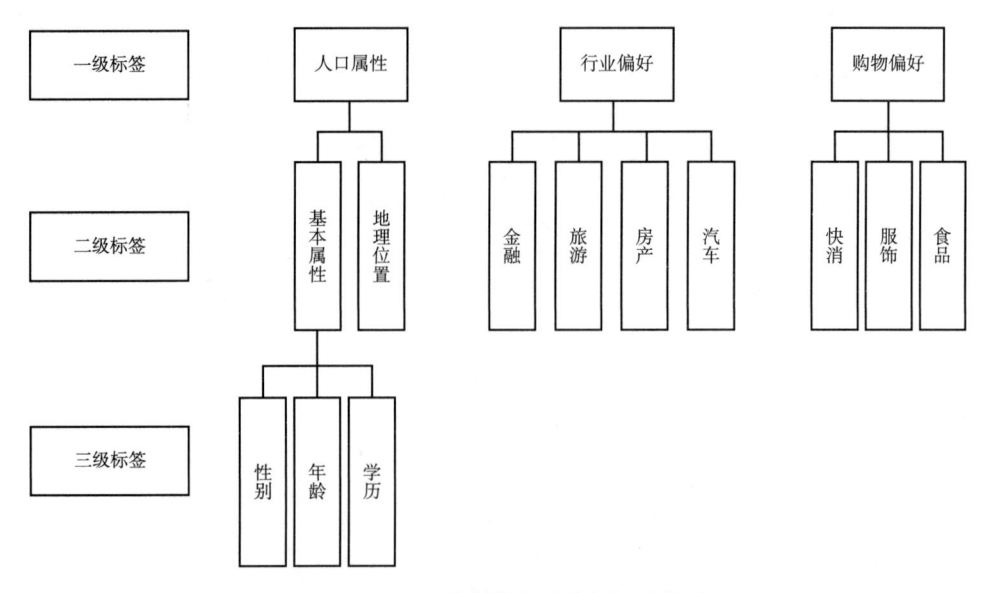

图2-8 互联网大数据领域常用标签体系

表2-5 常见的底层标签

标签类别	标签内容
人口标签	性别、年龄、地域、教育水平、出生日期、职业、星座
兴趣特征	兴趣爱好、使用网站或App、浏览或收藏内容、互动内容、品牌偏好、产品偏好
社会特征	婚姻状况、家庭情况、社交或信息渠道偏好
消费特征	收入状况、购买力水平、已购商品、购买渠道偏好、最后购买时间、购买频次

在设定好需要构建的具体标签后，要明确各类标签构建的优先级。构建的优先级需要综合考虑业务需求、构建难易程度等问题，业务需求各有不同，这里介绍的优先级排序方法主要依据构建的难易程度和各类标签的依存关系，优先级如图2-9所示。

基于原始数据首先构建的是事实标签，事实标签可以从数据库直接获取，如注册信息，或通过简单的统计得到。这类标签构建难度低、实际含义明确，且部分标签可用作后续标签挖掘的基础特征,如产品购买次数可用来作为用户购物偏好的输入特征数据。事实标签的构建过程,也是对数据加深理解的过程。对数据进行统计的同时,不仅完成了数据的处理与加工,也对数据的分布有了一定的了解,为高级标签的构建做好了准备。

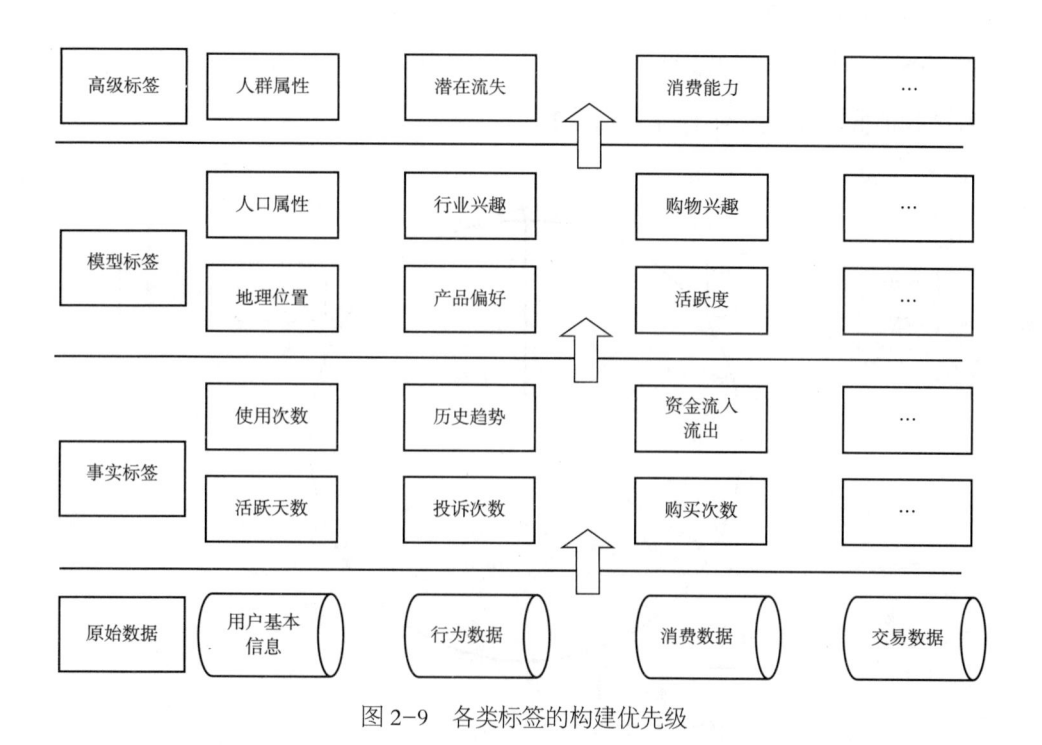

图 2-9　各类标签的构建优先级

　　模型标签是标签体系的核心,也是用户画像工作量最大的部分,大多数用户标签的核心都是模型标签。模型标签的构建大多需要用到机器学习和自然语言处理技术,下文中介绍的标签构建方法主要指的是模型标签。

　　最后构建的是高级标签,高级标签是基于事实标签和模型标签进行统计建模得出的,它的构建多与实际的业务指标紧密联系。只有完成基础标签的构建,才能构建高级标签。构建高级标签使用的模型,可以用简单的数据统计,如某位用户一段时间内多次访问汽车门户网站,可以判断他为意向购车用户。同样是购车意向,也可以通过复杂的机器学习模型来判断,可以根据多个特征值和权重来进行判定。

3.画像建立

我们把标签分为三类,这三类标签有较大的差异,画像构建时用到的技术差别也很大。第一类是人口属性,这一类标签比较稳定,一旦建立,很长一段时间基本不用更新,标签体系也比较固定。第二类是兴趣属性,这类标签随时间变化很快,标签有很强的时效性,标签体系也不固定。第三类是地理属性,这一类标签的时效性跨度很大,如GPS轨迹标签需要做到实时更新,而常驻地标签一般可以几个月不用更新,挖掘的方法和前面两类也大有不同(见图2-10)。

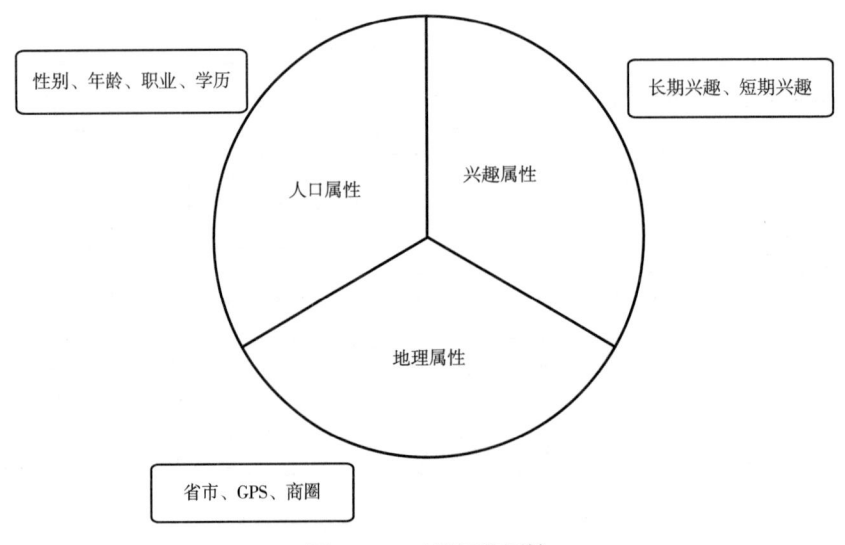

图 2-10 三类标签属性

(1)人口属性画像。人口属性包括年龄、性别、学历、人生阶段、收入水平、消费水平、所属行业等。这些标签基本是稳定的,构建一次可以很长一段时间不用更新,标签有效期都在1个月以上。同时标签体系的划分也比较固定。很多产品(如QQ、Facebook等)都会引导用户填写基本信息,这些信息就包括年龄、性别、收入等大多数的人口属性,但完整填写个人信息的用户只占很小一部分。而对于无社交属性的产品(如输入法、团购App、视频网站等)用户信息的填写率非常低,有的甚至不足5%。在这种情况下,我们一般会用填写了信息的这部分用户作为样本,把用户的行为数据作为特征训练模型,对无标签的用户进行人口属性的预测。这种模型把用户的标签传给和他行为相似的用户,可以认为是对人群进行了标签扩散,因此常被称为标签扩散模型。

（2）兴趣画像。兴趣画像是互联网领域使用最广泛的画像，互联网广告、个性化推荐、精准营销等各个领域最核心的标签都是兴趣标签。兴趣画像主要是从用户海量行为日志中进行核心信息的抽取、标签化和统计，因此在构建用户兴趣画像之前需要先对用户有行为的内容进行内容建模。内容建模需要注意粒度，过细的粒度会导致标签没有泛化能力和使用价值，过粗的粒度会导致没有区分度。为了保证兴趣画像既有一定的准确度又有较好的泛化性，工作者会构建层次化的兴趣标签体系，同时用几个粒度的标签去匹配，既保证了标签的准确性，又保证了标签的泛化性。

（3）地理属性画像。地理属性画像一般分为两部分：一部分是常驻地画像；一部分是轨迹画像。常驻地画像较为稳定，通常是指职住地和户籍所在地。轨迹画像则有着明显的时效性。常驻地画像包括职住地、户籍归属地等信息，具体包含国家、省份、城市三级，如果仅通过实名制数据和 IP 解析，通常只细化到这一级别。如果通过 GPS 数据判断的话，可以精细到具体的经纬度。轨迹画像一般通过 GPS 数据和基站数据采集，这类数据用于特定地址到访类画像、出行特征类画像以及旅游相关的画像分析。常驻地画像和轨迹画像在分析中有着不同的作用，合理运用地理属性画像，可以很好地分析出不同地域、不同出行方式人群的用户特征。

4.内容建模

新闻数据本身是非结构化的，首先需要人工构建一个层次的标签体系。本书以图 2-11 的一篇新闻为例，看看哪些内容可以表示用户的兴趣。

> **英超-桑切斯98分钟点球绝杀阿森纳2-1升至第二**
> 2017-01-23 00: 12: 12 来源：网易体育 作者：莫罗 有9918人参与 手机看赛事
>
> 网易体育1月23日报道：
> 　　北京时间1月22日22时15分，本赛季英超第22轮一场焦点战里，阿森纳主场出战伯恩利。厄齐尔角球助攻穆斯塔菲进球，扎卡得到本赛季第二张红牌被罚下，第93分钟格雷主罚点球追平比分，第97分钟桑切斯主罚点球破门绝杀，只剩10人的阿森纳2-1战胜伯恩利，取得主场联赛五连胜，排名升至英超第二。

图 2-11 新闻案例

首先，这是一篇体育新闻，"体育"这个新闻分类可以表示用户兴趣，但是这个标签的粒度太粗了，用户可能只对足球感兴趣。其次，我们可以使用新闻中的关键词,尤其是里面的专有名词(人名、机构名),如"桑切斯""阿森纳""厄齐尔",这些词也体现了用户的兴趣。关键词的主要问题在于粒度太细,如果一天的新闻里没有这些关键词出现,就无法给用户推荐内容。

因此我们需要有一个中间粒度的标签,既有一定的准确度,又有一定的泛化能力。这时我们可以对关键词进行聚类,把一类关键词当成一个标签,或者把一个分类下的新闻进行拆分,生成像"足球"这种粒度介于关键词和分类之间的主题标签。可以使用文本主题聚类完成主题标签的构建。

至此,就完成了对新闻内容从粗到细的"分类—主题—关键词"三层标签体系内容建模,新闻的三层标签如表 2-6 所示。

表 2-6 三层标签体系

	第一层(分类)	第二层(主题)	第三层(关键词)
示例	体育、财经、娱乐	足球、理财	梅西、川普、机器学习
使用算法	文本分类、SVM、LR、Bayes	PLSA、LDA	TF-IDF、专门识别、领域词表
粒度	粗	中	细
泛化性	好	中	差
训练数据量(条)	10~30	100~1000	100 万及以上

有时候我们仅凭借主题进行推送,其准确率和覆盖率就能达到不错的效果,那么为什么还要构建分类和关键词这两层标签呢?这么做是为了给用户进行尽可能精确和全面的内容推荐。当用户的关键词命中新闻时,显然能够给用户更准确的推荐,这时就不需要再使用主题标签;而对于比较小众的主题(如体育类的冰上运动主题),若当天没有新闻覆盖,我们就可以根据分类标签进行推荐。层次标签兼顾了对用户兴趣刻画的覆盖率和准确性。

完成内容建模后,我们就可以根据用户点击,计算用户对分类、主题、关键词的兴趣,得到用户兴趣标签的权重。最简单的计数方法是用户点击一篇新闻,就把用户对该篇新闻的所有标签在用户兴趣上加 1,用户对每个词的兴趣计算就使用公式 2-3。当词在这次浏览的新闻中出现,则 C=1,否则 C=0,weight 表示词在这篇新闻中的权重。

$$W_{i+1}=W_i + C \times weight \quad (2-3)$$

这样做有两个问题：一是用户的兴趣累加是线性的，数值会非常大，以往的兴趣权重会特别高；二是用户的兴趣有很强的时效性，昨天的点击要比一个月之前的点击重要得多，线性叠加无法突出近期兴趣。为了解决这个问题，我们可以使上一次的兴趣得分 W_i 进行衰减，例如指定一个衰减常数 α，并使 $0<\alpha \leqslant 1$，在每次重新计算兴趣 W_i 的得分时，利用 $\alpha \times W_i$ 实现对过去兴趣得分的衰减和对近期兴趣的突显。

（四）用户画像评估和使用

人口属性画像的相关指标比较容易评估，而由于兴趣画像的标签比较模糊，因此兴趣画像的人为评估比较困难，我们对兴趣画像的常用评估方法是设计小流量的 A/B-test 进行验证。

我们可以筛选一部分标签用户，给这部分用户进行和标签相关的推送，看标签用户对相关内容是否有更好的反馈。在新媒体中，经常会进行新闻推荐，我们给用户构建了兴趣画像。例如从体育类兴趣用户中选取一小批用户，给他们推送体育类新闻，如果这批用户的点击率和阅读时长明显高于平均水平，就说明标签是有效的。

1.用户画像的效果评估

评估用户画像效果最直接的方法就是看其对实际业务的提升效果，如互联网广告投放中画像效果主要看使用画像以后点击率和收入的提升情况，精准营销过程中主要看使用画像后销量的提升情况等。但是如果把一个没有经过效果评估的模型直接用到业务中，风险是很大的，因此我们需要一些上线前可计算的指标来衡量用户画像的质量。用户画像的评估指标主要包括准确率、覆盖率、时效性等。

（1）准确率。标签的准确率指被打上正确标签的用户比例。准确率是用户画像最核心的指标，一个准确率非常低的标签是没有应用价值的。准确率计算公式如下。

$$precision = \frac{|U_{tag=true}|}{|U_{tag}|} \qquad (2-4)$$

式 2-4 中 $|U_{tag}|$ 表示被打上标签的用户数，$|U_{tag=true}|$ 表示有标签的用户中被打对标签的用户数。准确率的评估一般有两种方法：一种是在标注数据集里留一部分测试数据用于计算模型的准确率；另一种是在全量用户中抽一批用户，进行人工标注，评估准确率。

由于初始的标注数据集的分布和全量用户分布相比可能有一定偏差，故后一种方法的数据更可信。准确率一般是对每个标签分别评估，多个标签放在一起评估准确率是没有意义的。

（2）覆盖率。标签的覆盖率指的是被打上标签的用户占全量用户的比例，我们希望标签的覆盖率尽量高。但覆盖率和准确率是一对矛盾的指标，需要对二者进行权衡，一般的做法是在准确率符合一定标准的情况下，尽可能地提升覆盖率。

我们希望覆盖尽可能多的用户，同时给每个用户打上尽可能多的标签，因此标签整体的覆盖率一般拆解为两个指标来评估。一个是标签覆盖的用户比例，另一个是覆盖用户的人均标签数，前一个指标表示覆盖的广度，后一个指标表示覆盖的密度。用户覆盖率的计算方法如公式 2-5 所示，式中 $|U|$ 表示用户的总数，$|U_{tag}|$ 表示被打上标签的用户数。人均标签数的计算方法如公式 2-6 所示，式中 $|tag_i|$ 表示每个用户的标签数，$|U_{tag}|$ 表示被打上标签的用户数。覆盖率既可以对单一标签进行计算，也可以对某一类标签进行计算，还可以对全量标签进行计算，这些都是有统计意义的。

$$coverage = \frac{|U_{tag}|}{|U|} \qquad (2-5)$$

$$average = \frac{|\sum_{i=1}^{n} tag_i|}{|U_{tag}|} \qquad (2-6)$$

（3）时效性。有些标签的时效性很强，如兴趣标签、出现轨迹标签等，一周之前的就没有意义了；有些标签基本没有时效性，如性别、年龄等，可以有一年到几年的有效期。对于不同的标签，需要建立合理的更新机制，以保证标签时间上的有效性。

标签还需要有一定的可解释性，便于理解，同时需要便于维护且有一定的可扩展性，方便后续标签的添加。这些指标难以给出量化的标准，但在构建用户画像时也需要注意。

2.用户画像的使用

用户画像在构建和评估之后，就可以在业务中应用，一般需要一个可视化平台对标签进行查看和检索。画像的可视化一般使用饼状图、柱状图等对标签的覆盖人数、覆盖比例等指标做形象的展示，图2-12就是用户画像的一个可视化界面。

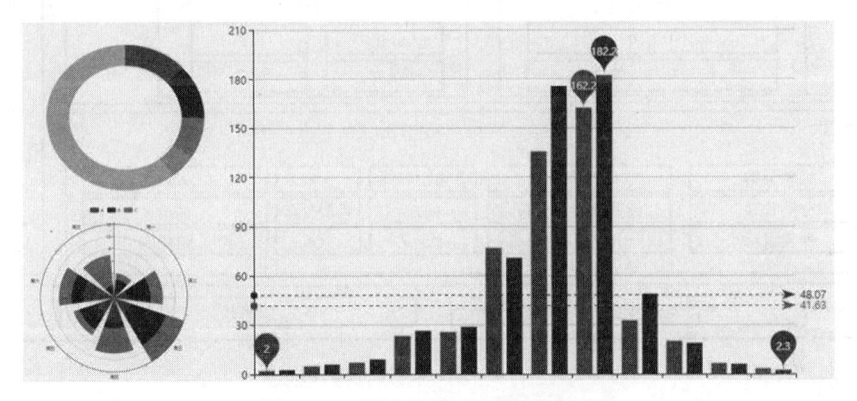

图2-12 用户画像的可视化界面

此外，对于构建的画像，我们还可以使用不同维度的标签，进行高级的组合分析，产出高质量的分析报告。在智能营销、计算广告、个性化推荐等领域用户画像都可以得到应用。

（五）用户标签画像解决方案

在实际应用中，不少企业对标签体系和用户画像存在着一些迷思，构想经常如空中楼阁。他们时常将过多精力陷在体系和系统的构建细节中，并没有落地到实际的业务赋能上，即使构建了一个看似完美的标签体系，也无法使其在产品中运转起来，最后企业可能废弃整个体系。图2-13展示了体系化的用户标签画像解决方案。

面对上述迷思要学会掌握"以终为始"的思维，让"如何用"决定"如何设计"。首先我们看看迷思困境中的三个主要矛盾点（见图2-14），"提出全面的设计""运营不知怎么用""重新梳理"这三点与企业计划构建标签的第一步设想是有很大关系的，如果第一步设想方向是正确的，那么后续的设计、实践都会减少很多障碍。而"以终为始"，让"如何用"决定"如何设计"正是这三个矛盾点的解药。"以终为始"即从企业最终的应用场景和应用策略出发，来倒推企业的标签体系设计，下面将介绍三个思路。

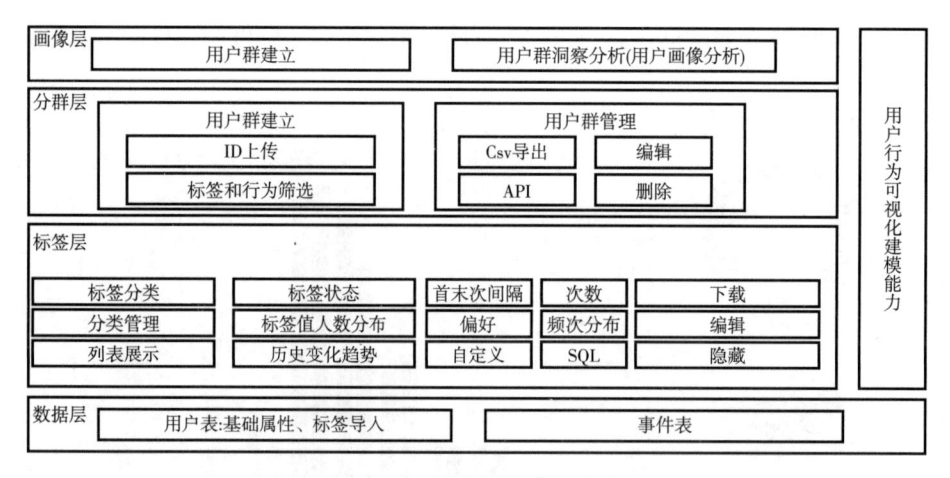

图2-13 用户标签画像建模

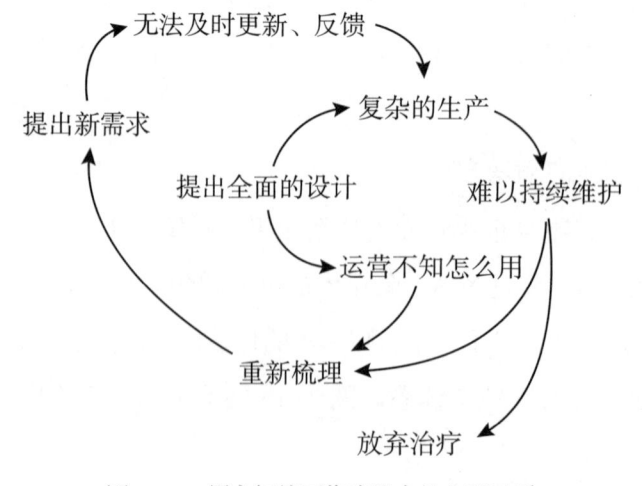

图2-14 用户标签画像迷思中的主要矛盾

1. 从用户触点、流程中找场景

我们可以通过总结用户的全流程，并观察用户经历的每个阶段，来提炼几个关键触点（见案例 2-8）。

案例 2-8　从用户触点、流程中找场景

场景：对于航空公司来说，用户的旅程大致可分为三个阶段：行前、行中和行后。在这个过程中，可以梳理出很多的触点。比如在行前，航空公司 App 给用户提供的预订、值机体验等。针对这些触点，航空公司已经有一些场景策略加强触点的体验和转化。比如用户也许会在登机前突然收到一个临时升舱的惊喜。

针对行前升舱这个场景可以怎么做？如果航空公司仅在金卡和银卡中筛选升舱人选，这个策略的价值可能只发挥了一点点。但如果利用策略标签配合用户画像系统为运营侧提供精准的营销，可能会释放更大价值。比如在行前通过 App 给你发了一个推送，内容是"您的专属福利来了！免费升舱并送您 1000 积分，只需在 1 小时内完成预订，1000 积分将直接打入您的账户"，这样的营销策略对提高预定效率有较大价值，与之类似的更多其他价值也可以进行挖掘。

企业要实现更多价值的挖掘离不开对用户情况的洞察。这依赖于对用户在整个流程中的行为数据的总结、提炼后形成的标签、画像。

图 2-15 从出行预测、服务偏好、购买习惯、会员等维度梳理出目标用户的特征，结合各个触点，企业可以规划相应的策略与场景，并采取相应的干预措施（见图 2-16）。

事实上，标签一旦能适用于场景，也就能够很好地解决标签是否有用的问题，标签的设计要与目标场景匹配，这样从场景反推就是一个很好的策略。

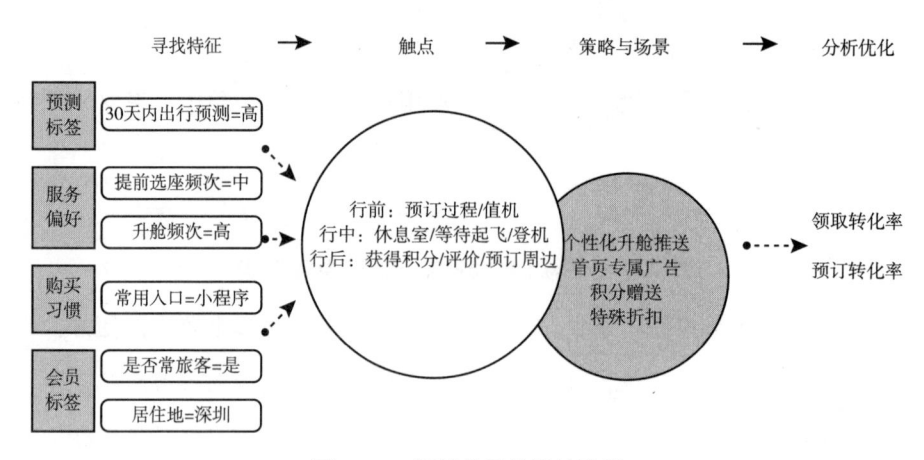

图 2-15　标签体系的提炼流程

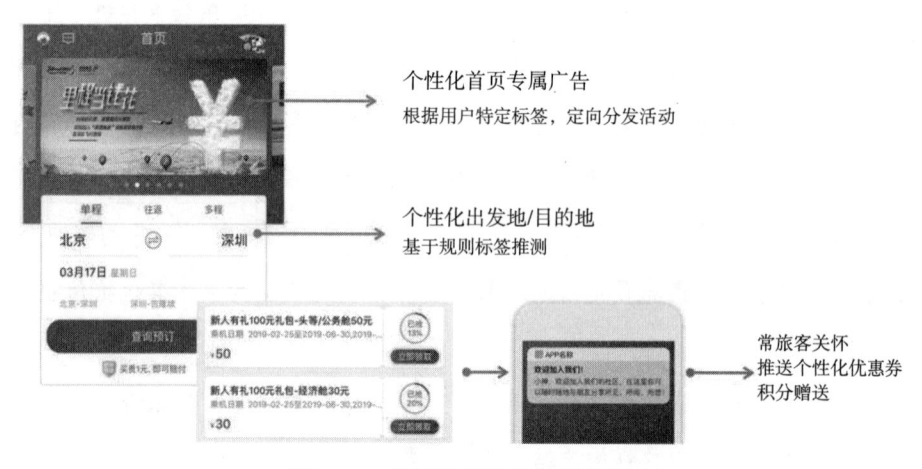

图 2-16　标签的精细化应用场景

2. 识别特征、偏好，寻找场景和标签

在标签的设计中还存在一种情况，即用户天然可以分成几类稳定的群体，如对价格敏感和不敏感的客户群。在这种情况下，我们可以构建一些更丰富的标签来描述用户，更精细化地提供服务和功能（见案例2-9）。

识别用户特征和偏好设计的标签与根据流程和场景设计的标签最大的不同是用户的特征和偏好是相对稳定的，其标签的更新频率相应地也不会太快。

案例 2-9　基于用户特征识别的分类标签

下面举一个券商的标签构建的例子。该证券企业 C 的新增用户可分为两大类：用户（注册未开户和未注册只浏览）和客户（未入金和入金）。企业要做的就是按未注册只浏览—注册未开户—未入金—入金的流程来引导用户。在这个过程中，企业可以通过用户的标签信息采取相应的措施来加速转化（见图 2-17）。

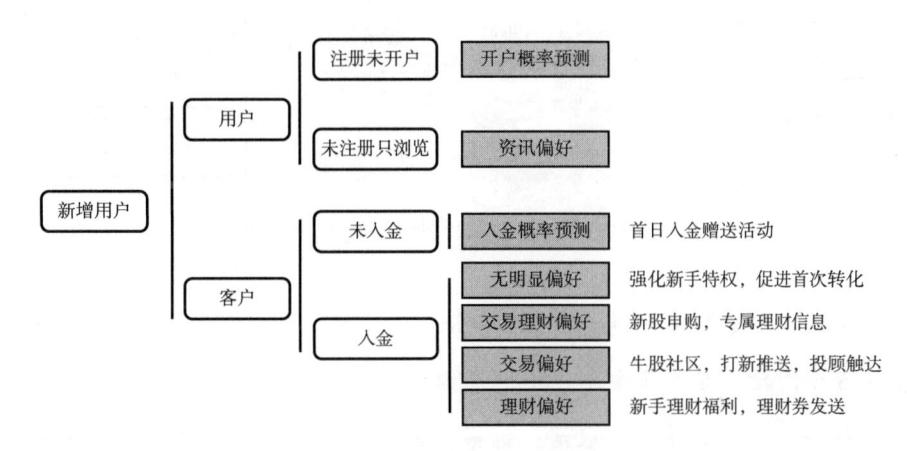

图 2-17　证券业的新增用户分类

3.从关键环节和指标，推导场景所需标签

本思路是前两种方式的结合。下面我们将结合案例 2-10 来进行讲解。

案例 2-10　建立场景标签

我们以某打车应用 D 作为案例。对于公司 D 来说，用户打车后又取消，从各方面来说都是消耗成本的一件事。假设将打车后取消的用户称为沉默用户，D 需要解决的就是以下几个问题：如何降低高峰时段订车取消率？如何提前做沉默归因，提前预测？如何有效召回沉默？如何沉淀可复用的用户画像？

这几个问题都是企业的常见目标，归结为一点就是避免沉默流失。为实现这个目标，我们可以先梳理关键环节和指标（见图2-18）。

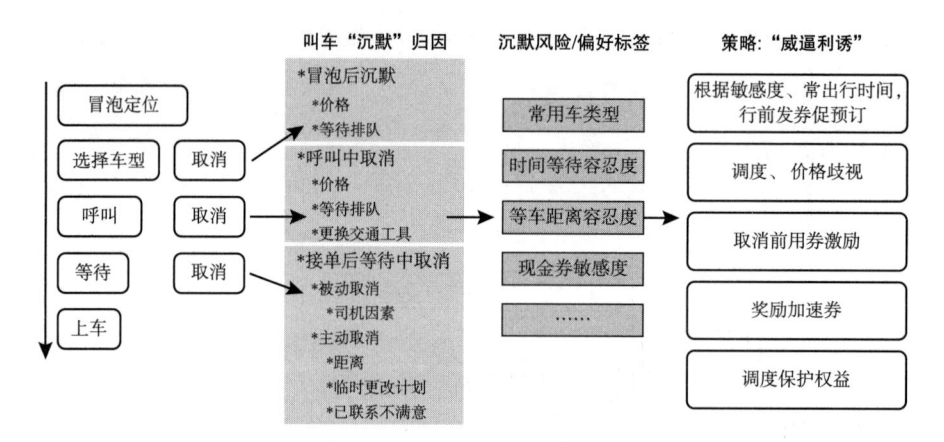

图2-18 打车应用的问题归因与解决场景

从用户准备打车到最终上车共经历冒泡定位、选择车型、呼叫、等待、上车5个阶段。在这几个阶段中取消的原因各不相同：①冒泡后沉默：价格、等待排队。②呼叫中取消：价格、等待排队、更换交通工具。③接单后等待中取消：被动取消（司机因素）、主动取消（距离、临时更改计划、已联系不满意）。

如今D公司要做的就是"抢救"沉默用户，可以是取消前的避免取消，也可以是取消后的引导回归。因此，可以根据流失原因提炼相关防止流失的沉默风险和偏好标签，如常用车类型、时间等待容忍度等。

根据这些标签就可以进行相应策略的设置，比如给时间等待容忍度低的人进行更快的调度，给对现金券敏感度高的人进行奖励券的激励等。

通俗来说，可以把标签分为"事后总结标签"和"预知标签"两类。如在打车案例中，通过用户取消打车的行为归因后产出的标签是"事后总结标签"，这便会形成一个"归因—事后补救—预测沉默/流失—提前干预"的路径。归因可以说是一个前提，如果没有做归因总结，预测和提前干预这两步将无从下手。

对于 D 公司来说，构建标签画像体系和系统的意义在于：①精打细算——现金券怎么科学地发放，从而更好地提高留存和预订量；②供需匹配——与议价相关的标签就是商业情报；③数据探索、实验——释放精细化运营的想象力。

标签画像数据探索的应用会给企业带来很多机会点。拿工具型产品来说，比如日历工具型的产品中包含很多不同场景，相比打车应用的场景更复杂，每个业务线的人都会观察用户在各个阶段中隐藏的一些机会点，频繁地使用 A/B 测试来挖掘用户的偏好，通过各种尝试来构建企业自身的体系化方法论。

总的来说，对于企业来讲，标签画像的主要作用正是这三点：一是精细化服务提高用户体验，二是供需匹配防止资源浪费，三是用数据探索机会点。

以上只是构建用户画像体系的三个思路。其实企业并不需要在一开始建一个大而全的标签体系，标签体系的建造不是一个一次性可以完成的工程，而是一个系统工程，且是一个边建边拆再建的过程。

二 增长黑客

创始初期的 Facebook、Twitter、LinkedIn 等产品都在极短时间内获得了大量客户，并拥有着超高的用户留存率，这是为什么呢？创业公司在进行运营推广的时候有没有什么获取用户的捷径呢？如果没有捷径，如何提高运营推广的效果呢？这就要提到增长黑客（Growth Hacking）这个理念了。

（一）什么是增长黑客

增长黑客指的是一种用户增长的方式，通过数据分析和运营策略帮助公司快速成长。对创业公司（特别是公司创业初期）来说，在广告预算、市场营销活动成本受限，以及市场推广专员较少的情况下，增长黑客可以帮助企业实现用户量的增长。

2010 年，肖恩·埃利斯首次提出"增长黑客"的概念，并在 2012 年的硅谷受到广泛关注。当时，Facebook、Twitter、Quora 都有利用增长黑客实现用户增长的典型案例，他们甚至专门为这项工作设立了增长黑客的职位。2015年，增长黑客理念被带回国内，伴随互联网创业潮和大数据分析的崛起，增长黑客被广泛应用。

（二）增长黑客的理念

增长黑客理念即获客。优化成本，扩大规模，对于任何一家公司来说获取新用户都极为重要。但是，如果获取用户的成本超过了用户所能带来的收益，那就存在很大问题了。扩大获客规模，首先要实现两种匹配：一是语言和市场的匹配，二是渠道和产品的匹配。

1.语言—市场匹配

语言—市场匹配这一概念是由詹姆斯·柯里尔提出来的，它用来衡量描述和推广产品的语言能在多大程度上打动潜在用户，促使他们试用你的产品。它涵盖营销活动所有环节中使用的语言，包括电子邮件、移动推送以及印刷和网络广告等。

研究表明，人类的平均专注时间（将注意力保持在一条新的网络信息上的时间）现在是 8 秒，而在 2000 年是 12 秒。要在如此短的时间内给目标客户留下深刻印象，就必须让他们立刻明白你展示的产品将如何改善他们的生活。

2.渠道—产品匹配

营销人员通常错误地认为，通过各种不同的渠道同时展开营销活动最有利于用户增长。但这样做的结果是，资源被铺得太开，团队无法专注于优化一两个可能最有效的渠道。与此同时，太多的公司随波逐流，别人用什么渠道它们就用什么渠道（如谷歌付费广告或者 Facebook 广告），却不愿意去尝试可能对它们的产品而言更有效而且成本更低的途径。

我们只需两个步骤就可以锁定最佳渠道：发现和优化。领英国际业务部负责人阿蒂夫·阿万曾帮助公司将用户规模从 1 亿提高到 4 亿多，其制作的用户行为类型表，可以帮助我们做出适当的决策（见表 2-7）。

表 2-7 用户行为类型及对应渠道选择

用户行为	可以考虑的渠道
人们是否使用搜索引擎来寻找解决方案？	SEO/SEM
现有用户是否通过口口相传的方式和朋友分享你的产品？	病毒式渠道或推荐计划
用户数量增加是否改善用户体验？	病毒式
你的目标用户是否已经在使用别的平台？	整合与合作
用户是否具有很高的终身价值？	付费获取

（三）增长黑客的方法

1. 激活：让潜在用户真正使用你的产品

花了很多钱吸引意向用户之后，如何激活他们，并让他们长久地使用你的产品呢？增长团队在进行激活试验时必须采取以下三个关键步骤。

一是确认产品的"啊哈时刻"。"啊哈时刻"就是产品使用户眼前一亮的时刻，是用户突然之间发现产品的核心价值、他们为何需要它以及能从中获得什么的一个瞬间。用户认识到这个产品对他们来说是什么，是偶尔使用的，还是不可或缺的。正是这个时刻的用户体验使早期用户转变为黏性用户，甚至成为关键意见领袖（Key Opinion Leader, KOL）。

二是创建转化和流失漏斗报告。一旦确定了通往"啊哈时刻"的所有步骤，接下来就是计算每个步骤的转化率，换言之，要计算业务漏斗中完成每个步骤的用户比例。测量转化率的最佳途径之一是进行漏斗分析。

除了跟踪关键行为的转化率，报告还应该跟踪访客接触产品的途径或渠道。不同渠道在激活率上的惊人差异能够给你带来重大发现。一旦获得了数据，你就可以找到当前的活跃用户、一开始活跃但逐渐开始流失的用户以及从来就没有被激活过的或者"跳出"的用户，并研究这三种人群之间存在的差异。

三是进行用户调查。对增长黑客专家而言，调查问卷是非常有效的发掘工具，虽然这对用户来说很令人厌烦。

为了得到最有用的反馈并且确保它不会令人反感，问卷调查必须非常简短且发出时必须满足两个主要条件：第一，用户活动反映出用户处于困惑中（例如他们在某个页面上停留时间过长）；第二，用户刚刚完成很多人没有完成的步骤（例如创建账户或者点击购买）。

2. 留存：唤醒并留住用户

留存可分为三个阶段：初期、中期和长期。针对不同的留存阶段，企业一般会有不同的运营策略。

留存初期非常关键，因为这个阶段将决定用户是继续使用、购买，还是使用一两次之后就卸载。因此，初期留存率可以作为衡量产品获客能力的指标。例如，Pinterest 通过分析用户数据发现，如果新用户在注册后的两周内访问网站不足三次，那么他们很可能弃用产品。这就意味着，增长团队需要努力使用户在这一时间段内至少访问网站三次。

一旦跨过前期的用户体验，用户就进入留存中期阶段。这时产品带来的新鲜劲儿开始退去。要想留住中期用户，增长团队的核心任务是让使用产品成为一种习惯。消费者行为专家尼尔·埃亚尔介绍了一种上瘾模型，这在增长黑客中被称为参与回环（Engagement Loop）。外部触发物，如移动推送、邮件以及 App 内提示等，可以促使用户采取行动，从而触发强大的参与回环，让用户形成习惯。增长团队应该找出触发物的最佳使用数量、方法和频率，以创造并强化用户习惯。

一旦你在一定规模的用户群中实现了强劲的留存，下一步就是专注于如何让用户乐于使用你的产品并长期保持高度活跃。我们建议使用一种双管齐下的做法：第一，优化现有的产品功能、推送以及对重复使用进行奖励；第二，在一个较长的时间周期里定期推出新功能。把握好这二者之间的平衡极其重要。许多公司都急于在短期内推出大量新功能，用产品团队的话来说，这叫功能膨胀（Feature Bloat）。这样做往往会导致产品过于复杂而掩盖产品的核心价值。

3. 变现：提高每个用户带来的收益

和其他所有增长黑客手段一样，破解变现的第一步是分析数据，找出最具潜力的试验。增长团队要回到根据整个用户旅程绘制的基本路线图，在路线图上标出从获客到留存的整个过程中所有可能从用户身上盈利的机会。

确定了基本线路图中的重要环节之后，下一步是分析哪些环节带来的收益最高，哪些环节是夹点（Pinch Points），也就是损失潜在收益的地方。

商业模式不同，夹点出现的地方也会不同。增长团队在找出产品、网站或者 App 上有很高创收价值的页面和功能后就可以开始试验增收手段。同时团队还要找出转化率低、摩擦阻力大的夹点，进而找出填补收益漏洞的方法。

4. 良性循环：维持并加速增长

鱼儿必须一直游动才能存活，一旦停下来它们离死亡就不远了。增长黑客与鱼儿一样，必须不断地进行迭代和改进。不断进行模式创新，进行用户数据挖掘，开展用户调研，并快速进行试验得出结论。

5. 深挖数据金矿

要判断哪些数据值得深挖，增长团队首先应该回顾顾客和用户在到达产品的"啊哈时刻"之前需要完成的主要任务和途径。对于每一个关键任务和体验，增长团队需要找出数据缺失的地方或者数据相对稀薄或粗糙的地方，然后加固数据（见案例2-11）。

案例 2-11 深挖价值数据

场景：如果你是一家时装品牌的增长团队，你应该问自己能否找出访客将一件衣服加入购物车之前浏览了多少张这件衣服的图片。或者，自己能否计算出用户在输入配送信息时填写每一栏所花的时间。

当团队通过强化数据系统找到了这些问题的答案就会发现，那些浏览4张衣服图片的顾客将衣服放入购物车的概率是50%，而只看了两张或更少图片的顾客这一概率只有20%。这个更加细致的观察将能引导团队进行新的增长试验，例如为每件商品配更多图片，或者让顾客能够更加轻松地浏览大量商品图片。

6. 发掘新渠道

在增长过程前期团队最好专注于一两种获客渠道。但是随着时间的推移，团队应该试验增加新渠道。这不仅是实现更大规模增长的途径，同时还能避免现有渠道突然改变游戏规则所导致的增长停滞，就像前面提到的 Facebook 或者谷歌那样。如果团队发现在现有渠道内很难再想出新的增长策略，这就是一个信号，说明应该开始试验新渠道了。

7. 引入全新视角

对于陷入停滞或者缺少想法的增长团队来说，最好的解决办法莫过于引入全新视角。邀请其他部门的同事、其他团队或者个人一起出谋划策能够碰撞出大量有创意的新点子。

团队可以通过许多途径实现交叉生成想法。微软的主要增长黑客负责人安库尔·帕特尔定期将微软不同团队的产品经理、工程师和设计师叫到一起分享新点子和新发现，这样做极大激发了他的团队不断提出新的测试想法。

最后，值得强调的一点是，无论营销和广告投入成本有多高，规模量有多大，营销手段有多高明，我们都无法使用户爱上一个不合格的产品。当然，大张旗鼓地召开产品发布会可以在初期吸引一些眼球，但是如果产品不具备令人惊叹的特质，即使请巨星做代言人或者斥巨资打广告，都会很快沉寂，失去可持续增长的机会。

在双创环境下，创业者需要将想法落地为产品，通过市场验证出该商业模式的可行性，并以此吸引投资加速渠道扩展，从而实现产品的大范围推广。增长是创投环境中对各阶段数据的考量，而增长黑客就是要你成为一个懂产品运营、市场营销、渠道推广、商业模式的全方位增长型人才。

（四）北极星指标

北极星指标（North Star Metric），又叫作"OMTM"（One metric that matters），即唯一关键指标。北极星指标之所以有此称呼是因为这个指标一旦确立，就像北极星一样，成为引导企业决策和发展的重要指向标。

1. 北极星指标的重要性

找到企业的北极星指标，是用户增长的第一步，也是至关重要的一步。为什么这么说？第一，做增长涉及公司运营的方方面面，没有一个明确的指标指引，缺乏抓手，很容易失去工作的重点，无法使工作和最终的目标形成关联。第二，当企业达到一定规模，一个核心目标可以把团队调整到同一个方向上，并且明确每项工作的优先级和对核心目标的影响。第三，设定一个指标，能够提高效率。如同YC联合创始人保罗·格雷厄姆所说，"一旦你选定了你的目标，你只有一件事可以做——努力达到那个目标"。

2. 北极星指标拆解

在确定当前阶段的北极星指标后（不同阶段北极星指标可能不同），接下来需要对该指标进行拆解（见图2-19），《增长黑客》中有类似的概念，称为基本增长等式，"所有与增长相关的关键因素都在这个等式中有所体现"。如英曼公司的等式：订阅用户=（网站流量×邮件转化率×活跃用户率×付费订阅转化率）+留存订阅用户+回流订阅用户。实际上，该等式就是对订阅用户这一指标（可能是该公司的北极星指标）的一层拆解，将订阅用户分为新增、留存、回流三个群体，并对新增订阅用户做进一步拆解。

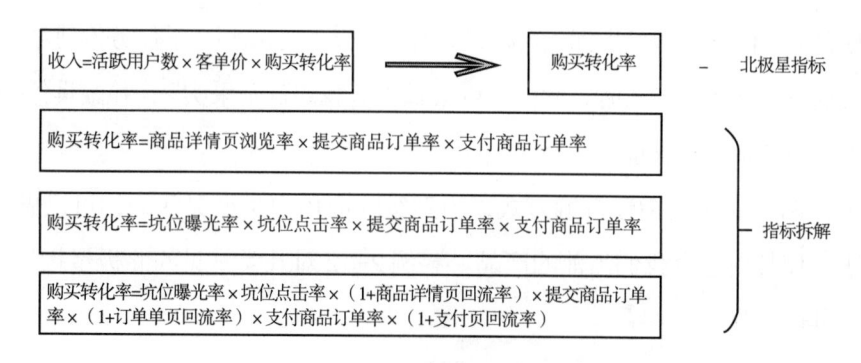

收入=活跃用户数×客单价×购买转化率 ⟹ 购买转化率 — 北极星指标

购买转化率=商品详情页浏览率×提交商品订单率×支付商品订单率

购买转化率=坑位曝光率×坑位点击率×提交商品订单率×支付商品订单率

购买转化率=坑位曝光率×坑位点击率×（1+商品详情页回流率）×提交商品订单率×（1+订单单页回流率）×支付商品订单率×（1+支付页回流率）

— 指标拆解

图2-19 北极星指标拆解

在学习北极星指标的拆解技巧之前，首先要对北极星指标的拆分步骤及拆解目的进行了解，主要分为三个步骤。第一，任务拆解。我们的增长任务是提升北极星指标，拆解北极星指标即是将抽象的大任务拆解为一个个具体的子任务，方便后续增长计划的执行。第二，项目分工。在拆解得到多个子任务后，将任务分组，由不同的团队或个人负责完成，如渠道优化、付费转化率提升等，便于不同团队的分工、沟通与合作。第三，指标拆分。北极星指标通常是由多个过程性指标综合影响的结果性指标，通过拆解、影响、监控这些过程性指标，可以让所有人了解每个子任务的完成情况（这些过程性指标可以是子任务的结果性指标）。

3. 北极星指标实例技巧

对同一个北极星指标，可以有多种不同的拆解方式，每个人的理解都不尽相同。我们根据上面总结的拆解作用，以用户阅读总时长为例，总结出两种主要的拆解方式。

用户分群与等式构建：这种方式下，我们首先对用户进行分群，再为每个用户群体构建基本增长公式。当然拆分方式有多种，同一个指标的增长公式也可以有多种。当拆分成这种等式/具体指标后，我们可以尝试去寻找"低垂果实"，也就是在这些指标中易提升、效益高的指标，并做具体的分析、提出假设、快速地实验验证。当然这种方式可能对项目分工不太友好，比如不同的用户群体的阅读转化率指标应该由相同的团队去提升。

项目分工与任务拆分：在这种拆解方式下，首先将北极星指标分成几个子项目，每个项目负责相应的子任务。这种方式更像一个分析思路框架，对项目分工友好，但每个子项目/子任务的增长指标相对模糊，可以考虑为子项目/子任务构建增长公式。当拆分成这种子任务的形式时，同样可以尝试去寻找"低垂果实"，并做具体的分析、提出假设、快速地实验验证。

以上是两种北极星指标拆解方式，当然实际应用中是很灵活的，可以做一些结合、修正，使其更适合我们当前的产品。案例2-12对几类常见的北极星指标的拆解方法作了具体说明。

案例2-12　常见北极星指标的拆解

一、工具类、资讯类产品常用北极星指标：日活

1. 日活公式

日活 = 新增用户 + 活跃老用户

新增用户 = 渠道A新增 + 渠道B新增 + 渠道C新增 +……+ 渠道N新增

活跃老用户 = 核心用户 + 成熟用户 + 激活用户 + 沉默激活用户 + 流失召回用户

注：活跃老用户中的用户分类依据具体产品具体定义。核心用户一般特指完成了某个动作的用户，比如充值、发布视频、连续7天访问等。

2. 活跃渗透率

PV渗透率 = 日PV/月PV（PV，即Page View，当日浏览量）

UV 渗透率＝日 UV/月 UV（UV，即 Unique Visitor，当日浏览人数）

日活渗透率＝日活跃用户/月活跃用户（DAU/MAU）（活跃用户，常见定义为在所选时间内，主观打开过至少一次 App 的用户）

3.用户黏性公式

启动次数维度：日启动总次数/日活跃用户数

使用时长维度：日使用总时长/日活跃用户数

连续时长维度：日使用总时长/日启动次数

二、UGC 社区类产品常用北极星指标：UGC 用户数

1.指标拆解

UGC 用户数＝评论用户数＋点赞用户数＋发帖用户数＋转发用户数

（这部分数据一般要独立去重，防止重复累加）

UGC 用户数＝日活用户数 ×UGC 渗透率

日活用户数＝新增用户数＋留存用户数

新增用户数＝渠道 A 新增＋渠道 B 新增＋渠道 C 新增＋……＋渠道 N 新增

留存用户数＝核心用户＋成熟用户＋激活用户＋沉默激活用户＋流失召回用户

2.渗透率

PV 渗透率＝日 PV/月 PV（PV，即 Page View，当日浏览量）

UV 渗透率＝日 UV/月 UV（UV，即 Unique Visitor，当日浏览人数）

日活渗透率＝日活跃用户/月活跃用户（DAU/MAU）（活跃用户，常见定义为在所选时间内，主观打开过至少一次 App 的用户）

UGC 渗透率＝UGC 用户数/日活用户数

代表类产品为新浪微博、知乎、豆瓣、抖音、快手、微信、天涯论坛等。

我们以微博为例，解读北极星指标中的 UGC 用户数。

用户 UGC 数＝用户数 ×(发帖转化率＋转发转化率＋评论转化率＋点赞转化率）

发帖转化率=（发帖KOL数+发帖媒体数）/（KOL用户数+媒体用户数）

注：新浪微博2012年、2013年之后发帖主要集中在头部用户和垂类头部用户。

发帖数=x 转发数+y 评论数+z 点赞数

注：发帖数和转发数、评论数、点赞数是线性正相关的。

所以我们当时的主要策略就是提升头部用户发帖数量产生话题性，同时拓展垂类用户产生优质内容，引导普通腰部及以下用户参与讨论，产生转发数、评论数、点赞数。

注：用户互相关注动作、UGC动作留存率非常高，同时也是微博高价值用户。

三、交易类产品常用北极星指标：GMV

1. 公式拆解

GMV= 流量 × 转化率 × 客单价

流量 = 渠道A新增+渠道B新增+渠道C新增+……+渠道N新增

转化率：banner转化率、活动转化率、类目转化率、搜索转化率、提交订单转化率、绑卡转化率、支付转化率等各级漏斗转化率。

平均客单价=GMV/付费用户数

平均订单价=GMV/支付订单数

2. 价值公式

LTV=（某个客户每个月的购买频次 × 客单价 × 毛利率）×［1/（1-月留存率）］-COC-CAC

注：LTV是用户生命周期价值，COC是运营成本，CAC是拉新成本。

用户生命周期=1/（1-留存率）

3. 投资回报率

投资回报率（ROI）= 转化率 × 每个用户平均收入（ARPU）/（CAC+COC）

ROI= 销售金额/投入金额

销售金额=UV × 转化率 × ARPU

投入金额 = UV × [单个用户获取成本（CAC）+ 单个用户运营成本（COC）]

代表产品为电商类、知识付费类、共享单车类等。

举个例子：我们以 OFO 小黄车为例，其北极星指标为成功骑行次数。

成功骑行次数 = App 启动次数 × 每启动扫码开锁率 × 成功开锁率 × 成功结束率

成功骑行次数 = 每人每日行程次数 × 人数

毛收入 = 充值收入 − 投入成本 = [（每次充值金额 − 欠费金额）× 充值次数）] − [（每车成本 + 维护费用）× 车辆数量]

按照以上产品流程的公式拆解，我们就能很简单地找到每个步骤的优化关键点以及核心指标。

四、总结

按照必要的步骤拆解用户流程，拆解核心指标公式，会在公式当中找到很多相关的抓手点，每个点都对用户增长有重要价值。

三 海盗指标

当我们谈到产品运营的时候，一定会有很多运营相关的关键词冒出来，用户运营、活动运营、社区运营。得益于最近几年从事互联网运营的人越来越多，运营也逐渐有了细分和定义。而海盗指标正是服务于初创团队产品运营的有效方法，通过系统化的运营，使产品达成预期的北极星指标。

（一）什么是海盗指标（AARRR）

"海盗指标"这一术语由风险投资人戴夫·麦克卢尔创造，得名于五个成功创业关键元素的首字母缩写。麦克卢尔将创业公司最需要关注的指标分为五大类：获取用户（Acquisition）、提高激活率（Activation）、提高留存率（Retention）、获取利润（Revenue）和自传播（Referral），简称 AARRR（见图 2-20）。它其实也是链路营销 AAAAA 的一个变种。在国内的话，它的另一个变种 AIPL 是阿里推出的增长模型。

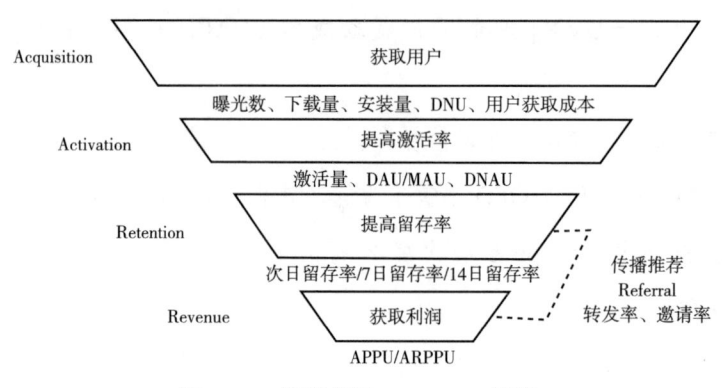

```
Acquisition        获取用户
                曝光数、下载量、安装量、DNU、用户获取成本
Activation         提高激活率
                   激活量、DAU/MAU、DNAU
Retention          提高留存率
                                              传播推荐
                次日留存率/7日留存率/14日留存率   Referral
Revenue            获取利润                    转发率、邀请率
                   APPU/ARPPU
```

图 2-20　海盗指标 –AARRR 模型

海盗指标在 App 以及网站运营方面非常适用。对每家公司来说，是获取新用户还是保持高留存，或者是增加付费用户的比例，都会有不同的侧重点。对小公司而言这样的抉择更重要，因为在有限的资源下无法顾及所有的环节。

1. 获取用户

通过各种各样的方式获取到新用户。想一想你每天收到的垃圾短信、垃圾邮件和骚扰电话，虽然这些可能不太招你喜欢，但却都是企业获取新用户的方式。案例 2-13 展示了常见的获取新用户的方式。

案例 2-13　常见的获取新用户的方式

广撒网型：电视广告、大型活动赞助、邮件推送、短信推送、电话推销、地推、扫楼、地铁推广。

技术型：搜索引擎优化（SEO）、搜索引擎营销（SEM）。

软文型：利用社交媒体进行软文推广，如在知乎、微博、公众号上发公关稿。

增长黑客型：这一类通常是结合营销和产品进行病毒式的推广，比如饿了么分享红包、支付宝支付红包以及截图发群获得参加某课程权益等。

相关业务指标：点击率、UV、PV。

2. 激活

提升用户活跃度。当我们获取客户之后，需要用户去使用我们的产品，或者参与到产品中来。新用户是否进行了其他操作，不同渠道吸引过来的用户是否在平台上进行浏览操作、访问相关介绍页面，并进行下单购买。相关业务指标有注册人数、注册量、订阅量、关注人数等。

3. 留存

我们第一次在电商平台购买商品以后，就会时常收到推送邮件或促销短信。这些现象背后都是为了促使我们再次去购买，并在反复购买行为中形成对平台的黏性。当我们下一次想买东西的时候第一个就想到了该平台，这就是提升留存的一个案例。不同的业务有不同的留存方法，总体来说都是不断提醒或者吸引用户。相关业务指标有日活跃用户数、月活跃用户数、距离上次登录的时间、流失率、复购率等。

4. 盈利

把用户聚集到平台上当然是为了盈利，只是时间早晚的问题。如外卖平台、共享单车可以前期直接跨过盈利需求，疯狂补贴以增加用户量，在形成市场影响力之后再考虑营收的问题。相关业务指标有客户终生价值、客单价、购买量、广告点击营收等。

5. 推荐

当我们有了第一批用户之后，通过用户进行分享、自传播的方式拓展产品的覆盖人群，进一步增加用户量以提升市场占有率。通过推荐的方式回到第一步形成新用户的引入，周而复始，生生不息。相关业务指标有点赞、转发、邀请、分享等。

（二）基于海盗指标的增长引擎

这里我们介绍三种增长引擎：黏着式增长引擎、病毒式增长引擎、付费式增长引擎。

1. 黏着式增长引擎

侧重于让更多的用户成为"回头客"，即 AARRR 模型中的第一个 R，让用户经常性地登录产品、使用产品，提高留存，并最终成为黏性用户。

2. 病毒式增长引擎

侧重于让存量用户通过社交圈子传播产品,即 AARRR 模型中的最后一个 R,形成口碑传播。但我们需要知道的是,并非产品设置一个分享按钮,用户就会自发地传播产品,除非产品真的能给用户带来惊喜。病毒式增长引擎需要用到一些心理手段和运营手段以提高用户传播产品的意愿。

3. 付费式增长引擎

这一阶段的前置条件是前两者增长引擎已经收到了一些良好的成效,那么为了进一步提升黏性,实现用户付费转化,才适合使用付费式增长引擎。有了用户与口碑,只要回报高于成本,就可以不断地付费去扩大产品的用户群体。衡量增长的关键因素在于客户终生价值和获客成本之间的关系,以及投资成本回本所需要的时间。

四 用户生命周期管理

(一)什么是用户生命周期管理

用户生命周期模型的搭建,从大的层面讲,其实就是两件事情:一是定义用户生命周期各个阶段的用户行为,二是通过具体的手段去提升用户价值。

在用户从接触产品到离开产品的这个过程中,人为通过数据驱动、运营手段去管理和提升用户价值。对于绝大部分产品来说,都需要关注用户生命周期。

用户生命周期管理也是一套通用的运营体系,基本适用于所有类型的产品,它不仅可以独立作为用户运营的一个子系统,还是用户分层运营中常用的模型,所以其价值不言而喻。

对于运营人员来说,如果理解和掌握了其底层的操作逻辑,将其应用在自己的产品上,绝对会拉升某一类或多类产品指标,而这项能力无疑是非常稀缺和有价值的。

(二)定义各阶段的用户行为

在整个用户生命周期中,有 5 个阶段,分别是导入期、成长期、成熟期、休眠期、流失期(见图 2-21)。

用户价值

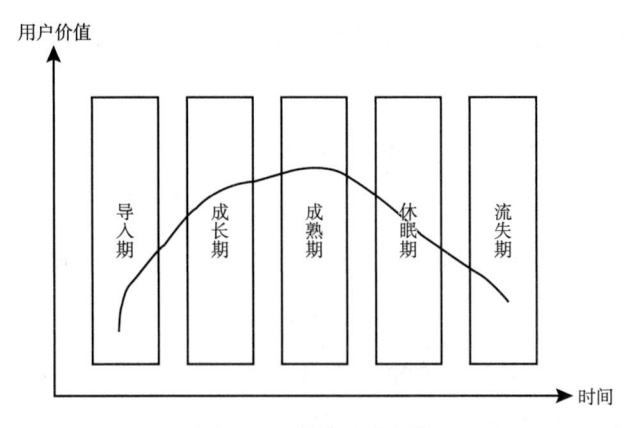

图 2-21　用户生命周期

用户生命周期的定义，与用户价值成长路径有关。在一款产品中，必然存在高价值用户和低价值用户，所以在定义每一层级用户的时候，需要先将低价值用户到高价值用户的典型成长路径找出来，然后在这条路径中去划分不同阶段的用户（见案例2-14）。

市面上大多数产品可以分为三类：一是付费类产品，二是流量类产品，三是工具类产品。当然也有这三类产品的组合，比如付费类 + 流量类的产品、付费类 + 工具类的产品。

案例 2-14　用户产品周期的定义

以得到 App 为例，来看看付费类产品的一个用户生命周期该如何定义。

首先梳理出得到用户的一条典型的成长路径（见图 2-22）。

注册用户 → 浏览免费的内容 → 首次付费购买课程 → 多次付费购买课程 → 一段时间未登录和访问 → 流失

图 2-22　得到 App 用户成长路径

所以每个阶段的用户，可根据用户的典型成长路径定义出来。

导入期：刚完成注册，在摸索产品能力的初级阶段。

成长期：已经熟悉使用产品相关的服务或功能，并完成首次付费转化的用户。

　　成熟期：已经发生多次付费行为的用户。

　　休眠期：曾经是成熟用户，但一段时间未登录和访问的用户。

　　流失期：超过一段时间未登录和访问的用户（如超过 30 天）。

　　对流量型产品来说，各个阶段的用户行为，一般是通过登录次数和访问时间去定义的，这里拿虎扑 App 来举例说明。

　　图 2-23 是虎扑 App 典型的用户成长路径。

注册用户 → 尝试使用 → 形成一定程度的依赖 → 成为高忠诚度贡献价值用户 → 一段时间未登录 → 流失

图 2-23　虎扑 App 用户成长路径

　　我们可以参考这条成长路径，利用用户登录次数和访问时间去定义每个阶段的用户行为。

　　导入期：完成注册，每周的登录次数小于等于 3 次，平均每次访问时间小于 5 分钟的用户。

　　成长期：每周的登录次数在 4~10 次，平均每次访问时间大于等于 5 分钟的用户。

　　成熟期：每周的登录次数大于 10 次，平均每次访问时间大于等于 10 分钟的用户。

　　休眠期：曾经是成熟用户，但是已经超过 15 天未登录访问的用户。

　　流失期：超过 30 天未登录访问的用户。

（三）提升用户价值

　　在用户生命周期中，成长期和成熟期的用户对产品的价值是最高的。所以如果要提升用户价值，一种方式就是将导入期的用户转化为成长期或成熟期的用户。

将导入期用户转化为成长期用户的操作步骤大致如下：第一步，通过数据分析找到业务发力点。第二步，搭建一条导入期用户转化为成长期或成熟期用户的成长路径。第三步，通过运营手段进行激励，促进成长路径中每个环节的发生，并提高转化率。

通过数据分析找到发力点，可以通过用户基础数据和用户行为数据来分析用户需求、偏好。其中基础数据可以包括年龄、性别、地区、职业、爱好等。用户行为数据则需要结合产品业务模式综合思考，对付费学习类产品来说，可以是观看免费课程的数量或时长、加入学习社区的情况、关注感兴趣的学习领域或知名讲师等。

我们继续以付费学习类产品为例，通过数据分析发现，当用户完整地观看了超过 3 门感兴趣的免费课程时，后续付费学习的概率会有显著的提升。这就是一条非常有用的数据线索，可以根据这条线索去搭建一条优质的用户成长路径。

通过数据分析找到发力点后，一条优质的用户成长路径可能如图 2-24 所示。

图 2-24 优质用户成长路径

我们这一级阶段的目的是结合产品现状和业务模式，通过各种运营手段或激励措施，促进该路径中每个环节的发生或转化（见图 2-25）。

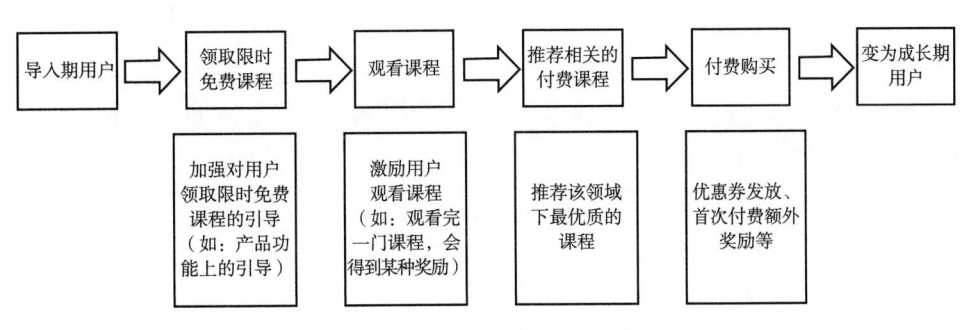

图 2-25 用户成长路径与环节激励

在用户生命周期中，提升用户价值的第二种方式，就是延长用户的有效生命周期，防止用户流失。下面列出一种流失预警的操作步骤。

1. 定义流失用户

在这个阶段需要关注两个维度的事情：一是多长时间，二是发生的用户行为。比如，将超过 30 天都未登录 App 的用户定义为流失用户。流失用户的定义需根据产品业务而定。

2. 分析流失征兆

首先需要圈定流失用户，去分析用户流失前的行为。然后思考在用户流失前发生过什么，用户做过什么；流失用户是否集中于某一渠道，是否存在虚假流量；流失用户在性别、年龄、爱好等方面是否类似；用户流失前，产品是否做了较大改动。最后通过数据分析或用户访谈调研的方式，找到用户流失的主要原因。

3. 设立预警机制

这一阶段的工作为监控数据，进行预流失用户的建模，结合用户流失的原因，将预流失用户定义或标记出来。比如，将注册超过 15 天还没有领取并观看免费课程的用户，标记为预流失用户。

4. 完成用户干预和引导

根据用户流失的原因，分别对用户进行干预和引导。比如针对没有领取并观看免费课程的预流失用户，可通过福利刺激的方式（如观看课程后，可获得优惠券等），让用户完成相应的行为。

用户生命周期管理其实是一个非常庞大的系统，想要做好此项工作，需对每个方面都做到精细化运营和管理，并且需具备超强的数据分析能力。

第三章
算法设计下的传播

第一节 为什么需要算法

一 算法与模型的定义

（一）什么是算法

人工智能有三个重要模块，即算力、数据与算法。本章我们简析算法的基本原理。在谈及算法之前，我们首先思考为什么需要算法。在实际业务场景中，我们常利用多线程并发、哈希转换、聚类倒排等方法提高数据检索速度，即通过程序设计来提升程序运行效率。从宏观上我们可以这样理解机器学习和深度学习，即将大量重复的、有潜在特征的、有潜在规律的工作通过消耗计算机计算空间来完成，在这一过程中减少了大量人力，提升了问题处理效率。大多数算法的理念是以空间换时间（见图3-1）。

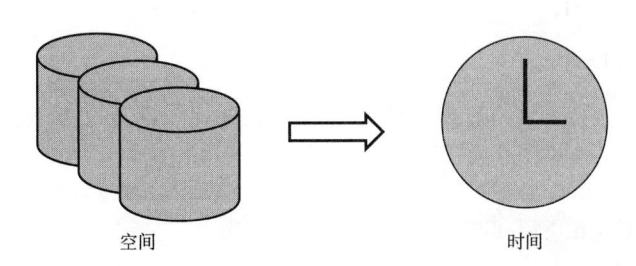

图 3-1　算法原理示意

时间与空间又如何衡量？在算法里引入时间复杂度与空间复杂度的概念。公式3-1即为算法的渐进时间复杂度公式，式中 $f(n)$ 指每行代码执行次数的和，O 表示其正比例关系。我们常见的复杂度量级及其排序为：O(1)<O(log N)<O(n)<O(nlog N)<O(n^2)<O(n^k)<O(2^n)<O(n!)。空间复杂度计算方式与之类似。

$$T(n)=O(f(n)) \qquad (3-1)$$

案例 3-1 和案例 3-2 分别展示了一些时间复杂度和空间复杂度的实例。

案例 3-1　时间复杂度实例

常数 O(1)：

　　k= m+n；＃没有循环结构，我们常见的加减运算；

对数阶 O(log N)：

　　int i = 1;
　　while（i<m）
　　{
　　i=i*2；＃当 2 的 n 次方大于等于 m 时循环结束，即 $\log_2 n$；}

案例 3-2　空间复杂度实例

常数 O(1)：

　　int i = 1;
　　int j = 1;
/* 我们定义了两个 int 型数值，其占用的空间始终是 2 个 int 数值的字节大小 */
线性阶 O(n)：
　　int [ ]m = new int [n]；
/* 在程序开始时，创建一个数组出来，这个数据占用的空间为 n 个 int 型的字节大小 */

当我们了解时间复杂度与空间复杂度后，我们不得不聊一下计算机科学领域的难题：P 对 NP 问题（见图 3-2），以清楚我们的问题是否可解、优化极限在哪里。P 类问题指能在多项式时间可解的问题；NP 类问题指能在多项式时间内验证得出一个正确解的问题；NPC 问题指存在一个 NP 问题，所有的 NP 问题都可以规约化为它；NP-hard 问题指所有问题都可以规约化为它，但其不一定为 NP 问题。

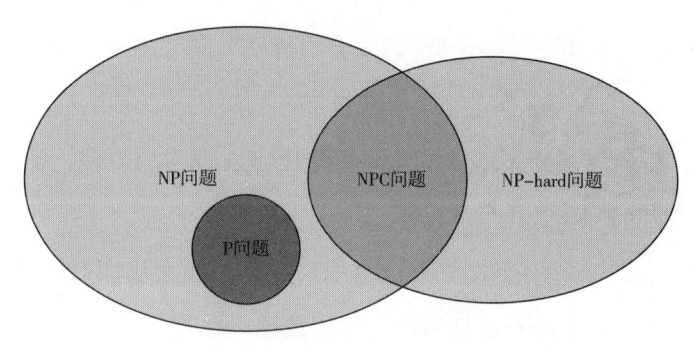

图 3-2　P 对 NP 问题关系

在机器学习中我们经常面临 NP-hard 甚至更难的问题，如果我们构造的算法彻底解决了过拟合问题，即通过经验误差最小化就能获最优解，这就意味着我们构造的模型满足了"P=NP"。反过来即可证明，只要相信"P ≠ NP"，过拟合就不可避免。既然过拟合不可避免，而可进行实际业务生产的算法必定要在指定的程序时间内完成计算，因此在算法的学习与优化过程中必须设立明确的边界。大多机器学习算法的时间复杂度是超越多项式时间的，它的学习与计算时间会随着样本量与特征维度的增加而迅速增长，一个合格的算法模型应该在合理的时间内给出期望的结果。

（二）机器学习的定义

随着计算机技术的快速发展，人工智能在各领域都得到了广泛的应用，所以我们时常听到人工智能、机器学习、深度学习、大数据等词汇，那么它们之间到底有什么关系呢？

首先机器学习属于人工智能的一个分支，我们传媒领域比较熟悉的，在我国 20 世纪 90 年代广泛兴起的专家系统也同样属于人工智能的一个分支。机器学习是通过应用学习算法，使计算机实现一段程序，该程序可以根据训练集按照一定的方式进行学习。随着学习次数的增加，该程序可以在性能上不断提升，通过应用参数优化的算法模型，更准确地预测相关问题的结果。

（三）什么是模型

谈完算法，大家肯定对算法模型有了初步的认识，那么到底什么是算法模型呢？

随着社会的高速发展与信息产业的不断升级，我们对数据的存储与处理能力不断提升。"大数据"的概念被大众理解与熟知，新媒体时代为我们带来海量的用户流量，各平台网站的盈利方式也从"增值服务""会员付费"向"内容付费""流量变现"转变。目前各平台对用户的精准化推送及广告推送的转化率（Conversion Rate，CVR）有着很高要求，机器学习将帮助我们从海量数据中发现客观规律，通过分类、回归、聚类等方法解决实际运营中的问题。

网络平台在运营过程中会收集大量的用户数据。通常我们会根据具体的业务需求，针对性地筛选、提取能够体现事件特征的数据，并对其进行数据清洗，包括离群数据的处理、缺失数据的处理、标签化、特征转化等。假如我们清洗后得到一组数据 D={（用户：001；性别：女；过往转化：Y；电子读物阅读行为：Y），（用户：002；性别：女；过往转化：N；电子读物阅读行为：N）}，其中我们可以将 D 称为数据集（Data Set），当 D 的数量足够多时，我们可将它切分①为 D1 与 D2，用作训练集与测试集。然后我们可以将 D1 的数据执行某个"学习"算法，从训练集的每个训练样本中发现数据的潜在规律，使从训练集中学习得来的"模型"可以根据数据的特征预测相应的结果。

例如，我们从数据集 D 中学得一种规律，成功转化电子阅读物广告用户的特征模型为：T= 存在过往转化 && 存在电子阅读行为。当 T 为 1 时，预测结果为"真"，说明模型预测该用户大概率能成为电子读物广告的转化用户，当 T 为 0 时，预测结果为"假"，说明模型预测此类用户对电子阅读物广告敏感度不高。此时如果我们需要选择一部分流量推送电子阅读物广告，并且该广告以每次行动成本（Cost Per

---

① 数据集切分：在数据切分时如果 D1 包含了绝大部分数据，则会导致此模型无限接近以 D 为训练集得出的模型，这时可能此模型对该数据集的性能是优越的，但生产环境的泛化能力可能很弱，此时测试集 D2 对模型的评估结果就不准确，将导致测试集对模型的评估结果不稳定，反之亦然。实际中我们通常从数据集中随机切割 60%~80% 的样本作为训练集，当数据集 D 足够大时，我们亦可利用统计学方法中的自主法选出训练集，最终得到的训练集比例约为 63.2%。

Action CPA）方式计费，我们当然会选择模型判定 T=1 的用户来推送，以最大化流量收益。

我们可以将模型理解为某一学习算法或一组学习算法给定了数据、调校好参数的结果，是"学习器"在应用场景的实例化。通常我们也会将特征模型 T 称为电子阅读物用户的用户画像，此时用户画像也是我们所说的模型。

二 模型的工作原理

（一）机器学习的发展

1950 年，计算机理论的先驱阿兰·麦席森·图灵写了一篇著名的论文——《计算机器与智能》，其中有这样一段阐述："如果电脑能在 5 分钟内回答由人类测试者提出的一系列问题，且其超过 30% 的回答让测试者误认为是人类所答，则电脑通过测试。"①

早在 20 世纪 50 年代，美国就尝试着利用译码技术解析不同的语言，当时实验者普遍认为，只要制定好相应的语言规则，就可以通过建立复杂全面的规则实现不同语言间的自动翻译。在此期间，人工智能研究呈现一片繁荣景象，一直持续到 1966 年，美国科学院语言自动处理咨询委员会（ALPAC）发布了一篇名为《语言与机器》的报告，全面否定了机器翻译的可行性，并建议停止对机器翻译项目的资金支持。

随后人工智能领域陷入低迷，直到七八十年代，得益于计算机硬件技术不断发展和计算机数据处理能力的增强，人工智能领域通过使用"规则"与"统计"两种处理方法，在试验应用中取得了一定的成果，人工智能的研究才复兴起来。进入 20 世纪 90 年代，伴随一系列新的算法体系（一般将其统称为"机器学习"）的出现，多维、非线性问题取得了突破性进展，统计方法逐渐成为正统。2006 年，以 Hinton 为首的几位科学家成功设计了第一个多层神经网络算法，通过多层架构实现了计算机抽象认知的学习能力，Hinton 将其命名为"深度学习"②。

---

① A.M. Turing, Computing machinery and intelligence,［J］. Mind, 1950, 59: 433-460.
② 深度学习是一种学习方法，把原始数据通过一些简单但非线性的模型转变成更高层次、更加抽象的表达。通过足够多的转换组合，非常复杂的函数也可以被学习。

本书的实际案例及应用方法都是基于用户数据构建概率统计模型，并运用模型对数据进行分类或预测，因此以下所描述的模型工作原理为统计学习方法，也可称为统计机器学习。我们一般将机器学习分为监督学习（Supervised learning）、非监督学习（Unsupervised learning）、半监督式学习（Semi-Supervised Learning，SSL）、强化学习（reinforcement learning）四种。

如上节所举的例子，模型 T 将数据预测成电子阅读物敏感人群与电子阅读物非敏感人群两类，这就是一个简单的分类问题。这类问题通过学习标记好的训练集，得到指定数据规律，使模型可以根据输入映射相应的输出，这种模型学习方式就属于监督学习。

如果我们有一组数据，我们希望算法可以根据它们的相似度进行自动聚类，并且我们并不关心聚类的明确定义。这种直接对输入数据进行建模的学习方式就属于非监督学习，非监督学习与监督学习在训练数据层面最大的差别就是是否依赖标签数据。

半监督学习将以上两种方法进行了结合，半监督学习既大量使用非标签数据，也使用标签数据进行模式识别工作。强化学习与前三种学习方式最大的区别在于强化学习不要求预先给定任何数据，而是通过接收环境对动作的反馈获得学习信息并更新模型参数。

（二）模型工作原理

我们用通俗的比喻来描述模型工作原理。我们将模型的工作分为两步，第一步学习，第二步应用。我们先来讲述最关键的一步——学习。机器学习算法都离不开数据的支持。我们可以简单地假设，机器学习就像把所有数据平铺在一个坐标系中（为了减轻理解难度，我们仅把它想象成二维坐标系），不同的学习算法就相当于不同的公式，而学习的过程就是将这张坐标轴上的所有点连成线，并寻找合适的公式参数，使这个明确参数的公式尽量贴合这些训练数据连成的线。在应用中，如果我们把坐标轴的 x 假设为输入，我们将新的业务数据输入模型中，那么这个函数就会反馈给我们拟合训练数据的输出 y，至此我们实现了模型的训练与预测，这就是模型的工作原理。

下面我们以常见的应用于二分类的算法——逻辑回归，来为大家讲解模型运作的基本原理。对于二分类问题，$y \in \{0,1\}$，1 代表正例，0 代表反例。我们对分类结果 y 期望得到一个 $h_\theta(x)$，使得 $0 \leq h_\theta(x) \leq 1$，其中 θ 即我们希望学习并找到的参数，使 $h_\theta(x)$ 对数据集的拟合度最高。

在多维空间中，线性回归表示为 $h_\theta(x)=\theta_{0\times 0}+\theta_{1\times 1}+\theta_{2\times 2}+\ldots\ldots+\theta_{n\times n}$，简化式为

$$h_\theta(x)=\sum_{i=0}^{n}\theta x_i=\theta^T x \qquad (3-2)$$

逻辑回归就是在线性函数 $\theta^T x$ 输出预测实际值的基础上，寻找一个函数 $h_\theta(x)=g(\theta^T x)$ 将实际值映射到 0 与 1 之间，使

$$y=\begin{cases}1, & h_\theta(x) \geq 0.5 \\ 0, & h_\theta(x)<0.5\end{cases} \qquad (3-3)$$

那么该如何进行映射呢？逻辑回归中选择对数几率函数（logistic 函数，也称作 Sigmoid 函数）作为激活函数：

$$g(z)=\frac{1}{1+e^{-z}} \qquad (3-4)$$

由图 3-3 的 logistic 函数的图形曲线可以看出 $g(z)$ 的结果始终大于 0 并且小于 1，因此其可作为激活函数，将我们假设函数 $h_\theta(x)$ 的实际值映射到 0 与 1 之间。

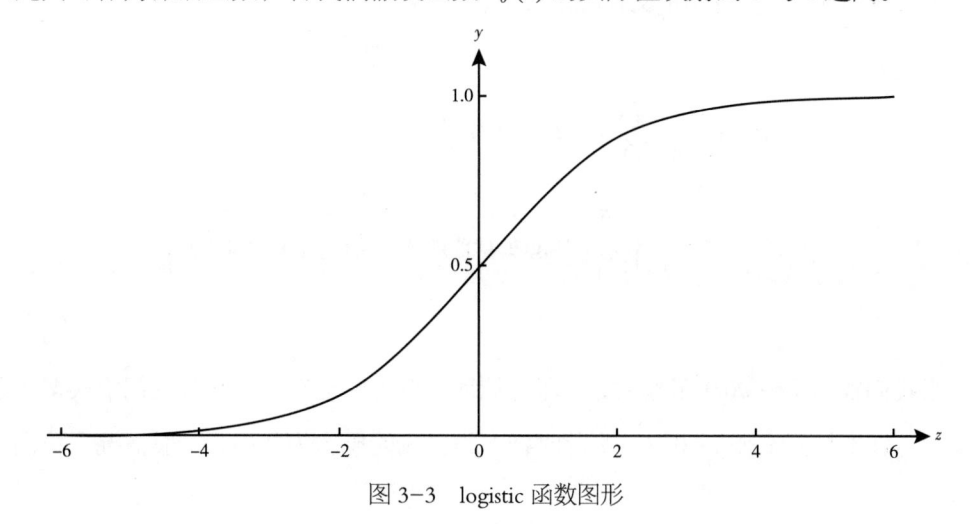

图 3-3　logistic 函数图形

当我们已经得知了逻辑回归的数学原理，就会有更深的疑问，机器如何去学习并且得到函数中的具体参数呢？众所周知，两点确定一条直线，即两点确定一个一维的线性函数，三点确定一个二维的线性函数，但机器学习中的参数维度往往可达几十甚至上百种，我们不可能找到一套完全拟合训练数据的参数，因此我们要想在有限的数据内尽量拟合目标函数，就不得不定义一套标准来让计算机完成参数的计算，这套标准就是损失函数。

损失函数就是计算模型预测值与真实值间的差值，差值越小，说明模型越接近训练集的数据分布，相对于预测结果越准确。所以回到逻辑回归中，我们通过定义损失函数，使用梯度下降法来优化参数。逻辑回归采用以下损失函数：

$$\cos t(h_\theta(x), y) = \begin{cases} -\log(h_\theta(x)), & y=1 \\ -\log(1-h_\theta(x)), & y=0 \end{cases} \quad (3-5)$$

为了程序逻辑的实现，我们通常将逻辑回归的损失函数写为：

$$\cos t(h_\theta(x), y) = -y\log(h_\theta(x)) - (1-y)\log(1-h_\theta(x)) \quad (3-6)$$

当然我们在对模型进行评估的时候，不会仅凭单条数据就定论模型的好坏，模型学习的成功与否取决于其对整个训练集的拟合程度。因此假设我们训练集 D^1 所包含的样本数量为 n，那么我们定义目标函数为：

$$\begin{aligned} J(\theta) &= \frac{1}{n}\sum_{i=1}^{n}\cos t(h_\theta(x^{(i)}), y^{(i)}) \\ &= -\frac{1}{n}\left\{\sum_{i=1}^{n} y^{(i)}\log(h_\theta(x)^{(i)}) + (1-y^{(i)})\log\left[1-h_\theta(x^{(i)})\right]\right\} \end{aligned} \quad (3-7)$$

当我们找出 θ 令 $J(\theta)$ 最小时，θ 即为训练所得的期望参数。此时我们给模型一个样本，当样本特征 x 使 $y=0.7$，则此时样本为正例的概率为 70%。一般情况下我们将预测值大于等于 0.5 的样本判定为正例，小于 0.5 的样本判定为反例。

讲到这里我们可以这样理解：模型是由大量算法及固定参数（通过学习训练找到的最优参数组）组成的工具。模型学习是通过拟合训练集特征曲线来寻找最优参数 θ，使模型可以根据已知样本特征预测样本结果。

（三）模型的选择

在谈模型选择之前我们先引出两个概念——过拟合与欠拟合。举例说明一下，如果我们现在有一个数据集 D，里面包含杂志、报纸、纸质书籍、电子书籍四种类型的传播物，现在我们想拥有一个模型 M_{book}，我们期望模型 M_{book} 可以自动为我们将书籍划分出来，当然这里说的书籍包含电子书与纸质书。我们现在从数据集 D 里面抽选出训练集，纸质书与电子书标记为正类，其他标记为反类。这时假如我们抽选的数据集较少，或是选取的训练集分布不均，就会使模型不能很好地捕捉到数据体征，不能够很好地拟合数据，导致最终模型所包含的参数过少（或者可以理解为捕捉到的特征过少），以至出现不同种类的数据，不能进行有效地分类判断（以下皆以分类问题来进行描述）。直白地来说，由于数据量过少，导致模型 M_{book} 捕捉特征的时候只捕捉到了书籍应该有作者和出版单位这两个属性特征，这时我们将模型投入生产环境，我们输入一本报纸的属性，由于报纸同样拥有作者、出版单位这两个属性特征，因此模型 M_{book} 就会将其判断为正例。模型因为捕捉的特征过少，不能很好地将样本进行良好的分类（或是拟合数据曲线），我们将这种现象称为欠拟合。当然欠拟合问题在机器学习中不算是大问题，因为绝大部分欠拟合问题都可以通过增加训练数据的方法来解决。

在上面的模型欠拟合后，我们从几大出版社搜罗书籍的数据样本来训练模型 M_{book}，我们选用了更多的属性来加强模型对训练集的拟合程度。经过大量学习后，模型 M_{book} 将训练样本中出现的具体出版社作为特征。由于训练样本的有限性，我们发现模型 M_{book} 对测试集数据预测得很好，但应用于生产环境时，对新样本的预测能力却很差。很明显，将某几个具体出版社作为样本特征是不正确的，当新样本出现新出版社时，模型 M_{book} 就不能将其正确分类。模型在学习时对训练样本（或已知数据集）的预测表现力好，但对生产数据（或未知数据集）的预测表现力差，我们将这种现象称为过拟合。使用更多的训练数据是解决过拟合问题最有效的手段，因为更多的样本能够让模型学习到更多更有效的特征，从而减少噪声的影响。当然，直接增加实验数据一般是很困难的，但是可以通过一定的规则来扩充训练数据。比如，在图像分类的问题上，可以通过图像的平移、旋转、缩放等方式扩充数据。更进一步，可以使用生成式对抗网络来合成大量的新训练数据。降低模型复杂度也是解决过拟合的有效手段，根据奥卡姆剃刀定律（Occam's Razor, Ockham's Razor），我们应该遵循简单有效原理。简单来说，假如一组数据可以根据一个有效特征进行样本分类，就不要尝试建立一个复杂的神经网络去解决这个问题。在数据较少时，模型过于复杂是产生过拟合的主要因素，适当降低模型复杂度可以避免拟合过多的采样噪声。如在神经网络中减少网络层数、神经元个数，在决策树模型中降低树的深度或进行剪枝等。

当假设空间含有不同复杂度的模型时，就面临模型选择（model selection）的问题。我们希望选择或学习一个合适的模型。如果在假设空间中存在"真"模型，那么所选择的模型应该逼近真模型。具体地，所选择的模型要与真模型的参数个数相同，所选择的模型的参数向量要与真模型的参数向量相近。但在提高对训练数据的预测能力的同时，又要避免模型的复杂度相较于真模型来说过高。总之，模型选择旨在避免过拟合并提高模型的预测能力。

三　如何评估生产模型

（一）模型评估方法

通常在模型训练结束后，我们需对模型的预测结果进行评估，以判断模型是否达到期望，选择继续优化还是投入生产。在本节第一部分提到我们通常将用于模型建设的数据集分为训练集与测试集，训练集用于利用算法进行学习，寻找并优化相关参数完成相应的模型。训练集的作用就是通过向模型输入特征，得到其预测的结果，通过统计预测结果与真实结果的分布情况，来评判模型质量的好坏。表3-1列出几种常见的模型评估方法，并对其特性做了比对。

表 3-1　常用模型评估方法比对

评价方法	采样方法	与原始训练集的分布是否相同	相比原始训练数据的容量	是否适用小数据集	是否适用大数据集	是否存在估计偏差
留出法	分层抽样	否	变小	否	是	是
交叉验证法	分层抽样	否	变小	否	是	是
自助法	放回抽样	否	不变	是	否	是
留一验证法	放回抽样	否	不变	是	否	是

1.留出法

留出法是最简单、最直接的验证方法。它将原始的样本 D 随机划分为训练集 D_1 和测试集 D_2 两部分（通常将样本按照 70% 和 30% 的比例分成两部分，70% 的样本用于模型训练，30% 的样本用于模型性能测试），并且保证 D_1 与 D_2 互斥。

在实际的用户数据采集中，我们得到的数据往往不是随机分布的，抑或不同类别的数据分布不均。这时如果构建一个分类模型，一定要尽量保证不同类别样本的比例保持相似。我们通常引用统计学中的分层抽样法（stratified random sampling）或叫类别抽样法，进行训练集与测试集的划分。例如在寻找某种广告高转化率人群的时候，数据集 D 中包含 1000 个样本，其中成功转化样本有 100 个，非成功转化样本有 900 个，那么我们在抽取 70% 作为训练集 D_1 时，应包含随机抽取的 70 个成功转化样本与 630 个非成功转化样本，测试集 D_2 中应包含 30 个成功转化样本，以及 270 个非成功转化样本。

2.交叉验证法

交叉验证法首先将全部样本划分成 K 个大小相等且互斥的样本子集，在训练过程中我们将遍历每一个子集，每次把当前子集作为测试集，其余的子集作为训练集，每次都将返回性能指标，将 K 次的性能指标取均值即为该模型的性能指标。K 折交叉验证通常随机使用不同的划分重复 P 次，最终的性能指标为 P 次折交叉验证结果的均值。

测试结果的性能指标设为 T，数据级为 D，$K=5$，1 次 5 折交叉验证法的示例如图 3-4 所示。[①]

[①] 在实际应用中，K 经常取 10，即我们常说的 10 折交叉验证。

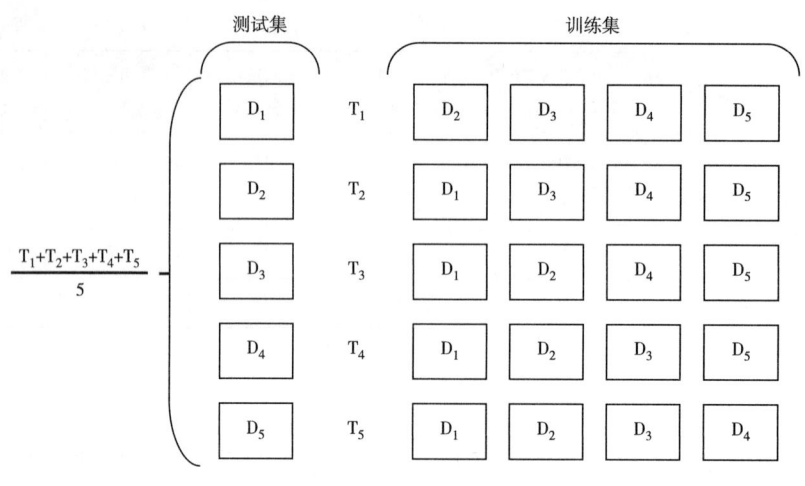

图 3-4　1 次 5 折交叉验证示意

3. 留一验证法

留一验证法适用于训练样本较小的数据集。我们遍历数据集，每次留出一个数据样本，将其他数据样本用于训练，留出的训练样本用于测试。当数据样本为 n 时，即进行 n 次训练，并返回 n 个性能指标，将这 n 个性能指标取均值即为模型最终的性能指标。这种验证法的时间复杂度为：

$$O(n) = n(O(f(n))) \qquad (3-8)$$

可以看出，留一验证法的时间复杂度 $O(n)$ 随着数据集数据量的提升迅速增长，当数据量较大时将消耗大量的时间。因此留一验证法只适用于数据量较少的数据集。

4. 自助法

无论是留出检验法还是交叉验证法，都是基于划分训练集和测试集的方法进行模型评估的。然而，当样本规模较小时，将样本集进行划分会让训练集进一步减少，这可能会影响模型训练效果。自助法是可以维持训练集样本规模的验证方法。

自助法是基于自助采样法的检验方法。对于总数为 n 的样本集合，进行 n 次有放回的随机抽样，得到大小为 n 的训练集，n 次采样过程中，有的样本会被重复采样，有的样本没有被抽到过，将这些没有被抽到过的样本作为训练集，进行模型验证。

（二）模型评估指标

1.准确率与错误率

准确率与错误率是分类任务中最常用的性能指标，准确率（又称精度）是指分类正确的样本数占总样本数的比例。对数据集 D，分类准确率计算方法如公式 3-9 所示，x_i 表示输入，$f(x_i)$ 表示预测结果，y_i 表示样本真实结果，当 $f(x_i)=y_i$ 条件成立时计为 1，否则计为 0。

$$acc(f;D)=\frac{1}{m}\sum_{i=1}^{m}\delta(f(x_i)=y_i) \quad (3-9)$$

错误率是指分类错误的样本数占总样本数的比例。对数据集 D，分类错误率的计算公式为：

$$E(f;D)=\frac{1}{m}\sum_{i=1}^{m}\delta(f(x_i)\neq y_i)$$
$$=1-acc(f;D) \quad (3-10)$$

准确率是分类问题中最简单、最直观、最常用的评价指标之一。但是该方法存在明显的漏洞，在实际分类工作中，不同样本间的比例往往特别不均衡，如果有一个类别的样本数据占比特别大，那么将会对模型的评估造成非常大的影响。

假设我们现在需要对垃圾邮件与正常邮件进行分类，垃圾邮件与正常邮件的真实占比为 5% 与 95%，如果用分层抽样法得到测试集进行性能验证，即使模型为瘫痪状态（对所有结果都返回 1，1 表示正常邮件），其准确率也能高达 95%。可见，在这种情况下测试样本总体的准确度并不能反映模型对具体类别的预测结果。因此，当我们验证类别的样本比例相差较大的分类模型时，需要针对具体类别计算精度与错误率。例如在邮件分类中，我们将正常邮件标识为垃圾邮件，并把提醒状态设置为用户收到垃圾邮件时不提醒，那么此时错误分类的代价就很大。如果选用结合错误率与查全率的方法来衡量该邮件分类模型的优劣，其结果对实际应用会更有价值。

2.查准率和查全率

同样以邮件分类为例，不能以单纯的错误率或准确率来衡量模型的好坏。假设模型的误识率很低，低达 0.0000001%，测试过程中没有一个正常邮件被误识为垃圾邮件，这样的模型可用吗？我们通过对训练样本的过拟合训练，保证了极低的误识率，但同样也降低了模型寻找垃圾邮件的能力。将误识率作为唯一的性能指标可能导致模型在训练中过拟合，使越来越多的垃圾邮件成为模型这张网中的漏网之鱼，垃圾邮件分类器也失去了建设的意义。因此我们需要计算模型识别为垃圾的邮件中有多少是真垃圾邮件，或测试集中的垃圾邮件有多少被挑出来了。这两种指标被称为查准率（也称精确率）与查全率（也称召回率），我们可以通过这两个指标来衡量垃圾邮件分类器模型的性能。

查准率与查全率是一对既对立又统一的指标，在实际应用中需要找到两者的平衡点。查准率是指被正确分类的正例样本个数占所有被模型判定为正例样本的总数的比值，查全率是指被正确分类的正例样本个数占测试集中真实正例个数的比值。

参照表 3-2 的混淆矩阵，我们将查准率定义为：

$$P=\frac{TP}{TP+FP} \quad (3-11)$$

将查全率 R 定义为：

$$R=\frac{TP}{TP+FN} \quad (3-12)$$

表 3-2　分类结果混淆矩阵

测试集真实情况	模型预测结果	
	正例	反例
正例	TP（真正例）	FN（假反例）
反例	FP（假正例）	TN（真反例）

想要提高模型的准确率时，分类器需要尽量将"更有把握"的样本预测为正样本，即垃圾邮件分类器中，将表述更符合垃圾邮件的样本预测为垃圾邮件。但此时往往会因为过于保守而漏掉很多的正样本，导致查全率降低。同样，在检索引擎的排序

问题中,通常没有一个确定的阈值可以把得到的结果直接判定为正例或反例。这种情况下,通常通过返回前 n 个检索信息对应结果的准确率和查全率来评估检索引擎的性能,即认为检索引擎返回的指定长度的检索结果列表就是模型判定的正例,然后计算指定长度的检索列表的准确率和召回率。

3. F_β 分数

在很多情况下,分类模型的输出结果是可排序的数值。我们可以通过分值将预测样本进行排序,分值越大的样本排名越靠前,表示该样本有很大概率是正例样本,排名越往后说明该样本是反例样本的可能性越大。此时按顺序将样本作为正例进行预测,可以依次得到一组查全率与查准率(直到计算完测试集所有样本),将查全率作为 x 轴,查准率作为 y 轴即可得到查准率 – 查全率曲线(简称 "P–R 曲线")。

从图 3-5 我们很容易得出结论,相对于同一任务的同一测试集来说,模型的 P–R 曲线所包含的面积越大,模型的性能就越好。如果一条曲线所切割的区域完全被另一条曲线所切割的区域包含,那么后者的性能优于前者。

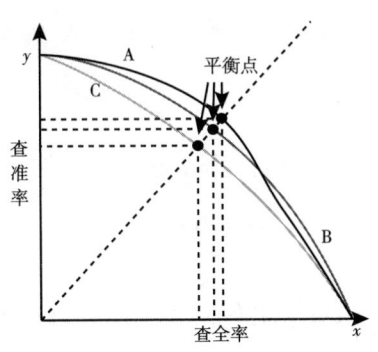

图 3-5 P–R 曲线与平衡点[①]

由于 P–R 曲线的面积计算不容易实现,所以我们引入平衡点(Break-Event Point,BEP)这个概念,平衡点即 x 与 y 的值相等的点。两个模型间可以通过比较 BEP 来评估模型的优劣。

---

① 周志华.机器学习[M].清华大学出版社.北京,2016.

在实际应用中，一条曲线所切割的区域完全被另一条曲线所切割的区域包含是不常见的状态。模型的曲线往往相交，会随查全率与查准率的取值变化体现不同的优劣势。因不同的业务场景对查全率与查准率的要求是不一样的，所以 BEP 曲线往往并不能满足实际业务中对模型的评估要求。

我们以抖音、今日头条等新媒体平台为例。这些新媒体平台每天产生大量的内容，但用户的时间是有限的，如何在众多竞品中分割更多的用户时间，如何提高流量的收益，都是这些平台要解决的核心问题。所以这些平台希望将用户最感兴趣的内容推送给用户，会对用户的喜好贴标签或描绘用户画像。在海量内容的支持下，平台方肯定希望模型的查准率更高，不断地为用户推送其最感兴趣的内容，这样用户才愿意将更多的时间投入这项产品中。看到这里，相信很多读者就会明白为什么会有"信息茧房"。我们是不是被模型所引导与控制？我们该如何去寻找精准推荐与视野拓展的平衡？同样，目前很多平台利用自身的传播优势进行公益活动。例如腾讯的"守护者计划"利用跨年龄人脸识别系统，将疑似被拐人员的照片与被拐儿童幼时照片进行数据对比。在这样场景下，我们希望尽可能地找到被拐儿童，所以此时查全率的权重是要高于查准率的。为了便于根据业务的具体需求调整查全率与查准率的权重，我们引入 F_β 分数。F_β 分数的计算方法如式 3-13 所示。

$$F_\beta = \frac{(1+\beta^2) \times P \times R}{(\beta^2 \times P) + R} \quad (3\text{-}13)$$

其中 β 度量了查全率对查准率的相对重要性。当 $\beta>1$ 时，查全率将获得更大的权重；当 $\beta<1$ 时，查准率将获得更大权重；当 $\beta=1$ 时，我们将其称为 F_1 分数（见式 3-14）。

$$F_1 = \frac{2 \times P \times R}{P + R} \quad (3\text{-}14)$$

F_1 分数是查准率和查全率的谐波平均值，平均值平等对待所有的值，而谐波平均值会给较低的值更高的权重。因此，只有当召回率和精度都很高时，分类器才能得到较高的 F_1 分数。

4.均方误差、根均方误差与绝对百分比误差

由于业务的不同，模型返回的结果不可能总是连续值。当模型的输出结果为离散值时，我们可以采用均方误差、根均方误差与绝对百分比误差来判别模型性能的好坏。

均方误差公式为：

$$MSE = \frac{1}{n} \sum_{i=1}^{n} (y_{pred} - y_i)^2 \quad (3-15)$$

根均方误差公式为：

$$RMES = \sqrt{\frac{1}{n} \sum_{i=1}^{n} (y_{pred} - y_i)^2} \quad (3-16)$$

均方误差与根均方误差对样本异常值较为敏感，如果样本中出现离群值会严重影响模型评估效果。

绝对百分比误差公式为：

$$MAPE = \sum_{i=1}^{n} |\frac{y_{pred} - y_i}{y_i}| \times \frac{100}{n} \quad (3-17)$$

平均绝对百分比误差相当于将每个点的误差进行了归一化处理，降低了个别离群样本带来的绝对误差的影响。

5.ROC曲线

二值分类器是机器学习领域中最常见、应用最广泛的分类器之一。评价二值分类器的指标很多，比如 precision、recall、F_1 分数、P-R 曲线等，但这些指标或多或少只能反映模型在某一方面的性能，相比而言，ROC 曲线则有很多优点，经常作为评估二值分类器最重要的指标之一。ROC 曲线是 receiver operating characteristic curve 的简称，中文名为受试者工作特征曲线。

ROC 曲线的横坐标为假阳性率（FPR），纵坐标为真阳性率（TPR），FPR 和 TPR 的计算方法分别如式 3-18、式 3-19 所示。

$$FPR = \frac{FP}{N} \qquad (3-18)$$

$$TPR = \frac{TP}{P} \qquad (3-19)$$

P 是真实的正样本数量，N 是真实的负样本数量，TP 是 P 个正样本中被分类器预测为正样本的个数，FP 为 N 个负样本中被预测为正样本的个数。

AUC 指 ROC 曲线下的面积大小，该值能够量化地反映基于 ROC 曲线衡量出的模型性能，AUC 越大说明分类器越可能把真正的正样本排在前面，分类性能越好（见图 3-6）。

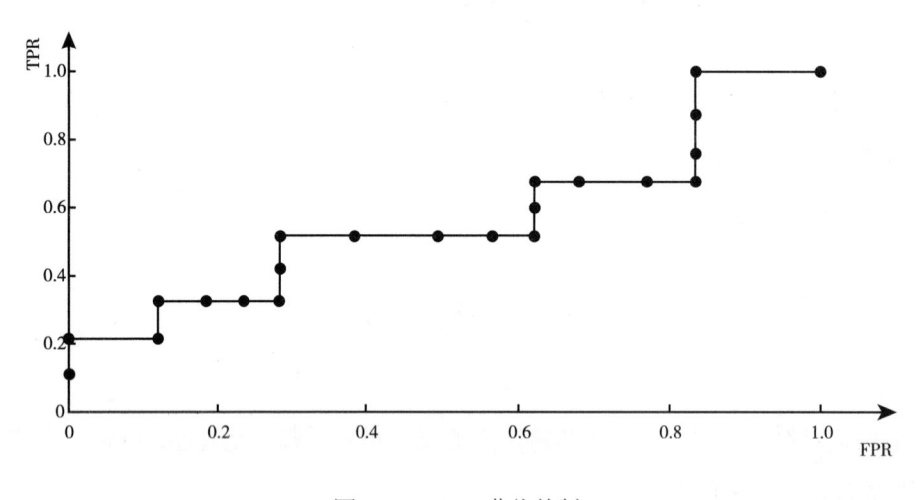

图 3-6　ROC 曲线绘制

相比于 P-R 曲线，当正负样本的分布发生变化时，ROC 曲线的形状能够保持基本不变，而 P-R 曲线的形状通常会发生激烈的变化，这个特点让 ROC 曲线能够尽量降低不同测试集带来的干扰，更加客观地衡量模型本身的性能。

第二节　算法原理实例

通过本章第一节的内容，我们从宏观角度了解了算法的学习过程。但从逆推数学模型的角度讲解算法，终究是雾里看花，不解数学之美。本节我们将通过机器学习中常用的两种数学模型——最大熵模型（Maximum Entropy Model，MaxEnt）与隐马尔可夫模型（Hidden Markov Model，HMM）来将事实抽象为函数，用概率来探寻事实，并在最后通过简单的具体算法——决策树模拟算法的学习过程。

一　最大熵模型

（一）熵的引入

熵[①]的英文原文为 entropy，它最初是由德国物理学家鲁道夫·克劳修斯提出来的。熵的表达式为：

$$\Delta S = \frac{Q}{T} \tag{3-20}$$

它表示一个系统在不受外部干扰时，内部是最稳定的状态。根据表达式我们可以看出，熵是能量 Q 跟温度 T 的商，温度又与火有关，而火又恰是中文的一个偏旁部首，于是一位聪明的中国学者在翻译时将它形象地翻译成了"熵"。

物理学认为，任何粒子的常态都是随机运动，也就是无序运动。如果让粒子呈现有序化，必然要在系统中加入能量。因此，可以将温度看作有序化的一种度量，那么熵就可以看作一种无序化的度量。

在外部没有能量注入的情况下，封闭系统就会变得越来越无序，即这个封闭系统的熵会越来越大。举个例子，同学们在一个封闭的教室里上课，起初我们进入教室时，教室是干净整洁的，但随着我们从第一节上到最后一节课，教室肯定会变得越来越乱。而这时想让这个系统变得更有序，那么就必须有外部能量的注入。例如校长突

[①] 熵的概念最早起源于物理学，用于度量一个热力学系统的无序程度。在信息论里面，熵是对不确定性的测量。其实在机器学习中，对熵的理解很简单，即用来表示随机变量的不确定性。

然进行了卫生检查，并让同学们负责将这个教室变得整洁如初，这位校长就是我们所说的外部能量注入。

讲了这么久的熵，那么熵是如何变成数学模型的呢？1948年，克劳德·艾尔伍德·香农引入信息熵，将其定义为离散随机事件的出现概率。一个系统越有序，信息熵就越低；反之，一个系统越混乱，信息熵就越高。信息熵可以被理解为一个系统有序化程度的度量。下文中所有提到的熵均为信息熵。

为了降低阅读难度，让读者直观地理解最大熵模型而不必去推理相关公式，我们通过案例3-3来说明最大熵模型的原理。

案例3-3　最大熵模型通俗解释

一个短视频类的新媒体网站，为了提高用户的留存率与使用时间，需要根据经验为用户展示其最有可能感兴趣的内容以增加用户对平台内容的兴趣。

平台目前拥有军事、财经、游戏、娱乐幽默、最新资讯、美食六个种类的内容。在没有任何数据支持的前提下，根据最大熵模型，我们假设用户喜欢观看军事、财经、游戏、娱乐幽默、最新资讯、美食六类内容的概率均为1/6，此时该模型的熵最大（即我们所期望的模型）。同样假如我们通过数据得知喜欢观看娱乐幽默和最新资讯两种内容的人数占70%，此时根据限制条件，当模型假设喜欢观看娱乐幽默与最新资讯的概率均为35%，而观看其他各部分内容的概率均为7.5%时模型的熵最大。最大熵模型的原理即在满足限制条件的前提下，不对未知情况做任何主观假设，此时事件发生概率分布最均匀。我们可以用一句俗语"不要把所有鸡蛋放在一个篮子里"来理解最大熵模型。

（二）熵的定义

如果一个随机变量 X 的可能取值为 $X = \{x_1, x_2, ..., x_k\}$，其概率分布为 $P(X = x_i) = p_i$（$i = 1, 2, ..., n$），则随机变量 X 的熵定义为：

$$H(X)=-\sum_x p(x)\log p(x)=\sum_x p(x)\log \frac{1}{p(x)} \tag{3-21}$$

两个随机变量 X，Y 的联合分布，可以形成联合熵（joint entropy），用 $H(X,Y)$ 表示。在随机变量 X 发生的前提下，随机变量 Y 发生新带来的熵定义为 Y 的条件熵，用 $H(Y|X)$ 表示，它用来衡量在已知随机变量 X 的条件下随机变量 Y 的不确定性，且有此式子成立：$H(Y|X)=H(X,Y)-H(X)$。整个式子表示 (X,Y) 发生所包含的熵减去 X 单独发生包含的熵。

相对熵又称互熵、交叉熵、鉴别信息、Kullback 熵、Kullback-Leible 散度等。设 $p(x)$、$q(x)$ 是 X 中取值的两个概率分布，则 p 对 q 的相对熵是：

$$D(p||q)=\sum_x p(x)\log \frac{p(x)}{q(x)}=E_{p(x)}\log \frac{p(x)}{q(x)} \tag{3-22}$$

在一定程度上，相对熵可以度量两个随机变量的"距离"，且有 $D(p||q)\neq D(q||p)$。另外，$D(p||q)$ 是必然大于等于 0 的。

两个随机变量 X 和 Y 的互信息定义为 X 和 Y 的联合分布和各自独立分布乘积的相对熵，用 $I(X;Y)$ 表示：

$$I(X;Y)\sum_{x,y}p(x,y)\log \frac{p(x,y)}{p(x)p(y)} \tag{3-23}$$

式 3-23 中 $I(X;Y)=D(P(X,Y)||P(X)P(Y))$。

（三）最大熵

熵是随机变量不确定性的度量，不确定性越大，熵值越大。若随机变量退化成定值，熵就会变为 0。如果没有外界干扰，随机变量总是趋向于无序，经过足够时间的稳定演化，它才能够达到最大熵。

为了准确估计随机变量的状态，我们一般习惯性最大化熵，认为在所有可能的概率模型（分布）的集合中，熵最大的模型是最好的模型。换言之，在已知部分知识的前提下，关于未知分布最合理的推断就是符合已知知识最不确定或最随机的推断，其原则是承认已知事物（知识），且对未知事物不做任何假设，没有任何偏见。

无偏原则是最大熵模型的特点，我们通过举例来详细说明。假如一篇文章中出现了"学习"这个词，那这个词是主语、谓语还是宾语呢？众所周知，"学习"可能是动词，也可能是名词，所以它可能是主语，也可能是谓语、宾语、定语。那么如何通过最大熵模型来对此进行预测呢？

首先我们令 x_1 表示"学习"被标为名词，x_2 表示"学习"被标为动词；令 y_1 表示"学习"被标为主语，y_2 表示"学习"被标为谓语，y_3 表示宾语，y_4 表示定语。

假设我们列举了"学习"一词构成句子的所有可能成分，那么这些概率值加起来的和必为 1，即：

$$p(x_1) + p(x_2) = 1; \sum_{i=1}^{4} p(y_i) = 1 \qquad (3-24)$$

根据无偏原则，我们认为这个分布中取各个值的概率是相等的，故得到：

$$p(x_1) = p(x_2) = 0.5 \qquad (3-25)$$

$$p(y_1) = p(y_2) = p(y_3) = p(y_4) = 0.25 \qquad (3-26)$$

在没有任何先验知识的前提下，这种判断是合理的。如果有了一定的先验知识呢？我们通过对"学习"一词进行统计，得知"学习"作为定语的可能性很小，只有 0.05，即 $p(y_4) = 0.05$，剩下的依据无偏原则，可得：

$$p(x_1) = p(x_2) = 0.5 \qquad (3-27)$$

$$p(y_1) = p(y_2) = p(y_3) = \frac{19}{60} \qquad (3-28)$$

然后通过进一步统计,得知当"学习"被标作名词 x_1 的时候,它被标作谓语 y_2 的概率为 0.95,即 $p(y_2|x_1)=0.95$,此时仍然需要坚持无偏见原则,使概率分布尽量平均。

但怎样才能得到尽量无偏见的分布?实践经验和理论计算都告诉我们,在完全无约束状态下,均匀分布等价于熵最大。于是,我们将问题转化为计算 X 和 Y 的分布,使函数在 X 的约束下,Y 分布均匀,即使 $H(Y|X)$ 达到最大值,见公式 3-29:

$$\max H(Y|X) = \sum_{\substack{x \in \{x_1, x_2\} \\ y \in \{y_1, y_2, y_3, y_4\}}} p(x, y) \log \frac{1}{p(y|x)} \quad (3-29)$$

上式 3-29 需要满足根据统计已知的限制条件,见公式 3-30:

$$\begin{array}{l} p(x_1) + p(x_2) = 1; \\ \sum_{i=1}^{4} p(y_i) = 1; \\ p(y_4) = 0.05; \\ p(y_2|x_2) = 0.95 \end{array} \quad (3-30)$$

式 3-29 与限制条件 3-30 的问题转化,引出了最大熵模型的解题思路。它要解决的问题就是已知 X,计算 Y 的概率,且尽可能让 Y 的概率最大,从而根据已有信息,尽可能最准确地推测未知信息。

通俗理解上述问题即已知若干条件,要获得一系列变量的值使目标函数(熵)最大,而这一系列变量即学习算法经过训练得到的参数。最大熵模型的学习过程即求解以最大熵模型似然函数为目标函数的优化过程,因为该目标函数为凸函数,所以有很多算法可以用来寻找全局最优解,例如改进的迭代尺度法、梯度下降法、牛顿法等。

二 隐马尔可夫模型

隐马尔可夫模型（Hidden Markov Model，HMM）是一个基于统计学的数学模型，它用来描述一个含有隐含未知参数的马尔可夫过程。其难点是从可观察的参数中确定该过程的隐含参数，然后利用这些参数来做接下来的预测。

在正常的马尔可夫模型中，状态对于观察者来说是直接可见的，状态的转换概率便是全部的参数。而在隐马尔可夫模型中，状态并不是直接可见的，但受状态影响的某些变量是可见的。每一个状态在可能输出的符号上都有概率分布，因此从输出符号的序列中能够推断出状态序列的一些信息。

隐马尔可夫模型与回归、分类等处理相互独立的样本数据的模型不同，它用于处理时间序列数据，即样本之间有时间序列关系的数据。隐藏变量是 HMM 里的关键概念之一，可以理解为无法直接观测到的变量。与之相对的是观测变量，即可以直接观测到的变量。HMM 的作用在于能够根据给出的观测变量序列，估计对应的隐藏变量序列是什么，并对未来的观测变量做预测。下面将通过案例 3-4 简单描述隐马尔可夫模型的逻辑思路与应用实例。

案例 3-4　隐马尔可夫模型应用案例

我们以中文拼音输入法来举例。现在有一段从键盘输入的字符，我们需要从中推测出用户想要输入的文字是什么，如果有多种可能的文字，则需要计算出每段候选文字的概率，以此为用户提供最优的输入选择，提高拼音输入的效率。

这里的输入字符序列就是观测变量，要推断的输出文字就是隐藏变量。我们知道，对单个文字而言，与之对应的字符输入序列是有统计规律的。比如，要打"中"这个字，一般可能的输入是"zh""zhong"等。另外，文字与文字之间也有一些转移规律。利用单个文字的输入统计规律，以及文字与文字之间的转移规律这两方面的信息，从一段字符序列中推断对应的输出文字就简单很多。对 HMM 而言，一般观测序列越长，推断越准。比如，使用某输入法输入"可敬的中国人民解放军"这句话时，当输入"ke"时，输入法给的候选字很多（见图 3-7）。

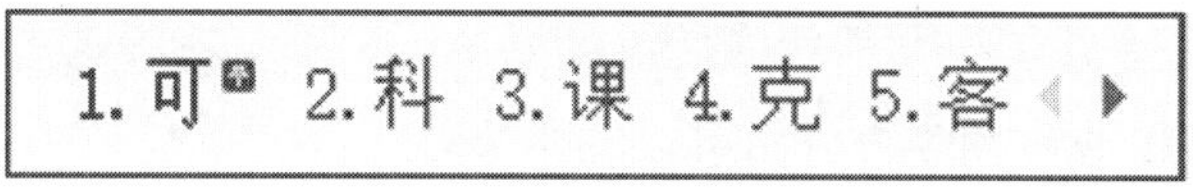

1. 可 2. 科 3. 课 4. 克 5. 客

图 3-7　输入法预测样例（一）

当输入"kejing"的时候，输入法给出的候选列表进一步缩小（见图3-8）。当输入"kejingdez"时，输入法已经能够预测出我们想要输入的字符序列是"可敬的中国人民解放军"（见图 3-9）。根据对用户输入习惯的学习，隐马尔可夫模型可以计算出输入字符间的隐藏变量，并预测出用户想要输出的词语序列，这就是隐马尔可夫模型的解题思路。

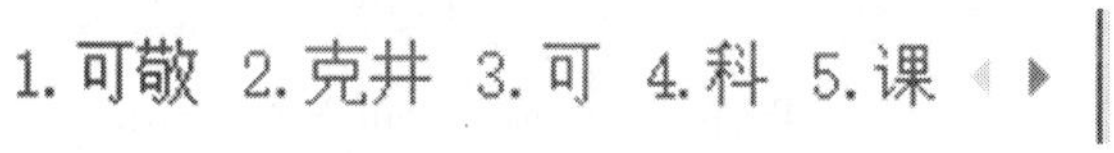

1. 可敬 2. 克井 3. 可 4. 科 5. 课

图 3-8　输入法预测样例（二）

1. 可景德镇 2. 可敬的张 3. 可敬的中国人民解放军 4. 可敬的 5. 可敬

图 3-9　输入法预测样例（三）

（一）马尔可夫模型

在了解隐马尔可夫模型之前，我们需要先了解马尔可夫模型。已知有 N 个有序随机变量，根据贝叶斯定理，它们的联合分布可以写成条件分布的连乘积：

$$p(x_1, x_2, \ldots, x_N) = \prod_{n=1}^{N} p(x_n | x_{n-1}, \ldots, x_1) \tag{3-31}$$

马尔可夫模型认为，对一个系统，由一个状态到另一个状态的转移过程中，存在转移概率，且这种转移概率可依据其紧接的前一种状态推算，与此次转移前的马尔可夫状态无关，即：

$$p(x_n | x_{n-1}, \ldots, x_1) = p(x_n | x_{n-1}) \tag{3-32}$$

因此，N个随机变量的联合分布可以简化为：

$$p(x_1, x_2,\ldots, x_N) = p(x_1)\prod_{n=2}^{N} p(x_n | x_{n-1}) \qquad (3-33)$$

通过概率图的表达可以更清楚地理解该分布。图 3-10 为一个一阶马尔可夫链，根据概率图模型中的分离概念，可以很容易确认马尔可夫模型。

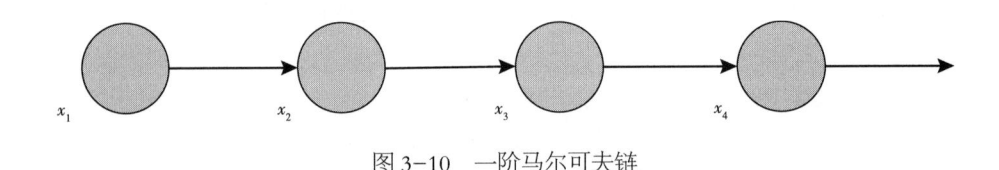

图 3-10 一阶马尔可夫链

一阶马尔可夫模型只能表达当前变量与前一个变量的关系，然而很多实际问题没有这么简单。为了表达当前变量与更早变量之间的关系，可以引入高阶马尔可夫模型。概括来说，M阶马尔可夫模型是指当前随机变量在给定之前的M个变量时与更早的变量无关，用公式表达就是：

$$p(x_n | x_{n-1},\ldots, x_1) = p(x_n | x_{n-1},\ldots, x_{n-M}) \qquad (3-34)$$

根据式 3-34 可以得知，虽然高阶马尔可夫模型可以关联当前变量与更早的变量，但在实际运算中有一个巨大问题——指数爆炸，即参数数量随着M的增大呈指数增长。假设每个随机变量有K种状态，对于一阶马尔可夫模型而言，要表达条件分布$p(x_n | x_{n-1})$，x_{n-1}的每个取值都需要有K个x_n的取值，根据条件概率的定义，共需要$K(K-1)$个参数。同理，对于M阶马尔可夫模型而言，要表达条件分布$p(x_n | x_{n-1},\ldots,x_{n-M})$，则需要$K^M(K-1)$个参数。

很显然这种爆炸式的算力增长在实际应用中是不被接受的，那么有没有一种方法既能将当前变量与更早的变量关联起来，又不需要那么多参数呢？引入隐变量就是解决这一问题的手段。假设隐变量构成一阶马尔可夫模型，而每个观测变量与一个隐变量关联，则可以得到一类模型的基础结构，即状态空间模型。如图 3-11 所示，z_n 为隐藏变量，x_n 为观测变量。

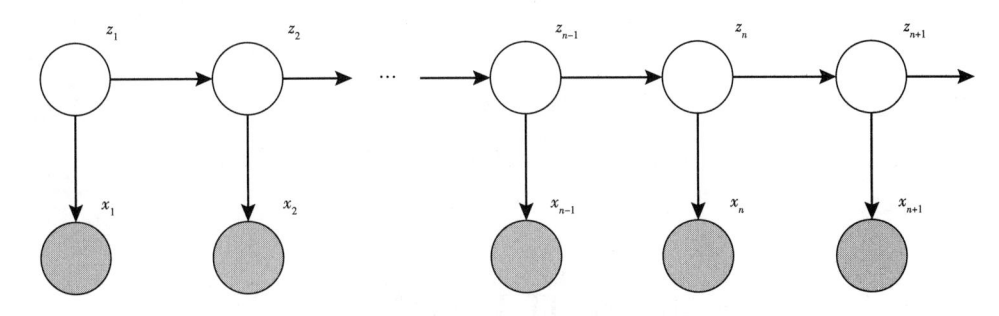

图 3-11　隐马尔可夫链

该模型的关键是隐藏变量之间满足如下条件独立性，即在给定 z_n 时，z_{n-1} 和 z_{n+1} 条件独立。这类模型的联合分布可以表示为：

$$p(x_1,\ldots,x_N,z_1,\ldots,z_N) = p(z_1)\left[\prod_{n=2}^{N} p(z_n|z_{n-1})\right]\left[\prod_{n=1}^{N} p(x_n|z_n)\right] \quad (3-35)$$

可见，看似很复杂的模型被分解成了简单的 $p(z_1)$、$p(z_n|z_{n-1})$ 和 $p(x_n|z_n)$ 三部分，这三者分别叫作初始概率模型、转移概率模型和发射概率模型，构建状态空间模型实际就是对这三者进行建模。此时观测变量之间不再具有任何马尔可夫性，因为 x_n 的分布与其之前所有的观测变量都相关，无法从 $p(x_n|x_{n-1},\ldots,x_1)$ 的条件变量中拿掉任何一个变量。这就是引入隐变量的方法。

当 z_n 为离散变量时，该状态空间模型即为隐马尔可夫模型。我们可以这样理解"隐马尔可夫"这个名字的含义。"隐"是指我们要推测的变量是未知的、隐藏的。正是这些隐藏的变量构成了马尔可夫链，所以就叫"隐马尔可夫模型"。

（二）隐马尔可夫模型的表示与学习

上文讲到隐马尔可夫模型将问题分解为初始概率模型、转移概率模型和发射概率模型，通过对这三者的建模可构建完整的隐马尔可夫模型。

首先说转移概率模型。在公式 3-36 中，由于 z_n 是离散的，假设有 K 个状态，则

z_n 可以表示为一个 K 维变量,每一维对应一个状态,其中每一维只能取 0 或 1 两个值,并且有且仅有一维的值为 1。例如,对于有 3 个状态的变量 z_n,当 $z_n=[0,1,0]^T$ 时表示 z_n 当前取第二个状态。因此,对于分布 $p(z_n|z_{n-1})$ 可以用一张表或矩阵 A 表示,其中第 j 行、第 k 列元素表示在已知 z_{n-1} 为第 j 个状态的条件下,z_n 取第 k 个状态的条件概率:$A_{j,k}=p(z_{nk}=1|z_{n-1,j}=1)$。由于这些元素表示概率值,因此满足 $0 \leq A_{jk} \leq 1$ 且 $\sum_{k=1}^{K}A_{jk}=1$,即矩阵 A 的每一行的和为 1,因此 A 有 $K(K-1)$ 个自由变量。这样,我们就可以将条件分布 $p(z_n|z_{n-1})$ 写成:

$$p(z_n|z_{n-1},A) = \prod_{j=1}^{K}\prod_{k=1}^{K} A_{j,k}^{z_{n-1,j}z_{nk}} \qquad (3-36)$$

然后我们来了解初始概率模型。由于第一个隐藏变量 z_1 没有父节点,因此它的分布可以用一个概率向量 π 表示,其中第 k 个元素表示 z_1 取第 k 个状态的概率:$\pi_k=p(z_{1k}=1)$,同样需要满足归一化条件:$\sum_{k=1}^{K}\pi_k=1$。这样,我们可以将初始概率分布 $p(z_1)$ 写成:

$$p(z_1|\pi) = \prod_{k=1}^{K}\pi_k^{z_{1k}} \qquad (3-37)$$

最后定义发射概率模型。发射概率可以表示为 $p(x_n|z_n,\phi)$,其中 ϕ 为模型的参数。z_n 是离散变量,在已知 x_n 时,$p(x_n|z_n,\phi)$ 为一个 K 维向量,其第 k 个元素表示 $z_{nk}=1$ 时的条件概率。因此发射概率可以写为:

$$p(x_n|z_n,\phi) = \prod_{k=1}^{K}p(x_n|\phi_k)^{z_{nk}} \qquad (3-38)$$

本书只定义了发射概率的基本形式。事实上,HMM 发射概率的具体形式可以有很多种,当观测变量是离散的时,发射概率可以表示为一张类似转移概率的二维表。如果观测变量为连续的,则发射概率可以是高斯或混合高斯模型,甚至是神经网络模型。

有了以上初始概率模型、转移概率模型、发射概率模型的表示,那么所有变量的联合分布可以表示为:

$$p(X,Z|\theta) = p(z_1|\pi)\left[\prod_{n=2}^{N} p(z_n|z_{n-1}, A)\right]\left[\prod_{n=1}^{N} p(x_n|z_n, \phi)\right] \quad (3-39)$$

其中，$X = \{x_1,..., x_N\}$ 表示所有观测变量，$Z = \{z_1,..., z_N\}$ 表示所有隐藏变量，$\theta = \{\pi, A, \phi\}$ 表示所有参数。

θ 是模型训练中需要得到的参数，HMM 的参数学习采用最大似然法。在不知道更多信息的情况下，最大似然法是最通用且合理的方法之一，这也是大部分概率模型采用的学习方法。最大似然法的基本思想其实很简单，即已发生的是概率最大的，它的目的是找到一组参数，使在这组参数下已观测到的事件或数据的联合概率最大。在 HMM 中由于有隐变量的存在，无法直接求得参数的解，所以需采用 EM 算法（expectation maximization），逐步迭代直至收敛，从而求得模型参数。EM 算法收敛速度很快，基本上经过一二十轮迭代即可达到收敛。本书不对 EM 算法进行公式推演，有兴趣的读者可以深入学习。

三 决策树

（一）决策树的基本理论

决策树模型是一种描述实例分类的树形结构，决策树由结点和有向边组成。其中结点有两种类型：内部结点和叶节点。内部结点表示一个特征或属性，叶节点表示一个类。

决策树在分类问题中，表示基于特征对实例进行分类的过程。用决策树分类的基本方法为从根节点开始，对实例的某一特征进行测试，根据测试结果将实例分配到其子节点，每一个子节点对应着特征的一个取值，如此递归地对实例进行测试分配，直至达到叶节点，最后将实例分到叶节点的类中。

决策树的主要优点是模型具有可读性、分类速度快。它可以被认为是 if-else 规则的集合，也可以被认为是定义在特征空间与类空间上的条件概率分布。模式学习时，利用训练数据，根据损失函数最小化的原则建立决策树模型。模型预测时，对新的数据利用决策树进行分类。

（二）如何构建决策树模型

决策树表示给定特征条件下类的条件概率分布。条件概率分布定义在特征空间的一个划分上。将特征空间划分为互不相交的单元区域，并在每个单元定义一个类的概率分布，就构成了一个条件概率分布。决策树的一条路径对应划分的一个单元。决策树表示的条件概率分布由各个单元给定条件下类的条件概率分布组成。假设 X 为表示特征的随机变量，Y 为表示类的随机变量，那么这个条件概率分布可以表示为 $P(Y|X)$，X 的取值范围为给定划分下单元的集合，Y 取值于类的集合。

1.决策树的学习

决策树学习的目标是根据给定的训练数据集合构建一个决策树模型，使它能够对实例进行正确的分类。决策树学习的本质是从训练数据中归纳出一组分类规则，而与训练数据不相矛盾的决策树（即能够对训练数据进行正确分类）可能有多个，也可能一个也没有。决策树学习是由训练数据集估计条件概率模型的过程，我们选择的条件概率模型应该不仅对训练数据有很好的拟合，而且要对未知数据有很好泛化能力。

决策树学习的策略是以损失函数为目标函数的最小化，损失函数通常是正则化的极大似然函数。当损失函数确定以后，学习问题就变为在损失函数意义下选择最优决策树的问题。选择最优决策树是 NP 难问题，所以通常采用启发式方法，近似求解这一最优化问题，这样得到的决策树是次最优的。

决策树学习算法通常是一个递归的选择最优特征，根据该特征对训练数据进行分割，从而得到当前条件下对各个子数据集最好的分类。若这些子集已经基本能够被正确分类，就将它们分到对应的叶节点中，若还不能够正确分类，就对这些子集继续选择最优特征，对其进行分割构建相应的节点。如此递归下去，直至所有训练数据子集都被正确分类或者直到没有合适的特征。最后每个子集都被分到叶节点，就生成了一棵决策树。构建树的停止条件为：①当前节点所有样本都属于同一类别。②当前节点的所有属性值都相同，无法根据属性对数据进行划分。③节点为空。

但是这种方法可能会产生过拟合，我们需要对已经生成的树自下而上进行剪枝，去掉过于细分的叶节点，从而使它具有更好的泛化能力。如果特征数量很多，也可以在决策树学习开始的时候进行特征选择，只留下对训练数据有足够分类能力的特征。

决策树表示一个条件概率分布，深浅不同的决策树对应着不同复杂度的概率模型。决策树的生成只考虑局部最优，对应于模型的局部选择。相对地，剪枝对应模型的全局选择，考虑全局最优。

2.特征选择

信息增益、信息增益比与基尼指数是决策树常用的特征选择指标，下文将详细介绍这三种特征选择方法。

A. 信息增益

在应用信息增益的特征选择中，特征 A 对训练数据集 D 的信息增益的定义为，集合 D 的经验熵与在给定特征 A 条件下 D 的经验条件熵之差，即：

$$g(D,A) = H(D) - H(D|A) \tag{3-40}$$

在式 3-41 中，训练数据集 D 为有限个数的离散随机变量，它的熵定义为：

$$H(D) = -\sum_{i=1}^{n} p_i \log p_i \tag{3-41}$$

条件熵 $H(D|A)$ 表示在已知随机变量 A 的条件下随机变量 D 的不确定性，计算方法为给定 X_i 条件下 D 的条件概率分布的熵对 A 的数学期望：

$$H(D|A) = \sum_{i=1}^{n} H(D|A=X_i) \tag{3-42}$$

而当熵和条件熵中的概率由数据估计，特别是极大似然估计得到时，对应的就为经验熵与经验条件熵。

信息增益表示得知特征 X 的信息而使得类 Y 的信息不确定性减少的程度。一般地，熵 $H(Y)$ 与条件熵 $H(Y|X)$ 之差称为互信息，信息增益等价于训练数据集中类与特征的互信息。经验熵 $H(D)$ 表示对数据集 D 进行划分的不确定性，而经验条件熵 $H(D|A)$ 表示在特征 A 给定的条件下对数据集 D 进行分类的不确定性。所以它们的差，即信息增益就表示使用特征 A 对数据集 D 进行分类的不确定性减少的程度。我们要选择能够使数据的不确定程度减少最多的特征，即信息增益最大的特征。显然，对于

数据集 D 而言，不同的特征往往具有不同的信息增益，信息增益大的特征具有更强的分类能力。

B. 信息增益比

信息增益对取值数目较多的属性有所偏向。例如我们将用户 ID 作为特征，由于用户 ID 的唯一性，其取值数目是最多的，这导致它的信息增益特别大，容易造成过拟合。为了减少这种偏向可能带来的不利影响，C4.5 算法中将采用信息增益比来进行特征的选择。信息增益比准则对可取值数目较少的属性有所偏向。

信息增益比定义为：

$$Gain\_ratio(D, a) = \frac{Gain(D, a)}{IV(a)} \quad (3-43)$$

其中：

$$IV(a) = -\sum_{v=1}^{V} \frac{|D^v|}{|D|} \log_2 \frac{|D^v|}{|D|} \quad (3-44)$$

信息增益比本质是在信息增益的基础之上乘以一个惩罚参数。特征个数较多时，惩罚参数较小；特征个数较少时，惩罚参数较大。不过这种做法有一个明显的缺点，即会偏向取值较少的特征。

C. 基尼指数

基尼指数（Gini）可以理解为一种纯度的指数，它表示在样本集合中一个随机选中的样本被分错的概率，计算方法如式 3-45 所示。

$$Gini(D) = \sum_{k=1}^{|y|} \sum_{k' \neq k} p_k p_{k'} = 1 - \sum_{k=1}^{|y|} p_k^2 \quad (3-45)$$

举个例子，假设现在有特征"学历"，此特征有 3 个特征取值："本科""硕士""博士"。当使用"学历"这个特征对样本集合进行划分时，划分值有 3 个，因而有 3 种划分的可能集合，划分后的子集如下：a. 划分点："本科"，划分后的子集合为 { 本科 }，{ 硕士，博士 }。b. 划分点："硕士"，划分后的子集合为 { 硕士 }，{ 本科，博士 }。c. 划分点："硕士"，划分后的子集合为 { 博士 }，{ 本科，硕士 }。

对于上述的每一种划分,都可以通过某项特征将样本集合 D 划分为两个子集,并计算出该划分点的基尼指数。

$$Gini(D,A) = \frac{|D_1|}{|D|}Gini(D_1) + \frac{|D_2|}{|D|}Gini(D_2)$$ （3-46）

因而对具有多个取值(超过 2 个)的特征,需要计算以每一个取值作为划分点对样本 D 划分之后子集的基尼指数 $Gini(D,A_i)$(其中 A_i 表示特征 A 的可能取值),然后找出 Gini 指数最小的划分。这个划分点,便是使用特征 A 对样本集合 D 进行划分的最佳划分点。至此就可以长成一棵"大树"了。案例 3-5 将通过简单的数据描述决策树生成过程。

案例 3-5　决策树的生成

某在线阅读平台推出一本新的付费电子书《三体》,为了增加销量,平台在各个渠道进行付费推广。为了得到最大的收益,需要建立决策树,推测出拥有更强购买意愿的用户,以精准推送广告。现根据部分已购买用户的历史行为得出如表 3-3 所示的数据。

表 3-3　用户行为数据

ID	年龄	消费历史	科幻阅读史	阅读时间	是否购买
1	年轻	无	无	短	否
2	年轻	无	无	一般	否
3	年轻	有	无	一般	是
4	年轻	有	有	短	是
5	年轻	无	无	短	否
6	中年	无	无	短	否
7	中年	无	无	一般	否
8	中年	有	有	一般	是
9	中年	无	有	长	是
10	中年	无	有	长	是
11	年长	无	有	长	是
12	年长	无	有	一般	是
13	年长	有	无	一般	是
14	年长	有	无	长	是
15	年长	无	无	短	否

(1) 计算该训练集的经验熵

$$H(D) = -\frac{9}{15}\log_2\frac{9}{15} - \frac{6}{15}\log_2\frac{6}{15} = 0.971 \tag{3-47}$$

(2) 计算各特征对数据集的信息增益

$$g(D,年龄) = H(D) - [\frac{5}{15}H(年轻) + \frac{5}{15}H(中年) + \frac{5}{15}H(年长)]$$

$$= 0.971 - [\frac{5}{15}(-\frac{2}{5}\log_2\frac{2}{5} - \frac{3}{5}\log_2\frac{3}{5})] + \frac{5}{15}(-\frac{3}{5}\log_2\frac{3}{5} -$$

$$\frac{2}{5}\log_2\frac{2}{5}) + \frac{5}{15}(-\frac{4}{5}\log_2\frac{4}{5} - \frac{1}{5}\log_2\frac{1}{5})$$

$$= 0.083 \tag{3-48}$$

同理，消费历史对数据集的信息增益为 0.324，科幻阅读史的为 0.42，阅读时间的为 0.363。

通过计算，科幻阅读史对该数据集的信息增益最大，因此选择科幻阅读史作为最优特征。以此类推最终生成决策树。

第三节 用户隐私下的智能

一 被商品化的"个性化用户"

在当前的传媒环境中，主要有人工分发、社交分发、机器分发三种信息分发机制。但随着移动互联网日益普及，移动 App 提供的数字化服务切割了越来越多的用户时间，社交分发与机器分发成为新媒体平台主要的信息分发手段。

与传统媒体"人工分发－被动接受"的分发机制不同，社交分发与机器分发更倾向于用户对内容的主动选择。传统媒体的采编（生产）模式相对固定，用户仅有渠道的选择权而没有内容的选择权，用户通常通过对渠道的选择来挑选内容。而新媒体平台依靠推荐算法持续为用户选择并输出内容，注重用户对平台的黏性，有较高的渠道壁垒，用户可从单一的渠道获取不同传播单位的内容。相比于传统媒体前向收费与后向付费相结合的销售模式，目前主流新媒体平台更倾向采用后向付费模式。在该模式下新媒体平台竞相争夺用户，非常注重用户驻留时间，将用户时间封装成商品，与第三方企业进行价值交换。

被商品化的"个性化用户"时刻被各种软件后台"监听"，推荐算法选择的内容也时刻在定义用户。这也对用户的隐私带来很大的威胁。

二 算法平台的核心构件

在纸媒传播时代，一个优秀的编辑可以根据用户的喜好进行版式的调整与内容的选题，以提高订阅量。新媒体时代，用户使用行为数据被大量采集，使基于各类 AI 算法的定制化推送成为可能。用户的隐私信息或被动或主动地被系统抽取计算，标注上特异化标签，被特征化后映射成模型上浮动的参数。为了提高用户的留存率，延长活跃时间，平台通过推荐系统这种工具让我们亲手为自己筑起一座信息茧房。接下来我们来说明内容推荐系统的构建方法和原理（见图 3-12）。

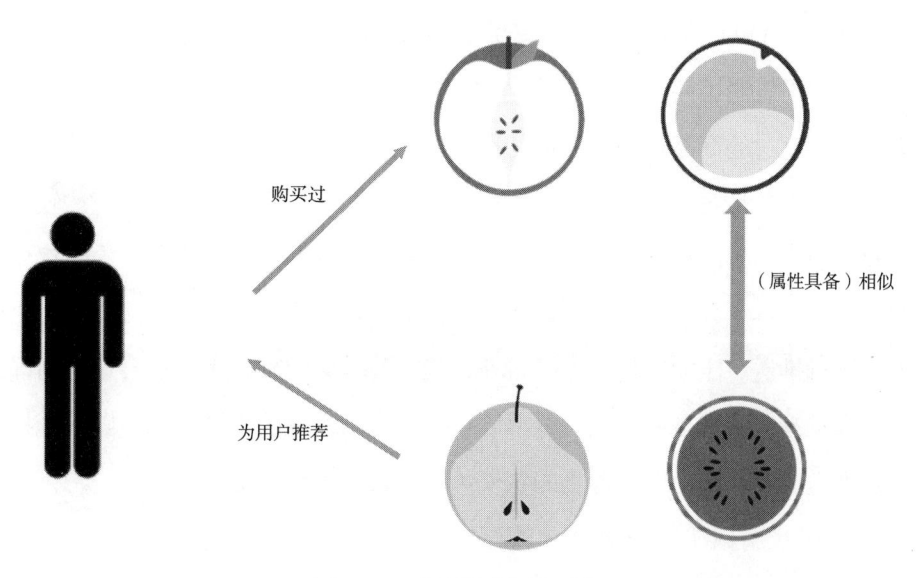

图 3-12 内容推荐原理示意

（一）构建特征变量

内容推荐系统主要输入三个维度的变量：内容特征、用户特征、环境特征。

1.内容特征

内容特征指在内容传播过程中表达主体的特征。例如当我们阅读一篇新闻时，很容易区分其是体育新闻还是娱乐新闻，而这篇新闻中使我们得出此类判断的信息点就是内容特征。虽然内容载体或有不同，但无论是图文、视频、UGC 短视频还是问答，每种内容有自己的特征，系统需要分别提取。

内容特征是各类文章、视频的关键要素，比如学术论文的关键词就是文字类内容很好的特征。视频类内容可通过图像识别技术进行类别的划分与关键词的标注（见图 3-13）。当然目前主流的短视频平台支持手动填写标题、添加关键词或选择话题，一方面有助于提高话题的用户关注量，另一方面可以作为推荐算法在内容分发上的补充。

2.用户特征

算法领域同样有用户画像的概念，它被用来标注用户特征、划分用户群体。这些特征包括兴趣、职业、年龄、性别、消费能力等，以及很多模型预测得出的用户隐藏兴趣。

用户特征的提取原理同内容特征类似，主要方法为提取用户的信息并转化为可用数据，比如用户 URL 浏览记录、检索关键字、注册信息、手机标识、购物及浏览记录等。例如你手机的短视频 App 总能为你推荐你使用手机型号的保护壳，也总能为你推荐你最近浏览过的商品。用户特征的提取甚至可以精细到对用户留言、评论等信息的提取。比如你总是对军事类文章进行评论，那么即使军事相关的内容产量较少导致你浏览此类内容的频次较低，但系统也会通过对评论内容特征的提取，不断优化为你推送的内容。内容准数系统通过以上各类方式最终形成用户画像，预测你相对更感兴趣的内容进行推送。比如在新闻出版行业，我们经常会收到各类行业会议、新闻政策相关的内容推荐，这就是通过用户分群、用户画像来实现的定向推送，以保证推送效果、节省推送成本。一个用户标签的定义可能涉及上千个关键指标，用户特征的提取对推荐的准确度、有效度起到相当大的作用。

图 3-13　短视频内容样例

3. 环境特征

最常见的环境特征就是获取用户当前所在位置，不同时间、不同地点和不同场景下，用户对信息的偏好会有所不同。例如在早高峰通勤时间用户偏好资讯类内容，而晚高峰通勤时间用户更偏好娱乐内容。出行类 App 通常会记录用户的位置，判断用户的家庭位置与公司位置，在特定的时间为用户推送出行建议，或是机票、火车票的营销信息（见图 3-14）。

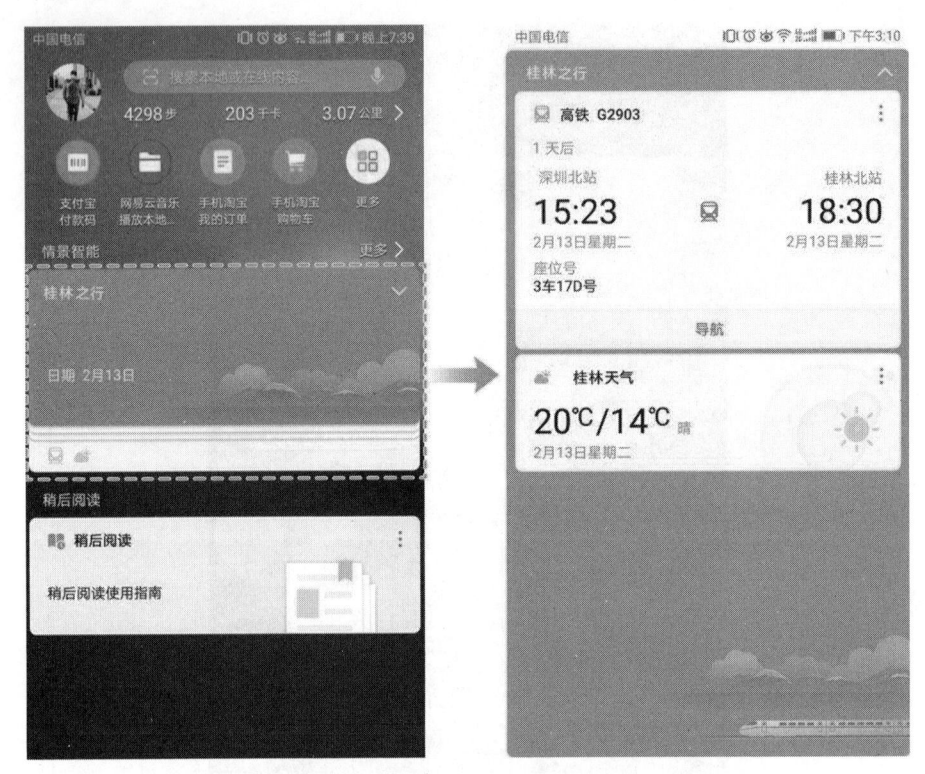

图 3-14 结合环境特征的智能推荐

（二）构建量化指标

点击率、阅读时间、点赞量、评论量、转发量等数据都是可以量化的特征指标。量化指标可从一定程度上体现内容的性质，但完全依赖量化指标是不可靠的。例如大家熟知的工作室对粉丝数量、评论量、点赞量的买卖，这些人为干扰因素可能会迷惑推荐模型，干扰其分析能力，此时便需要对推荐系统加以干预。比如内容涉及过去的社会热点，虽然文章阅读量很高，但是由于热点已成过去时，推荐系统就需要降低该篇文章的推送权重。又如，类似短视频这种用户量巨大的平台，其推荐系统服务用户众多，此时完全依赖量化的参数很难满足用户的信息需求和广告推送效率的要求，需要人为的内容干预。

（三）构建推荐系统的相关性特征与协同特征

相关性特征解决内容和用户的匹配问题，内容的标签与用户的个性化画像符合程度越高，该内容的推荐优先级就越高。协同特征解决算法越推越窄的问题（信息茧房问题），如通过你的行为、画像、环境等各类指标进行模型分析后，发现适合推荐给你的内容太少，此时可以通过寻找与你画像相似的用户，基于他们的兴趣给你推荐，以实现较好的推荐效果（见图3-15）。

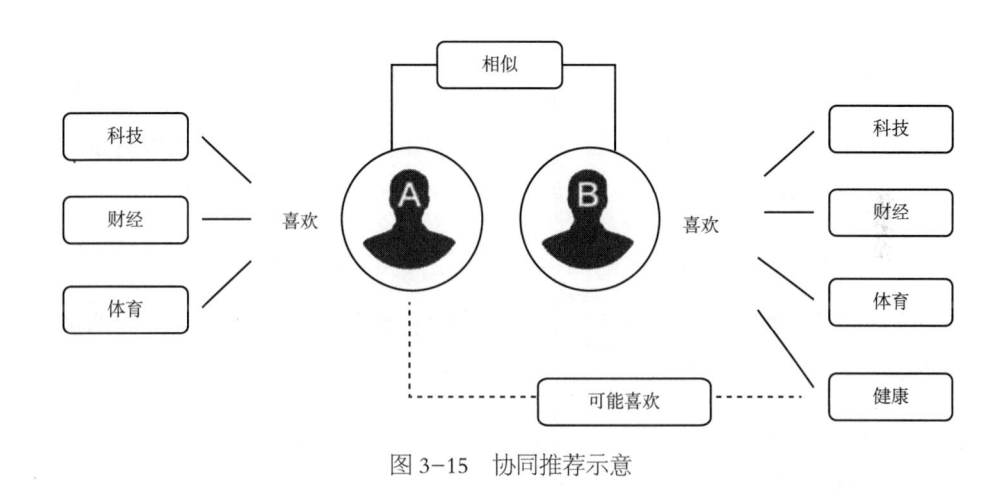

图3-15 协同推荐示意

此外，还有热度特征，该特征在冷启动阶段①很有效。此时系统里并没有大量的用户画像数据，比如用户以游客身份登录了CKRSC（国家知识服务平台），平台可以通过热度特征，即当前社会热点、文章阅读量高低等一些能代表普遍群体感受的指标进行推送选择。

（四）用户自然标签外的复杂情况

第一，过滤噪声。一般在做信号处理的时候，需要对信号进行降噪处理，以平滑信号曲线，方便下一步处理。我们通常会过滤掉停留时间短的点击，例如"标题党"通常会带来比较多的点击率，但有非常大的概率是进入后直接退出，故这些点击率并不能代表内容比较优质，需要过滤掉。

第二，惩罚热点。用户在热点上的表现可能仅仅是因为大众流行，并不能代表用户真实的兴趣，所以对部分特征要进行降权操作。

---

① 冷启动就是在没有用户信息的时候进行内容推荐。例如腾讯公司统一用QQ号作为一个用户的主索引，你玩过什么游戏、听过什么歌曲，都可以作为用户画像特征应用到腾讯新闻对你推荐的文章的算法里。

第三，时间衰减。用户的兴趣是有期限的，相对于用户最新体现出来的兴趣，往年的兴趣所占权重应适当削减。

第四，惩罚展现。这就是为什么一篇内容如果关注度不高就会一直默默无闻，而前期关注度高热度便会陡升。如果你创作的内容推荐给 100 名用户，这 100 名用户没有一个人满足浏览时间阈值，则该内容特征的权重就会降低，以后的触达人数就会减少。

第五，全局背景。假设用户创作的内容获得 100 人的点赞与评论，但是其他 1 万人不会驻足观看，这意味着该类内容的人均点击比例非常低，所以在全局背景的因素下小众内容不会得到很高的推荐量。

（五）构建内容过滤，实现风险内容识别与泛低质内容识别

各类短视频平台的用户量已经十分庞大。随着推荐系统中内容数量的增加，单靠人工审核已经无法完成预期任务，机器智能识别的重要性凸显。随着服务器性能的提升，一些重复性的工作可以通过机器来实现。比如，鉴黄模型就是通过图片的相似性判断算法来让机器自动识别泛黄图片。

低俗模型和谩骂模型主要运用文本解析技术和语义识别技术。先建立文字模板公式（正则化公式），比如将文本里面含有的某些字符，或者某些字符组合定义为低俗模型，然后机器自动对文本进行匹配识别，并对监测结果进行过滤。

（六）构建试验平台

在第一节讲到，只要相信 P ≠ NP，就一定不会存在一个模型可以适用于所有的推荐场景。此时我们就需要一个算法试验平台去试验算法的有效性，如果此类算法不行就寻求新的替换，实际上内容推荐系统是各种算法的复杂组合。

不同推荐场景需要不同的模型架构，比如小视频类内容是短时投入，客户很少会计较时间成本，所以关键的推荐机制可能并不是用户画像特征，而是根据视频的点击率进行推荐，点击率越高的视频肯定越容易吸引用户；而阅读文章需要投入的时间成本较高，用户对精准投送的要求会比较高。所以各类内容推荐算法会根据内容不同的特点选择不一样的推荐机制，这需要不断测试优化。

在实际的工作应用中也伴随算法的试验，例如我们经常接受的弹窗内容（见图

3-16）。当甲方与平台签订推广合约后，平台会根据商品特点进行目标人群的预测与试验数据的采集，前期会根据预测结果向部分用户推送。如果推送了1万条信息，触达1人，那么该条广告的触达率为0.01%，不满足甲方的预期效果。这种情况下，平台会对多日内已收集的触达用户信息进行分析，选择算法建立该广告的推送模型，经过不断的测试与优化后，模型最终预测人群的实际触达率达到2%，即模型满足甲方的期望，此时该项工作才算完成。

图3-16　弹窗广告样例

三　算法已成为新媒体的核心竞争力之一

新媒体平台收拢了信息发布渠道，使内容呈现中心化分发，并持续"温柔"地剥夺用户的信息选择权。在这种情景下，带有观点性的内容往往更具传播力。这使得在AI织就的信息茧房中，信息焦点被持续控制，个人观点被持续引导。

在新媒体环境中，AI分发机制、热点榜单机制下的灰色产业链也逐渐盛行。平台方直接的数据造假与"网络流量雇佣兵"带来的虚假流量，使用户获取的信息真伪难辨。近年来网络暴力事件越来越多,自媒体在创作信息时不受记者、编辑等职业道德的约束,平台方也难以对内容进行严格的审校。这导致自媒体刻意增加对事件的观点性阐释,并对事件进行改编,以获取更大的传播量。

非权威的、夸大其词的观点性的信息在互联网环境中更易引发社交情绪裂变。部分企业、公关团队通过对用户的社交情绪引导来实现其自身的商业价值。在这个时代,AI 带来的价值不可否认,但 AI 将信息商业化这件事值得我们每个媒体人反思。传统传媒业的变革,不仅是自身生存发展的必要选择,也是传统媒体的使命责任,我们有责任让信息更加真实,让报道更加客观,让知识更加权威。

第四章
新媒体设计的技术路线

第一节　编程技术基础

编程是为了让计算机代为解决某个问题，或者提高工作效率，对某个计算体系规定一定的运算方式，使计算体系按照该计算方式运行，并最终得到相应结果的过程。为了使计算机能够理解人的意图，人类把需要解决的问题的思路、方法和手段通过计算机能够理解的形式告诉计算机，使得计算机能够根据人的指令一步一步去工作，完成某种特定的任务。这种人和计算体系之间交流的过程就是编程。

我们通过向 CPU 输入能够驱动它进行工作的机器码来命令计算机进行数据读写，而编程语言，则可以理解为是一种计算机和人都能直接或间接"识别"的语言。它是一种计算机语言，让程序员能够准确地定义计算机所需要使用的数据，并精确地定义在不同情况下所应当采取的行动。计算机编程语言对于计算机和计算机的使用者来说就好比是一座不可缺少的桥梁。有了计算机编程语言的存在，计算机才能够更好地为人们的生活和工作来服务。而由于不同的编程语言的特点以及应用场景不同，针对不同的新媒体应用，我们应当选择不同的编程语言进行开发，以便达到最高效的传播。

从网络媒介传播环形结构的逻辑拓扑可以看出，基于互联网的传播可以在更短的传播时间内扩大信息的传播范围（见图 4-1）。因此，拥有更大用户基数、更广社交网络的"新媒体",逐渐掠夺用户的信息注意力,成为用户获取信息的主要渠道。由于传播介质物理特性的改变,传播技术也随之变革,编程技术逐渐向传播领域渗透。

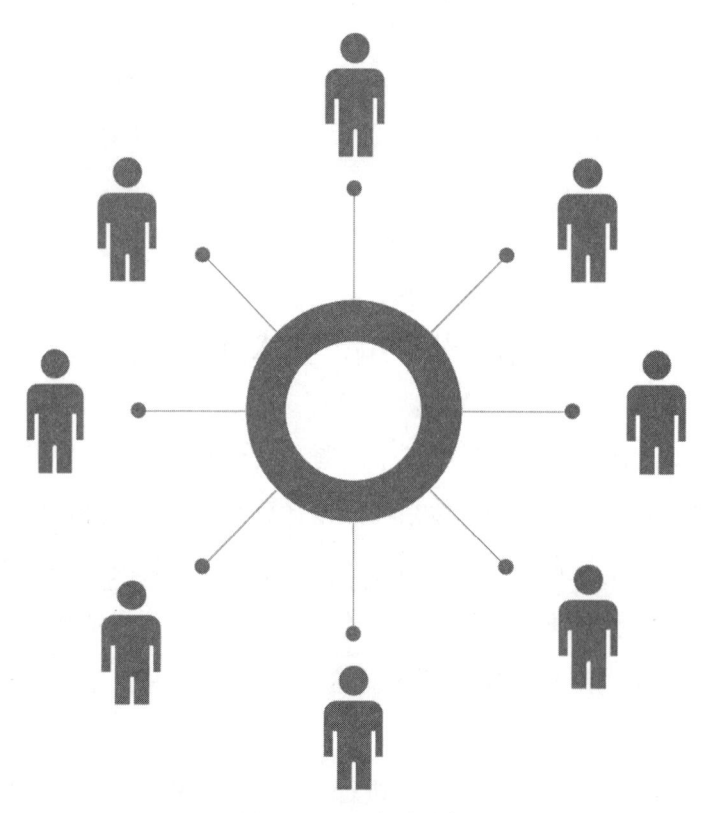

图 4-1 环形拓扑结构

一 编程的基本流程

编程是"新媒体设计"的具体实现,而在编程过程中又包含着细分的设计逻辑。从整体上来看,编程的流程包括提出完整事件、拆分事件、建立模型、确定数据结构、确定输入或输出、确定算法、选择编程语言、选择编程语言工具、编程、解释执行或编译后执行、发布或上线(如图 4-2 所示)。

图 4-2 中涉及的专业术语及其定义如下:(1)分解(Decomposition)。把一个复杂的大型问题,拆解成可执行的、更好理解的小步骤,问题解决起来会更加容易。

（2）模式识别（Pattern Recognition）。找出事物间的规律与相似模式，高效解决细分问题，速度更快。（3）抽象（Abstraction）。将目光聚焦在重要的关键信息上，认知问题的核心本质，忽视无用的细节。（4）算法（Algorithm）。设计一步一步的解决路径，从而由点到面地解决整个难题。

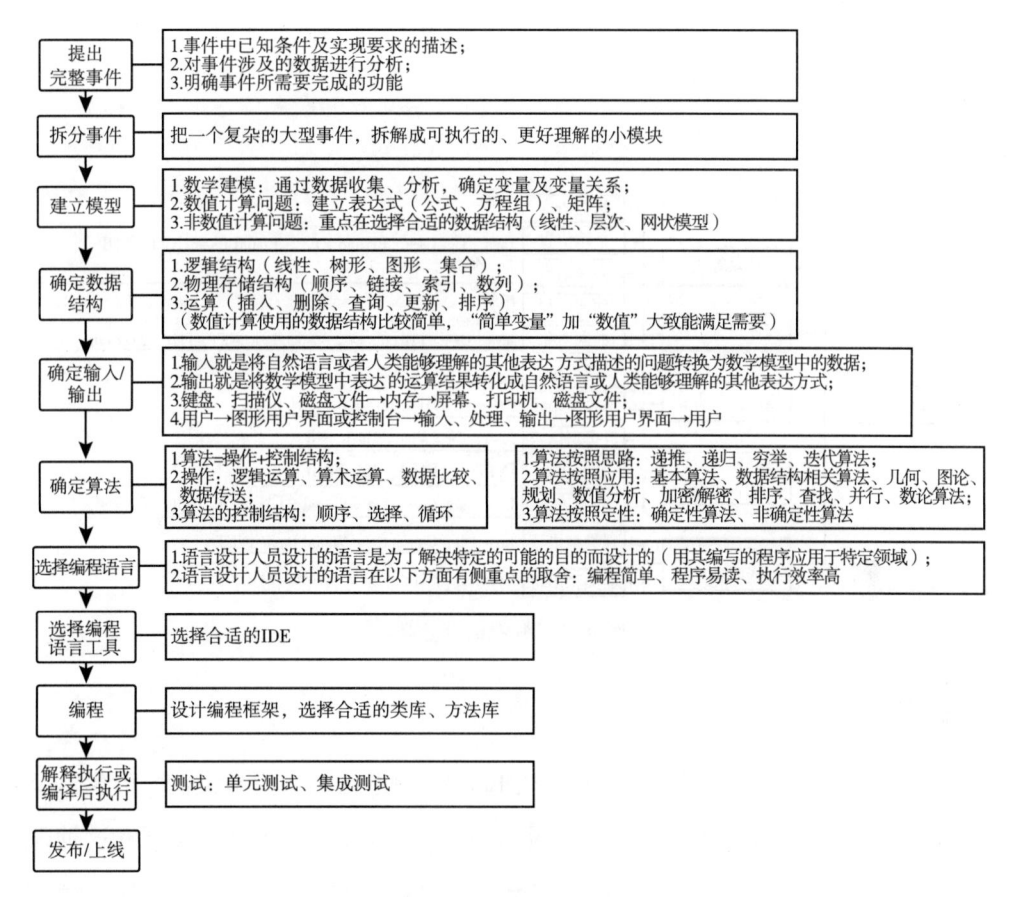

```
提出完整事件
  1.事件中已知条件及实现要求的描述；
  2.对事件涉及的数据进行分析；
  3.明确事件所需要完成的功能

拆分事件
  把一个复杂的大型事件，拆解成可执行的、更好理解的小模块

建立模型
  1.数学建模：通过数据收集、分析，确定变量及变量关系；
  2.数值计算问题：建立表达式（公式、方程组）、矩阵；
  3.非数值计算问题：重点在选择合适的数据结构（线性、层次、网状模型）

确定数据结构
  1.逻辑结构（线性、树形、图形、集合）；
  2.物理存储结构（顺序、链接、索引、数列）；
  3.运算（插入、删除、查询、更新、排序）
  （数值计算使用的数据结构比较简单，"简单变量"加"数值"大致能满足需要）

确定输入/输出
  1.输入就是将自然语言或者人类能够理解的其他表达方式描述的问题转换为数学模型中的数据；
  2.输出就是将数学模型中表达的运算结果转化成自然语言或人类能够理解的其他表达方式；
  3.键盘、扫描仪、磁盘文件→内存→屏幕、打印机、磁盘文件
  4.用户→图形用户界面或控制台→输入、处理、输出→图形用户界面→用户

确定算法
  1.算法=操作+控制结构；
  2.操作：逻辑运算、算术运算、数据比较、数据传送；
  3.算法的控制结构：顺序、选择、循环
  1.算法按照思路：递推、递归、穷举、迭代算法；
  2.算法按照应用：基本算法、数据结构相关算法、几何、图论、规划、数值分析、加密解密、排序、查找、并行、数论算法；
  3.算法按照确定性：确定性算法、非确定性算法

选择编程语言
  1.语言设计人员设计的语言是为了解决特定的可能的目的而设计的（用其编写的程序应用于特定领域）；
  2.语言设计人员设计的语言在以下方面有侧重点的取舍：编程简单、程序易读、执行效率高

选择编程语言工具
  选择合适的IDE

编程
  设计编程框架，选择合适的类库、方法库

解释执行或编译后执行
  测试：单元测试、集成测试

发布/上线
```

图4-2　编程的流程

二　编程语言的分类

编程语言处在不断的发展和变化中，从最初的机器语言发展到如今的高级语言，每种语言都有自身的特点和用途。编程语言大致可以从五个维度进行分类。按照语言的抽象等级，由低到高分为机器语言、汇编语言与高级语言。按照程序设计的方法，分为面向过程与面向对象编程语言。按照程序执行的方式，分为编

译型、解释型与混合型语言。按照运行时结构改变与否，分为动态语言与静态语言，运行时可以改变结构的为动态语言（改变结构指的是运行时代码可被动态改变，比如添加新的代码、更改对象定义），反之为静态语言。按照是否需要指明变量的类型，分为强类型语言与弱类型语言，强类型语言要求变量的使用要严格符合定义的类型，所有变量都必须先定义后使用，弱类型语言则恰恰相反，变量无须事先定义，数据类型可以被忽略，一个变量可以赋不同数据类型的值。具体分类如图4-3所示。

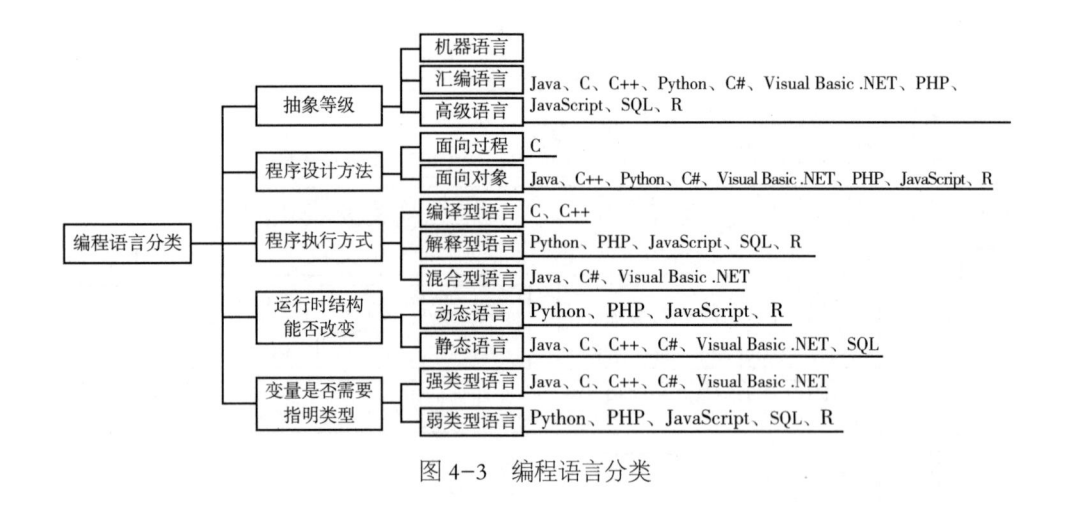

编程语言分类		
抽象等级	机器语言	
	汇编语言	
	高级语言	Java、C、C++、Python、C#、Visual Basic .NET、PHP、JavaScript、SQL、R
程序设计方法	面向过程	C
	面向对象	Java、C++、Python、C#、Visual Basic .NET、PHP、JavaScript、R
程序执行方式	编译型语言	C、C++
	解释型语言	Python、PHP、JavaScript、SQL、R
	混合型语言	Java、C#、Visual Basic .NET
运行时结构能否改变	动态语言	Python、PHP、JavaScript、R
	静态语言	Java、C、C++、C#、Visual Basic .NET、SQL
变量是否需要指明类型	强类型语言	Java、C、C++、C#、Visual Basic .NET
	弱类型语言	Python、PHP、JavaScript、SQL、R

图 4-3　编程语言分类

三　编程语言的演变

从1946年世界第一台通用电子计算机ENIAC诞生至今，已经发明和衍生出众多优秀的编程语言，来满足不同领域和场景的要求。一个语言的诞生和发展和这种语言进入某一子行业的契机有着密不可分的关系，关键在于这个语言能不能解决当时社会所面临的问题。

汇编语言、面向过程的编程与面向对象的编程虽然没有完全的取代关系，但按照其诞生时间的先后顺序与流行程度可以大体描绘编程语言的进化过程。

1.汇编语言

汇编语言诞生于编程语言的拓荒年代，它非常底层。虽然它拥有着其他编程语言不可超越的执行效率，但它高额的开发成本、复杂的调试环境，使其难以进行大型软件的整体开发。目前仅在硬件开发、工业控制、实时系统、操作系统内核等对执行效率有特殊要求的领域有所应用。

2.面向过程的编程

面向过程的编程语言中最具代表性的就是 C 语言，它已经脱离了计算机硬件，可以设计中等规模的程序。C 语言的出现解决了系统程序源代码的可移植性问题，使更多的小型机可以在更短时间内移植 UNIX 操作系统。所以 UNIX 选择用 C 重写，而 C 成为编写操作系统和实现 TCP/IP 协议的首选语言。今天众多设备上的各类操作系统中 TCP/IP 协议的实现都要归功于 C 语言。

3.面向对象的编程

Java、C++、Python、C#、PHP 等是面向对象的编程语言，它们在面向过程的基础上又增加了很多概念，被广泛应用于大型程序的整体开发。以 Java 为例，它的流行适逢企业的信息化浪潮，大量的企业级的复杂任务需要在更短的时间内写出更大规模的程序，而 Java 通过更多的权限关键字，垃圾回收等便捷开发功能，带来整个行业生产力的提升。

可以看出，这些如今"流行"的编程语言都是满足了生产环境的某些或某个"需求点"，新媒体领域的技术分类更是精细到传播的每个环节。例如视频的解码对程序的性能有着极高的要求，所以在该领域 C 与 C++ 是最常见的开发语言，而在传播过程中的算法设计与数据可视化方面则更青睐于拥有着大量辅助工具"第三方库"的 Python。作为"新媒体传播人"，无论你的职责是产品设计还是技术实现，确定适合项目的开发语言都是一项必须掌握的基本能力。

第二节　技术路线的选择

一　选择开发语言

为了让读者更加直观地了解各编程语言的特点，下面将从各类主流编程语言的特点、应用案例等方面进行介绍，以便于读者选取感兴趣的方向进行深入学习，或是在未来的项目建设中选择适合项目的开发语言。

（一）Python语言

1.发展历程及特点

Python 语言的发展历程如图 4-4 所示。其主要特点为：（1）解释型语言。用 Python 编写的程序不需要在运行前编译，而是在运行程序的时候才进行翻译，专门的解释器负责在每个语句执行的时候解释程序代码。这样的解释型语言每执行一次就要翻译一次，效率比较低。（2）动态数据类型。Python 支持重载运算符，也支持泛型设计。运算符重载，就是对已有的运算符重新进行定义，赋予其另一种功能，以适应不同的数据类型。泛型设计就是定义的时候不需要指定类型，在客户端使用的时候再去指定类型。（3）完全面向对象的语言。在 Python 中函数、模块、数字、字符串都是对象，完全支持继承、重载、多重继承。（4）拥有强大的标准库。Python 语言的核心只包含数字、字符串、列表、元组、字典、集合、文件等常见数据类型和函数，并由 Python 标准库提供了系统管理、网络通信、文本处理、数据库接口、图形系统、XML 处理等额外的功能。（5）社区提供了大量第三方库。Python 社区提供了大量的第三方模块，使用方式与标准库类似。它们的功能覆盖科学计算、人工智能、机器学习、Web 开发、数据库接口、图形系统等多个领域。

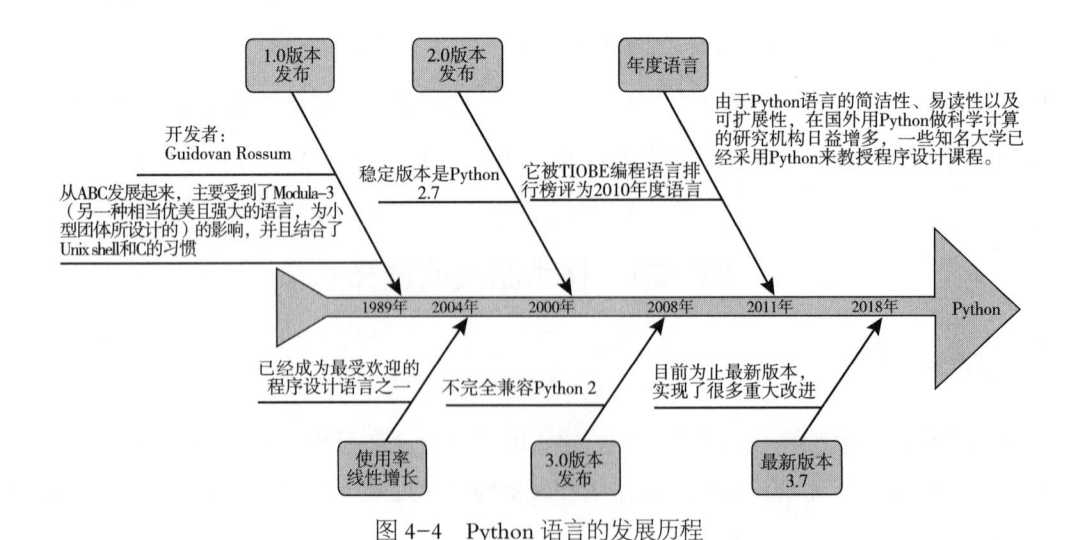

图 4-4 Python 语言的发展历程

2.主要缺点

Python 语言的主要缺点表现在:(1)执行速度较低。Python 作为一种解释型语言,其速度往往低于编译语言。如果我们将程序与计算机假设为两个人,那么解释型语言编写的程序与计算机间就是语言不通的两个人,需要不停地翻译才能保证程序的正常运行。(2)移动开发表现差。Python 在移动计算领域的表现比较糟糕,利用 Python 开发的移动应用比较罕见。(3)设计缺陷。Python 语言在设计上存在一些问题,它属于动态类语言,因此需要进行更多测试且会带来某些只在特定运行中出现的错误。

3.应用领域

Python 主要应用于网络编程(Web 应用、网络爬虫)、数据分析和机器学习、自动化测试、自动化运维等。案例 4-1 将结合实际应用来展现 Python 语言的特点。

案例 4-1 Python 应用场景

场景:知识图谱支持子系统是国家知识资源平台出版物信息检索服务的底层支撑系统,它通过构建本领域的知识图谱,挖掘该领域的实体、属性和关系,提供真正意义上的智能检索,也就是说,搜索引擎提供的已经不只是通向答案的链接,而是展示答案本身。该系统为新闻出版行业提供基础性的数据管理和行业知识图谱服务,促进整个行业知识服务水平的提高。

该系统已收录 CIP 数据 510 余万条,出版领域期刊论文等全文数据 300 余万条。图谱引擎已训练数据逾 3000 万条,拥有知识实体 200 余万个,实体关系数超过 1100 万。图 4-5 为系统图谱的一个实体节点的展开。

知识图谱支撑子系统主要应用 AI 技术实现本体与关系的自动抽取,有以下三种抽取方式:①按需抽取(Bootstrapping),即利用有限的样本资料经由多次重复抽样,重新建立起足以代表母体样本分布的新样本。按需抽取的运用基于很多统计学假设,因此假设的成立与否将会影响采样的准确性。②开放抽取(Open IE),开放抽取实现了对网络上海量异构信息中可能存在的关系的抽取,该方法既不需要手工标注训练集,也不局限于特定领域,而

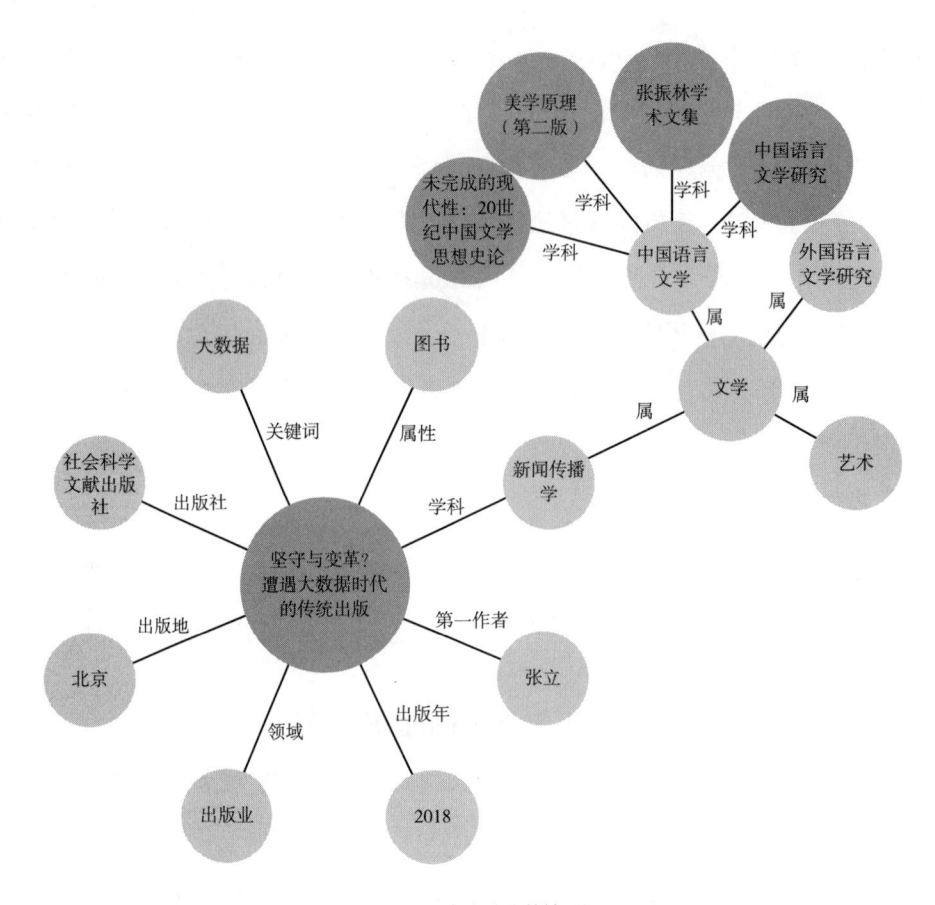

图 4-5 知识图谱管理

是通过自动学习和统计来实现关系抽取。开放信息抽取方法的实现分为三个模块，自监督学习器、抽取器和冗余处理评估器。学习器通过对较小的语料集进行深层解析，自动抽取并标注可信和不可信关系三元组，这些三元组的特征向量被作为训练样例进行贝叶斯分类器的训练，并在训练好的分类器上进行大量网络信息的关系抽取。为了确保较高的处理效率，抽取器并不对信息进行深层解析，而是将较容易获得的词性标注、序列等特征作为分类器的输入。冗余处理评估的输出是去除了不必要的修饰词后的候选关系三元组集合。对这些候选三元组进行合并，通过统计的方法计算各个关系三元组的可信度，并建立索引。开放抽取可以自动地从非结构化的网络文本中发现大量的多样化的关系集的高质量实例。③知识监督抽取（Distant Supervision），该方法是利用现有的知识库，将知识库中定义好的实体映射到海量未处理的文本集中，生成对齐数据，并把这些数据作为训练数据，提取特征，训练分类器，解决关系抽取问题。

方案选择：在人工智能、风险预测、数据分析等众多领域，Python 逐渐成为最受欢迎的语言。Python 有非常强大的第三方库，开发者想通过计算机实现的功能，基本上都可以在 Python 的官方库里找到相应的模块支持，在基础库的基础上再进行开发，大大缩短开发与实验周期。除此之外，Python 也被称为"胶水语言"，如果你希望某些算法不被公开，你可以将部分程序用 C 或 C++ 编写，然后在你的 Python 程序中使用它们。因此，知识图谱支撑子系统的实体关系抽取功能选用 Python 为主要开发语言进行开发。

（二）Go 语言

1. Go 语言发展历程及特点

Go 语言的发展历程如图 4-6 所示，其主要特点为：（1）静态强类型、编译型、并发型。GO 语言是静态类型语言，但其拥有类似动态语言的编写效率。Go 语言可直接编译成机器码而不依赖于其他库。在语言层面，它支持并发，可以充分地利用多核原生支持并发，这是 Go 语言最大的特色。（2）垃圾回收机制。Go 语言内置 Runtime，支持垃圾回收，这是属于动态语言的特性。虽然目前来说 Go 语言的内存垃圾回收机制不算完美，但是足以应对所能遇到的大多数情况，Go1.1 之后的内存垃圾回收机制更是如此。（3）支持面向对象编程。Go 语言有接口类型和实现类型的概念，但是用嵌入替代了继承。（4）丰富的标准库。Go 语言目前已经内置了大量的标准库。（5）内嵌 C 支持。Go 语言中可以直接包含 C 代码，利用 C 语言现有的丰富的库。

2. 主要缺点

Go 语言的主要缺点表现在：（1）缺乏框架。Go 语言作为一个"年轻"的语言，第三方库较为稀少。（2）糟糕的错误处理机制。在 Go 语言中如果出现错误，需要通过函数来返回错误,但这可能导致错误跟踪丢失,以及缺少有用的错误处理逻辑等问题。虽然目前有些工具可以帮助检测这种错误,但这些工具更像是解决方法,并不能掩盖 Go 语言设计本身的弊端。(3)混乱的包管理。Go 语言中的包管理并不完美,默认情况下,它无法创建具有固定包版本的依赖关系树,这意味着在不同时间创建的程序可能基于不同版本的包。

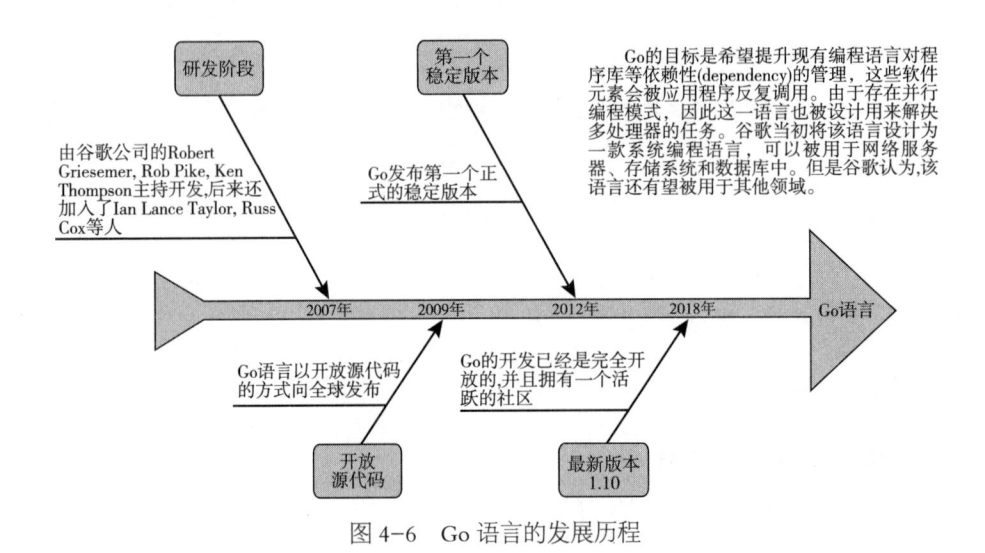

图 4-6 Go 语言的发展历程

3.应用领域

Go 语言主要应用于服务器编程、分布式系统、数据库代理器、网络编程、内存数据库和云平台等。其中,在服务器编程领域的应用主要包括处理日志、数据打包、虚拟机处理、文件系统等。Go 语言在网络编程领域目前应用最广,包括 Web 应用、API 应用、下载应用等。在内存数据库领域的应用,则如 Google 开发的 Groupcache、Couchbase 的部分组建。

(三) Java语言

1. Java语言发展历程及特点

Java 语言的发展历程如图 4-7 所示,其主要特点为:(1)简单性。Java 语法是 C++ 语法的一个"纯净版本"。这里没有头文件、指针运算(甚至指针语法)、结构、联合、操作符重载、虚基类等语法。(2)面向对象。在 Java 的世界里,一切皆对象。Java 的面向对象特性与 C++ 旗鼓相当，主要不同点在于 Java 用更简单的接口概念代替了多重继承。而且与 C++ 相比，Java 提供了更丰富的运行自省功能。（3）分布式。Java 有丰富的例程库，用于处理像 HTTP 和 FTP 之类的 TCP/IP 协议。Java 应用程序能够通过 URL 打开和访问网络上的对象，其便捷程度就好像访问本地文件一样。（4）体系结构中立。Java 编译器生成一个体系结构中立的目标文件格式，这是一种编译过的代码，只要系统安装过 Java 环境，编译后的代码就可以在许多处理器上运行。（5）可移植性。与 C/C++ 不同，Java 规范中没有"依赖具体实现"的地方，对基本数据类型的大小以及有关运算都做了明确说明。

2.主要缺点

Java 语言的主要缺点表现在：（1）占用大量内存。与 C++ 语言相比，Java 的内存使用量明显更高。（2）学习曲线不低。Java 语言并不属于最易于上手的语言，当然也不是最难学的语言。（3）启动时间较长。利用 Java 语言开发过 Android 应用的人，都会对其模拟器代码在台式机上缓慢的运行速度留下深刻印象。

3.应用领域

Java 主要应用于第三方交易系统开发、网站建设、移动互联应用、大数据技术、嵌入式开发等。在目前的互联网环境中，Java 算得上最流行的编程语言。

案例 4-2 将结合实际应用来展现 Java 语言的特点。

案例 4-2　Java 应用场景

场景：该应用以笔者为电影数字节目管理中心建设的电影数字节目版权信息化管理系统为例。为适应我国点播影院、点播院线规范化管理的行业发展态势，亟待建立集中统一管理的电影数字节目数字版权信息化管理系统来保障影片内容版权方的合法权益，为我国点播影院、点播院线的管理提供基础支撑。

当前大多点播院线的经营者很注重点播院线设备和装修的投资，却往往忽视了一个很重要的问题——电影版权。对点播院线来说，硬件设施、设计装修固然重要，但是电影版权更是合法经营的前提之一。在点播院线发展初期，各地的点播院线数量迅猛增长但大多都经营不规范，其中一个很大的原因就是没有正规的电影版权。很多点播院线的影片都是经营者自行从网站

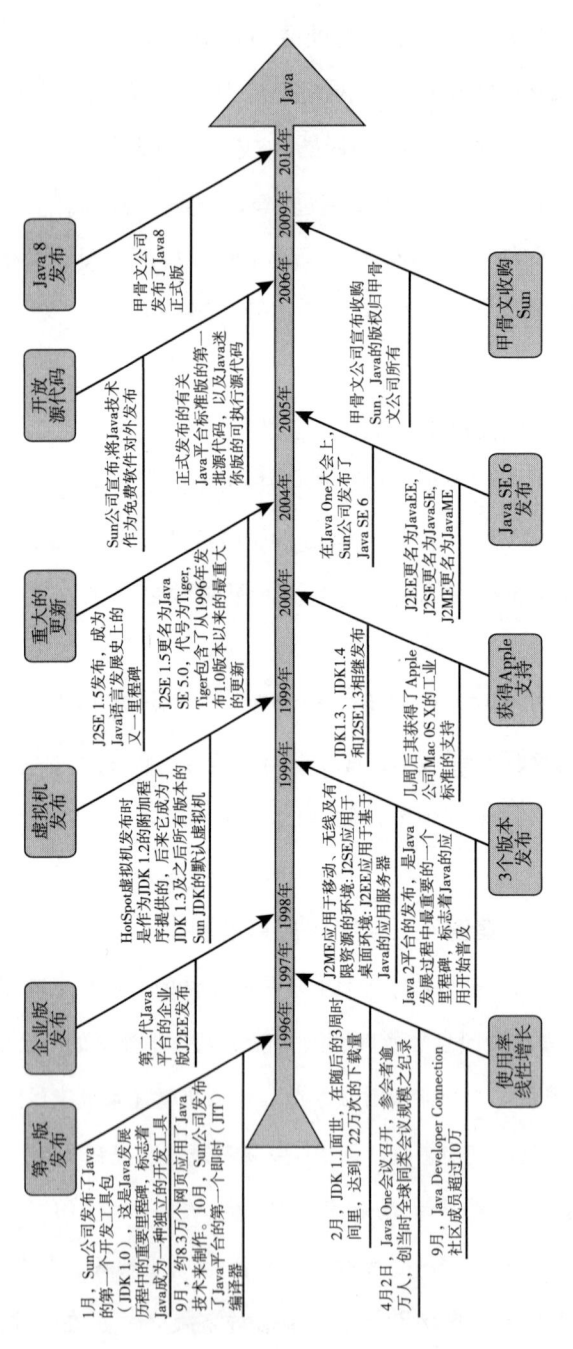

图 4-7 Java 语言的发展历程

第一版发布（1996年）：1月，Sun公司发布了Java的第一个开发工具包（JDK 1.0）。这是Java发展历程中的重要里程碑，标志着Java成为一种独立的开发工具。9月，约8.3万个网页应用了Java技术来制作。10月，Sun公司发布了Java平台的第一个即时（JIT）编译器。

企业版发布（1997年）：2月，JDK 1.1面世，在随后的3周时间里，达到了22万次的下载量。4月2日，Java One会议召开，参会者近万人，创当时全球同类会议规模之纪录。9月，Java Developer Connection社区成员超过10万。

3个版本发布（1998年）：J2ME应用于移动、无线及有限资源的环境；J2SE应用于桌面环境；J2EE应用于基于Java的应用服务器。Java 2平台的发布，是Java发展过程中最重要的一个里程碑，标志着Java的应用开始普及。第二代Java平台的企业版J2EE发布。

虚拟机发布（1999年）：HotSpot虚拟机发布时是作为JDK 1.2的附加程序提供的，后来它成为了JDK 1.3及之后所有版本的Sun JDK的默认虚拟机。

重大的更新（2000年）：JDK1.3、JDK1.4和J2SE1.3相继发布。

获得Apple支持：几周后其获得了Apple公司对Mac OS X的工业标准的支持。

J2EE更名为JavaEE，J2SE更名为JavaSE，J2ME更名为JavaME。

Java SE 6 发布（2004年）：在Java One大会上，Sun公司发布了Java SE 6。

开放源代码（2005年）：Sun公司宣布将Java技术作为免费软件对外发布。正式发布的有关Java平台标准版的第一批源代码，以及Java迷你版的可执行源代码。

甲骨文收购Sun（2009年）：甲骨文公司宣布收购Sun，Java的版权归甲骨文公司所有。

Java 8 发布（2014年）：甲骨文公司发布了Java8正式版。

使用率线性增长 → **Java**

上下载，有些影片放映时，还会赫然出现下载网站的水印。侵权盗版的核心是谁传播谁负责，传播者对自己的传播行为负有法律责任。点播院线业主作为获得者，没有权利义务以及能力辨认传播者是否具有传播资质和电影版权并核实其真实性，点播院线业主不仅使用，还向观众（消费者）进行传播，故点播院线业主转变为传播者。根据谁传播谁负责的原则，点播院线业主需要根据具体的传播方式办理相应的证照并购买相应的著作权许可，不然即为侵权。

电影数字节目版权信息化管理系统建成后将为我国点播影院、点播院线、流动放映等电影行业应用提供有效的管理和支撑。

方案选择：在与建设方确认具体的系统需求后，我们将系统事件拆分为两大模块，共 16 个功能点（见图 4-8）。基于拆解的细分功能点，我们可以确认系统的主要负荷为数据库的查询。同时，根据建设方的应用要求与部署环境，我们确定开发语言的基本需求有以下几点：高效的客户端开发能力（减少部署难度，提升实用性）、安全的存储分配模型（特殊部门环境下保证信息安全）、高效的数据库交互、高稳健性（保持系统的常态可用状态）、跨平台部署能力（保障数据库、后台应用、客户端独立部署）。综合以上几点需求，我们采用了 Java 开发语言。

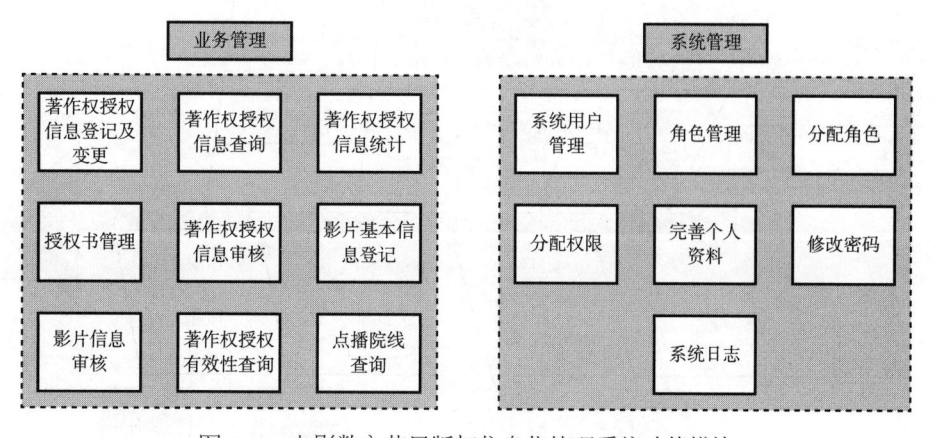

图 4-8　电影数字节目版权信息化管理系统功能模块

（四）C语言

1. C语言发展历程及特点

C语言的发展历程如图4-9所示，其主要特点为：(1) 结构式语言。结构式语言的显著特点是代码及数据的分隔化，即程序的各个部分除了必要的信息交流外彼此独立。这种结构化方式可使程序层次清晰，便于使用、维护以及调试。(2) 简洁紧凑、灵活方便。C语言一共只有32个关键字、9种控制语句，程序书写自由，主要用小写字母表示。它把高级语言的基本结构和语句与低级语言的实用性结合起来。(3) 运算符丰富。C的运算符包含的范围很广泛，共有34种运算符。C语言把括号、赋值、强制类型转换等都作为运算符处理。(4) 数据结构丰富。C的数据类型有整型、实型、字符型、数组类型、指针类型、结构体类型、共用体类型等，能用来实现各种复杂的数据类型的运算。同时它引入了指针概念，使程序效率更高。(5) C语法限制不太严格、程序设计自由度大。一般的高级语言语法检查比较严，能够检查出几乎所有的语法错误，而C语言允许程序编写者有较大的自由度。

2. 主要缺点

C语言的主要缺点体现在：(1) 不支持面向对象编程。C语言不支持面向对象编程，因此C++才会诞生以解决这一问题。(2) 复杂的学习曲线。C语言学习难度较大，比较适合那些已经对其他编程语言有所了解的学习者。

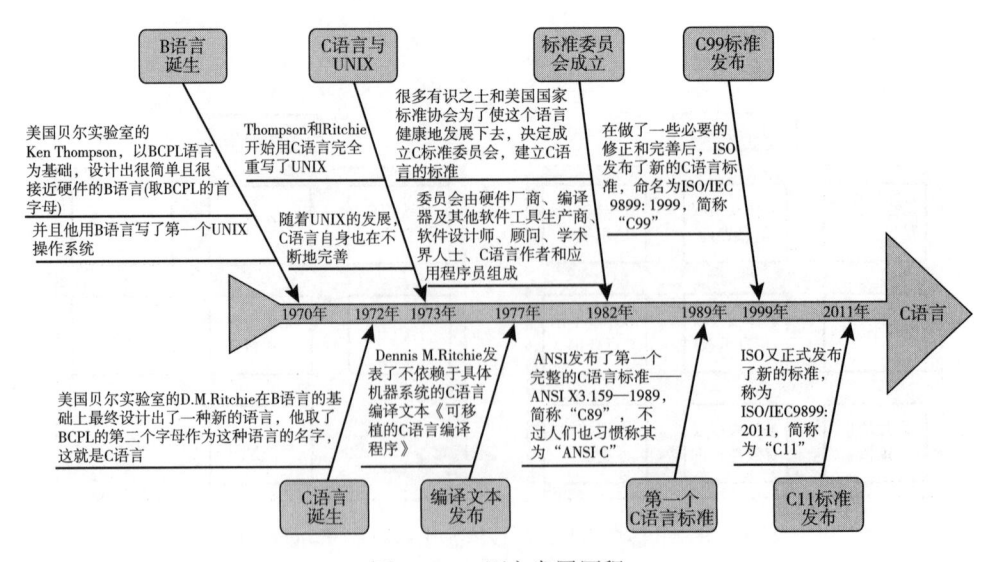

图4-9　C语言发展历程

3.应用领域

C 语言主要应用于操作系统、单片机、驱动程序、编译器或解释器、系统服务、应用软件等，这些领域一般有底层硬件编程需求，且对程序运行效率有较高需求。

案例 4-3 将结合 C++ 语言，从真实场景描述 C 语言、C++ 语言的应用场景。

（五）C++语言

1.C++语言发展历程及特点

C++ 语言的发展历程如图 4-10 所示，其主要特点为：（1）支持面向对象的方法。在 C 语言的基础上进行扩充和完善，使 C++ 兼容了 C 语言的面向过程特点，又成为一种面向对象的程序设计语言。（2）运算符和数据结构丰富。C++ 语言可以使用抽象数据类型进行基于对象的编程。（3）多继承、多态。C++ 语言可以使用多继承、多态进行面向对象的编程。（4）代码效率高。C++ 语言在代码效率方面可以和汇编语言相媲美。（5）可移植性强。C++ 语言编写的程序很容易进行移植，在一个环境下运行的程序无须修改或作少许修改就可以在完全不同的环境下运行。

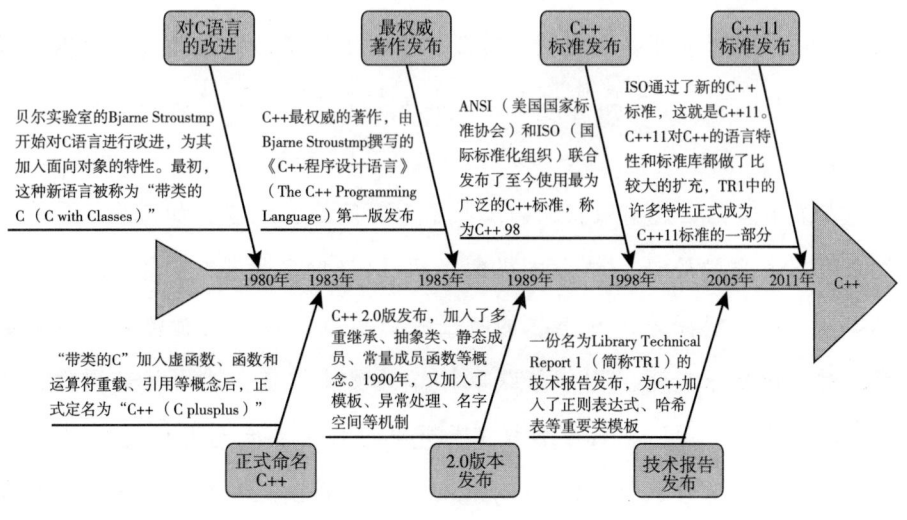

图 4-10　C++ 语言发展历程

2.主要缺点

C++ 语言的主要缺点体现在：（1）艰难的学习曲线。C++ 非常难学，但在掌握之后相当于登上开发工程师金字塔的塔尖。（2）C++ 规模极为庞大。C++ 规模可观且拥有大量极为复杂的功能交互方式，没有任何一位开发者能够使用其提供的全部构建组件，但我们可以充分发挥自己的才智为程序选择正确的功能子集。

3.应用领域

C++ 语言主要应用于大型游戏的开发、银行等金融领域高频交易系统开发、服务器端开发以及虚拟现实、数字图像处理、科学计算等。

案例 4-3　C 语言、C++ 语言应用场景

场景："数字版权保护技术研发工程"是国家新闻出版广电总局重大科技项目，于 2016 年完成研发并投入使用。工程拥有专利 22 项，提供的技术服务包括数字作品（批量）登记技术、数字水印（批量）嵌入与提取技术、媒体指纹（批量）提取与匹配检测技术、数字资源加解密（含定制播放器）技术、时间戳技术、区块链技术、版权授权公示系统开发、侵权追踪服务等。

目前版权保护工具已无缝集成到国家知识服务平台，可以为知识服务保驾护航，同时也可以作为独立的版权保护工具集，提供相关版权保护服务。表 4-1 列举了"数字版权保护技术研发工程"投入使用的版权保护工具类目。

方案选择：在数字版权保护工具中对时间戳、水印、加密等工具的授权采用服务器端验证、结合本机的主板号、MAC 地址完成授权与验证。文本、图片、视频等媒介信息的特征指纹提取，涉及大量浮点、矩阵运算，对性能要求较高。因频繁获取计算机硬件信息、调用外部硬件，注重运算性能等原因，在数字版权工具开发过程中主要选用 C 与 C++ 两种开发语言。相比于 Java、Go、Python 等编程语言，C++ 能直接进行内存管理，直接操作底层系统调用，具有一定的性能优势，且很多底层硬件驱动只支持 C 与 C++。比如 CUDA，最初 CUDA 只提供了 C 接口，后续才开始支持 C++、Python 等。为了高效使用外部硬件，有时候 C 和 C++ 是唯一的选择。

表 4-1　版权保护工具类目

分类		细目	备注
版权保护工具	登记注册	作品登记	任意格式；单文件 / 批量
		唯一标识符分配	任意格式；单文件 / 批量
		侵权投诉	任意格式
	时间戳	添加时间戳	任意格式；单文件 / 批量
		验证时间戳	任意格式；单文件 / 批量
	文件水印	文本水印嵌入	单文件 / 批量
		文本水印提取	单文件
		图像水印嵌入	单文件 / 批量
		图像水印提取	单文件
		音频水印嵌入	单文件 / 批量
		音频水印提取	单文件
		视频水印嵌入	单文件 / 批量
		视频水印提取	单文件
		视频课件水印嵌入	单文件 / 批量
		视频课件水印提取	单文件 / 批量
	文件特征值	文本文件特征值提取和储存	单文件 / 批量
		文本文件相似度比对	两个文件
		文本文件抄袭检测	单文件
		图像文件特征值提取和储存	单文件 / 批量
		图像文件相似度比对	两个文件
		图像文件抄袭检测	单文件
		音频文件特征值提取和储存	单文件 / 批量
		音频文件相似度比对	两个文件
		音频文件抄袭检测	单文件
		视频文件特征值提取和储存	单文件 / 批量
		视频文件相似度比对	两个文件
		视频文件抄袭检测	单文件
	加密与解密	文件加密	任意格式；单文件
		文件解密	任意格式；单文件
		视频文件添加透明水印	单文件
	媒体播放器	音频文件解密播放器	单文件
		视频文件解密播放器	单文件

（六）PHP语言

1.PHP语言发展历程及特点

PHP 语言的发展历程如图 4-11 所示，其主要特点为：(1) 面向对象的开发。在 PHP4、PHP5 中，面向对象方面都有了很大的改进，PHP 完全可以用来开发大型商业程序。(2) 跨平台性强。由于 PHP 是运行在服务器端的脚本，它可以运行在 UNIX、Linux、Windows、Mac OS 下。(3) 快捷性。PHP 程序开发快，运行快，技术本身学习快。因为 PHP 可以嵌入 HTML 语言，它相较于其他语言，编辑简单，实用性强，更适合初学者。(4) 图像处理。PHP 适用于创建动态图像，PHP 图像处理默认使用 GD2，且可以配置为使用 ImageMagick 进行图像处理。(5) 开放源代码。所有的 PHP 源代码事实上都可以得到。

2.语言缺点

PHP 语言的主要缺点体现在：(1) 学习门槛过低。PHP 语言学习门槛过低，导致从业者水平参差不齐，项目中存在着大量经验不足的开发者，某些开源代码甚至已经存在十余年。(2) 低效的运行速度。PHP 为解释型语言，其代码运行速度低于大部分竞争对手。(3) 糟糕的错误处理机制。PHP 的错误处理机制比较糟糕，特别是与其他编程语言相比较，这主要是由于 PHP 的开发历史过长且需要支持大量旧有功能。

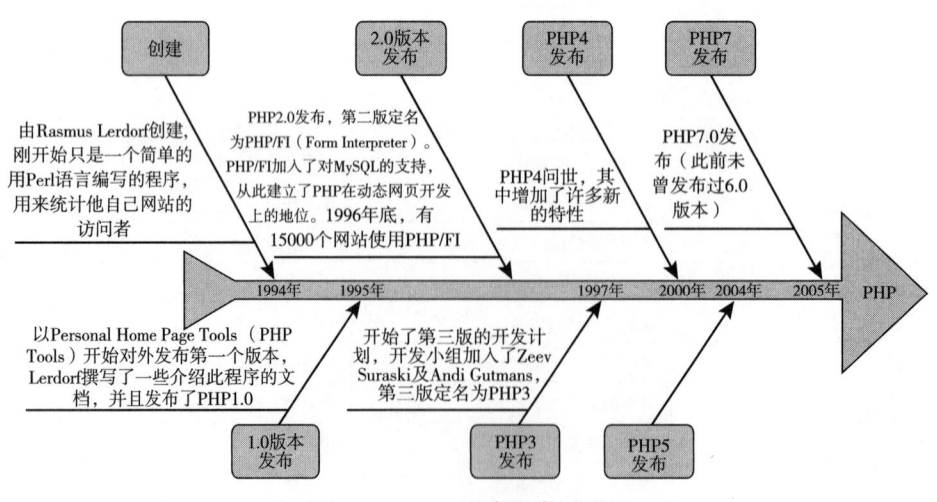

图 4-11 PHP 语言的发展历程

3.应用领域

PHP 主要应用于企业、政府、公司门户网站的内容管理系统开发，管理软件开发，定制型、功能型和工具型的网站建设等。

案例 4-4 将结合实际应用来展现 PHP 语言的特点。

案例 4-4　PHP 语言应用场景

场景：随着移动终端的普及，即时通信软件——微信成为宣传和推广的新窗口。传统出版行业需要与时俱进，通过新的移动端互联网渠道达到更好的宣传效果。

大部分出版社没有技术和精力去针对各个活动做宣传程序，所以国际知识资源服务中心设计出一款工具，方便出版社工作人员在开发技术基础薄弱甚至没有开发能力的前提下，快速地构建 H5 宣传程序。

方案选择：通过案例场景可以看出，营销互动要在最大程度上展现运营者的创意，并且该项目的最终结果将会在不同的终端上展现，这要求该项目最终生成的推广页面必须支持动态自适应。因此国家知识资源服务中心的营销互动平台采用 PHP 为主要开发语言，除此之外，Yahoo、淘宝、新浪等大型门户网站也均采用该语言作为主要开发语言。

（七）C#语言

1.C#语言发展历程及特点

C# 语言的发展历程如图 4-12 所示，其主要特点为:(1) 精心地面向对象设计。C# 的类型系统中，每种类型都可以看作是一个对象，C# 提供了一个叫作装箱（boxing）与拆箱（unboxing）的机制来完成这种操作。(2) 简洁的语法。在默认的情况下，C# 的代码在 .NET 框架提供的"可操纵"环境下运行，不允许对内存进行直接操作。它所带来的最大的特色是没有了指针。(3) 与 Web 的紧密结合。仅需要使用简单的 C# 语言结构，C# 组件就能够方便地为 Web 服务，并允许它们通过 Internet 被运行在任何操作系统上的任何语言所调用。(4) 完整的安全性与错误处理。C# 的先进设计思想可以消除软件开发中的许多常见错误,并提供了包括类型安全在内的完整的安全性能。为了减少开发中的错误,C# 会帮助开发者通过更少的代码完成相同的功能,这不但减轻了编程人员的工作量,同时更有效地避免了错误的发生。(5)灵活性和兼容性。在简化语法的同时,C# 并没有失去灵活性,正是由于其灵活性,C# 允许与"需要传递指针型参数"的 API 进行交互操作,DLL 的任何入口点都可以在程序中进行访问。C# 遵守 .NET 公用语言规范(Common Language Specification,CLS),从而保证了 C# 组件与其他语言组件间的互操作性。元数据(Metadata)概念的引入既保证了兼容性,又实现了类型安全。

2. 语言缺点

C# 语言的主要缺点为:(1)学习难度大。C# 并不是最适合新手们进行入门学习的编程语言,其学习曲线非常陡峭。(2)跨平台能力差。由于集成 .NET,因此 C# 不具备跨平台能力,仅支持在 Windows 平台下的运行与开发。

3. C#语言应用领域

C# 语言主要应用于桌面应用程序、Web 应用、RIA 应用程序、智能手机应用等。在 RIA 应用程序中,典型应用如 PPTV、江苏卫视、新浪财经、中国人寿等软件。

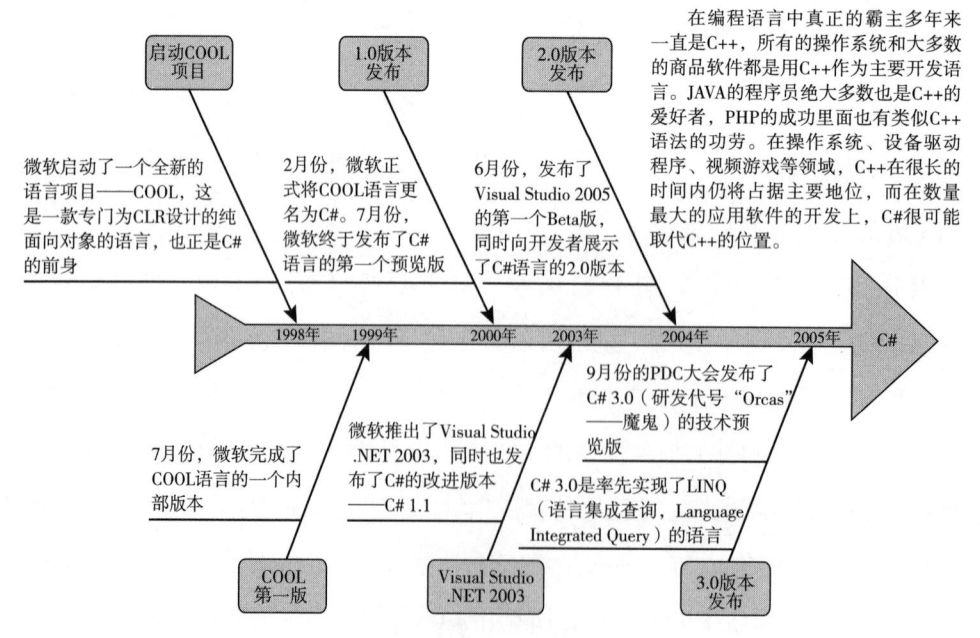

图 4-12 C# 语言的发展历程

（八）JavaScript语言

1. 发展历程及特点

JavaScript 语言的发展历程如图 4-13 所示，其主要特点为：（1）解释型执行的脚本语言。同其他脚本语言一样，JavaScript 也是一种解释型语言，提供了一个非常方便的开发过程。JavaScript 的语法基本结构形式与 C、C++、Java 十分类似，但在使用前，不像这些语言需要预先编译，而是在程序运行过程中被逐行地解释执行。（2）基于对象的脚本语言。JavaScript 可以被看作是一种面向对象的语言，这意味着 JavaScript 能运用其已经创建的对象。因此，许多功能可以来自脚本环境中对象的方法与脚本的相互作用。（3）简单的弱类型脚本语言。JavaScript 的简单性主要体现在，它是一种基于 Java 基本语句和控制流之上的简单而紧凑的设计语言，因此在使用者学习 Java 或其他 C 语系的编程语言之前，它是一种非常好的过渡，而对于具有 C 语系编程经验的开发者来说，JavaScript 上手也非常容易。同时，其变量采用弱类型的形式，并未使用严格的数据类型。（4）事件驱动脚本语言。JavaScript 对用户的响应，是以事件驱动的方式进行的。在网页（Web Page）中执行了某种操作所产生的动作，被称为"事件"（Event）。当事件发生后，可能会引起相应的事件响应，执行某些对应的脚本，这种机制被称为"事件驱动"。（5）跨平台性脚本语言。JavaScript 依赖于浏览器本身，与操作环境无关，只要计算机能运行支持 JavaScript 的浏览器，就可以正确执行。

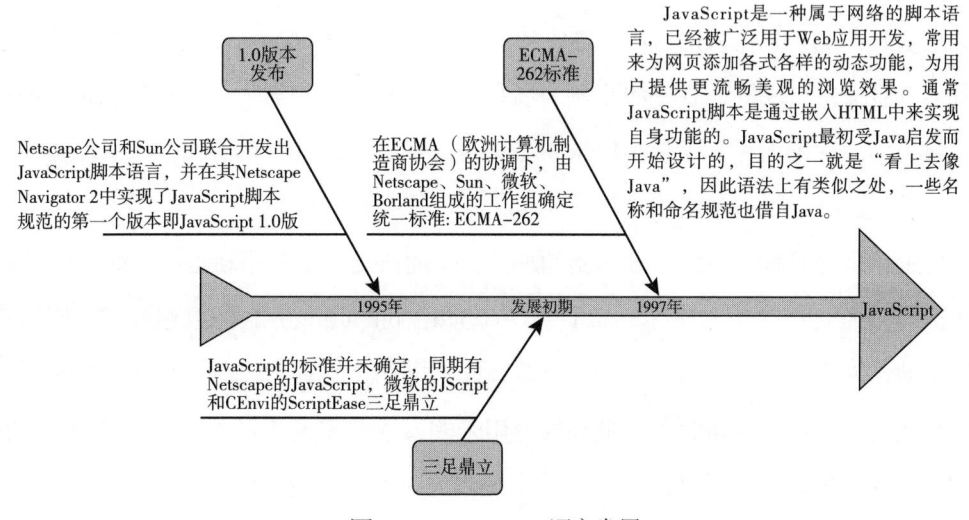

图 4-13 JavaScript 语言发展

2.缺点

JavaScript 语言的主要缺点体现在:(1) 安全性差。由于代码在用户计算机上执行，因此有时会被恶意活动所使用，正因为如此，部分用户会选择禁用 JavaScript。（2）最终用户依赖性。JavaScript 有时会在不同浏览器上以不同的方式进行解释。相较于总能提供同样输出结果的服务器端脚本，JavaScript 客户端脚本的可预测性相对较差。不过这一问题并不是非常严重，只要我们在主流浏览器上对脚本进行充分测试即可。

3.应用领域

JavaScript 主要应用于网站开发、移动开发、桌面开发、插件开发等。

二 存储结构与安全性

（一）计算机存储结构

当前计算机系统一般会采用层次结构存储数据（见图 4-14），计算机把各种不同存储容量、存取速度和价格的存储器按照层次结构组成多层存储器，并通过管理软件和辅助硬件有机组合成为一个整体，使所存放的程序和数据按照层次分布在各种存储器中。目前，在计算机系统中采用三级层次结构所构成的存储系统，主要由高速缓冲存储器、主存储器（即我们通常所说的内存）和辅助存储器（即我们通常所说的硬盘等存储设备）组成。

在 Java、PHP 等高级语言中，通常可以进行主存（DRAM）级别的控制，当然这两种语言也提供自动的内存回收机制。以我们常见的资源检索为例，我们通常会将倒排的索引列表读进内存，以便于检索引擎进行快速查找，并将内容文件存入服务器的本地磁盘，以降低服务器整体的存储成本。

但近年来随着我国网络基础设施的建设，企业信息化水平不断提高，商业中对 IT 资源的有效整合有了客观需求，云计算（Cloud Computing）服务应运而生。同时在民用领域，网络传输速率得到了质的飞跃，民用网络传输速率已经突破传统机械硬盘的读写速率，在云计算概念上延伸和发展出来的云存储逐渐走进了个人存储领域（如我们常见的百度云、腾讯微云、各大手机提供的付费云存储服务等），个人终端的存储也不受限于本地磁盘水平。得益于云计算在企业和个人领域的全面普及与发展，传统传媒领域资源的整合迎来了新的契机。下面将通过案例 4-5 展示传统传媒领域资源整合的一种方式。

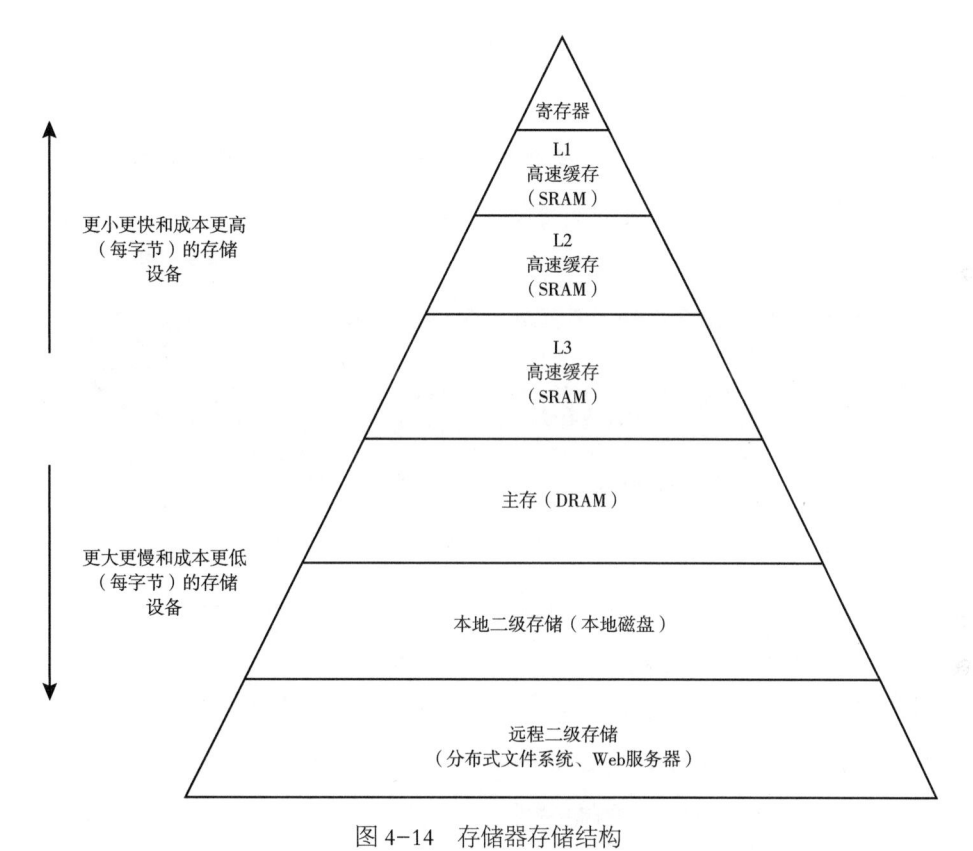

图 4-14 存储器存储结构

（金字塔结构，从顶到底）：
- 寄存器
- L1 高速缓存（SRAM）
- L2 高速缓存（SRAM）
- L3 高速缓存（SRAM）
- 主存（DRAM）
- 本地二级存储（本地磁盘）
- 远程二级存储（分布式文件系统、Web 服务器）

左侧标注：
- 更小更快和成本更高（每字节）的存储设备
- 更大更慢和成本更低（每字节）的存储设备

案例 4-5 PGC 资源检索服务的分布式整合策略

场景：2015 年以来，中国新闻出版研究院配合原国家新闻出版广电总局开展了三批知识资源服务模式试点单位征集工作，共征集知识资源服务模式试点单位 110 家。试点单位共提供 19 个分类下的 21 个专业知识库。如何提高这 21 个专业知识库的用户量是我们需要考虑的问题。

问题：传统传媒业的知识资源库保密性强，尤其体现在传统出版企业的精英出版模式上，其建设的资源库数据价值非常大，并与传统出版销售模式相互融合。因此如果国家知识资源服务中心通过资源中心化整合的方式来提升资源利用率，将会在一定程度上损害出版社的利益，触动传统出版社现有的经营模式。

方案选择：国家知识资源服务中心采用分布式资源库理念，通过集成的检索入口，实现一站式检索（见图4-15）。用户通过输入检索关键词即可检索相关专业内容，内容由各试点单位知识服务分平台提供，查看检索内容详情则会跳转至各知识服务分平台网站。这在方便用户查找专业知识的同时，也实现了为知识服务试点单位引流导流的作用。

图4-15 国家知识资源服务中心局部示意

（二）安全性需求

网络信息安全一般分为物理安全与逻辑安全。物理安全主要是指使计算设备、网络设施等有型的物品不受外界侵扰（如自然灾害、电力供应、散热需求等）。逻辑安全，通常指信息的完整性、保密性及可用性等。物理安全和逻辑安全都非常的重要，任何一方面没有得到有效保护，网络安全就会受到影响。但在系统编码建设层面，逻辑安全是我们在测试修改、质量验证中首要的关注点。

对外的公开系统正式上线前都需要进行信息安全等级定级[①]、系统备案（持定级报告和备案表到当地公安机关网监部门进行备案）、建设整改（参照信息系统当前等级要求和标准，对信息系统进行整改加固）、等级测评（委托具备测评资

---

① 《信息安全等级保护管理办法》第二章第七条将信息系统的安全保护等级分为以下五级：第一级，信息系统受到破坏后，会对公民、法人和其他组织的合法权益造成损害，但不损害国家安全、社会秩序和公共利益。第二级，信息系统受到破坏后，会对公民、法人和其他组织的合法权益产生严重损害，或者对社会秩序和公共利益造成损害，但不损害国家安全。第三级，信息系统受到破坏后，会对社会秩序和公共利益造成严重损害，或者对国家安全造成损害。第四级，信息系统受到破坏后，会对社会秩序和公共利益造成特别严重损害，或者对国家安全造成严重损害。第五级，信息系统受到破坏后，会对国家安全造成特别严重损害。

质的测评机构对信息系统进行等级测评，形成正式的测评报告）、监督检查（向当地公安机关网监部门提交测评报告，配合完成对信息安全等级保护实施情况的检查）。

除网络安全方面的安全性需求外，防止公开信息的爬取，也是传统传媒业格外需要注意的问题。传统传媒业的新媒体应用（如知识资源库、视频站、电子书等）以封装型的高价值内容为主，内容的价值密度大，开放获取或付费获取的内容为该产品的核心竞争力，如果因网络爬虫导致资源的非法扩散，将会对这些应用的运营产生极大的影响。因此，在编码设计环节中，就要考虑用户信息的获取权限与反爬虫问题。

三　性能要求与代码测试

软件测试通常伴随着软件开发的全流程，小到功能或者接口的测试，大到整个平台的测试。其目的是在规定的条件下对程序进行操作，以发现程序错误、衡量软件质量，并对软件是否能满足设计要求进行评估。

内部的软件测试环节通常分为黑盒测试与白盒测试。黑盒测试又叫功能测试、数据驱动测试或基于需求规格说明书的功能测试。这种测试注重测试软件的功能性需求。黑盒测试工程师把测试对象看作一个黑盒子，不需要考虑程序内部的逻辑结构和特性，只需要依据程序的需求规格说明书，检查程序的功能是否符合它的功能说明；而白盒测试又称结构测试、逻辑驱动测试或基于程序代码内部结构的测试，白盒测试工程师需要深入考察程序代码的内部结构、逻辑设计等，一般的测试工程师的能力能胜任这项工作。

而外部测试，大多体现在大家熟知的"内测"和"公测"，即通过向一小部分人群开放系统或某个功能，来测试系统的可用性。以新媒体平台抖音为例，在开放一个功能前，它一般通过向指定人群开放"新功能"来验证其可用性（如 2020 年 9 月 15 日前后相继对部分用户开放"视频限时可见功能"），并通过搜集用户反馈来深入优化功能逻辑、修复功能漏洞。

性能测试属于软件测试的一部分，主要通过自动化的测试工具模拟多种正常、峰值以及异常负载条件来对系统的各项性能指标进行测试。通过负载测试与压力测试，确认各种负载情况下的系统性能与系统最大服务级别。通过复核压力测试的结果，可以判定系统建设的性能指标是否合格，预估系统上线能力，确保系统在高压环境下的鲁棒性[①]。以微博为例，在往年的重大娱乐新闻发布时，庞大的用户数量经常导致微博"小时级"的瘫痪，这就属于低估了高峰时段的用户量，对系统负载性能指标定位不准确。近年来微博依托于云计算平台，大幅提升了高峰时期的系统负载能力，积极应对高峰流量。从该案例中我们可以看出，在制定系统的性能指标时，除了要考虑常态化的正常运行外，也需对系统流量高峰期有一定的预估并制定应急措施（如每年4~6月期刊论文知识库的查询量成倍增长）。

四 IT 应用与信息孤岛

从 20 世纪末开始，IT 技术就已经得到社会各领域的广泛重视，各种信息系统相继诞生。但不同于互联网公司，传统传媒领域企业的 IT 技术基础比较薄弱，其信息服务的建设多依赖于第三方技术公司。且由于专业领域的限制，它们在系统的建设与规划中缺少架构概念，各功能系统间、各部门业务系统间数据相互独立、接口相对封闭，公司系统的技术环境开发语言千差万别、版本管理相对混乱、二次开发难度大，这导致"信息孤岛"的产生。

为了解决信息孤岛问题，企业可根据自身的信息服务应用场景来规划解决方案：1. 加强公司各部门间的合作，统一部门间的业务需求，规划整体框架，可借助云服务或机房搭建实现数据一体化，建设高度整合的平台。2. 对于计划立足"知识服务"的传统传媒业，需建设自己的技术研发团队，实现技术自主能力。3. 对于科研机构、传统编辑社等不需要提供对外服务的企业，可选择 SaaS 平台供应商，来实现企业内部的信息化，既可节约成本，又可保障系统的高效运行。

五 第三方技术平台的应用

移动终端及互联网技术不断发展，凭借实时访问、方便接入及放大传播的特点，移动互联网成为媒体内容发布的主要出口。但完全依靠自建应用，传统传媒企业很

[①] 鲁棒性：亦称健壮性、稳健性、强健性，是系统的健壮性，它是在异常和危险情况下系统生存的关键，是指系统在一定（结构、大小）的参数摄动下，维持某些性能的特性。例如，计算机软件在输入错误、磁盘故障、网络过载或有意攻击情况下，能否不死机、不崩溃，就是该软件的鲁棒性。

难在竞争激烈的移动互联网领域打开市场。因此，基于第三方技术平台设计服务，成为传统传媒企业向新媒体转化的有效切入点。第三方技术平台极大地减少了企业在服务建设中的技术开发难度，同时也减少了运营过程中的用户获取难度。下文将通过国家知识服务平台微信公众号的案例，介绍微信公众号的建设方法。

（一）主要功能介绍

为实现国家知识服务平台与移动互联网对接、提升平台的整体用户体验、更好地对平台进行推广等目标，国家知识资源服务中心依托微信平台，进行了国家知识服务平台微信公众号的建设和推广。

国家知识服务平台微信公众号通过自定义菜单集成接入了国家知识资源服务中心门户网站首页、知识检索及版权保护功能，便于用户在移动端访问和使用平台，并应用微信公众号的文章推送功能发布知识服务相关文章与资讯。国家知识服务平台微信公众号依托微信公众平台，进行内容服务及信息运营工作，管理后台主要分为以下两个模块。

1. 功能模块

功能模块包括自动回复、自定义菜单、投票管理、页面模板等微信公众号基本功能，以及管理功能、统计功能与设置功能等后台运营功能。

管理功能：包括消息管理、用户管理、素材管理等公众号采集与发布的数据信息管理。

统计功能：包括用户分析、内容分析、菜单分析、消息分析、接口分析、网页分析等精准化的数据统计分析。

设置功能：包括公众号设置、人员设置、微信认证等微信公众号基本信息设置功能。

2. 开发模块

开发模块包括基本配置、开发者工具、运维中心、接口权限等便于对公众号管理后台进行二次开发的功能。

（二）功能详细描述

国家知识服务平台微信公众号的用户按照其类别及业务范围分为个人用户和

管理用户。以下将根据不同用户的业务流程详细介绍国家知识服务平台微信公众号的功能。

个人用户即国家知识服务平台微信公众号的最终使用者，通过关注公众号获取国家知识资源服务中心所提供的相关内容。个人用户扫码关注并进入公众号后，可以查看公众号推送的图文信息，也可以通过公众号底部菜单链接浏览国家知识资源服务中心门户网站、版权保护系统等功能模块。个人用户的业务流程如图4-16所示。

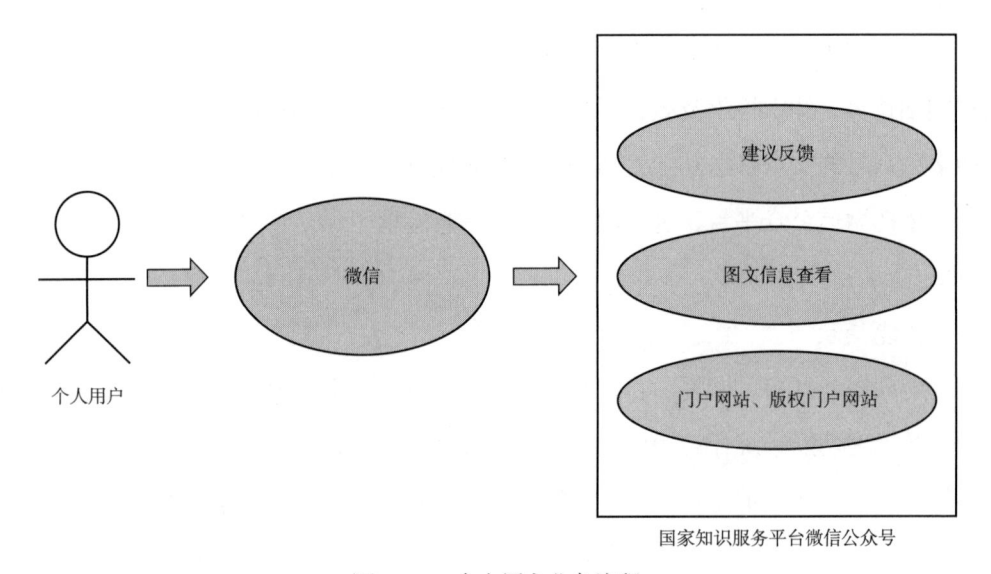

图4-16 个人用户业务流程

管理用户即微信公众平台系统的管理者，可以对用户、菜单、权限等公众号管理后台的功能进行管理与维护。管理用户登录后，进入微信公众号后台管理系统，根据该管理用户的角色，执行拥有相应权限的系统功能。目前已有的角色包括管理员和运营者。管理员拥有管理后台的全部权限；运营者无须管理员确认即可直接登录公众号后台和进行群发操作。运营者用户由管理员用户进行管理，包括添加和解除绑定。管理用户业务流程如图4-17所示。

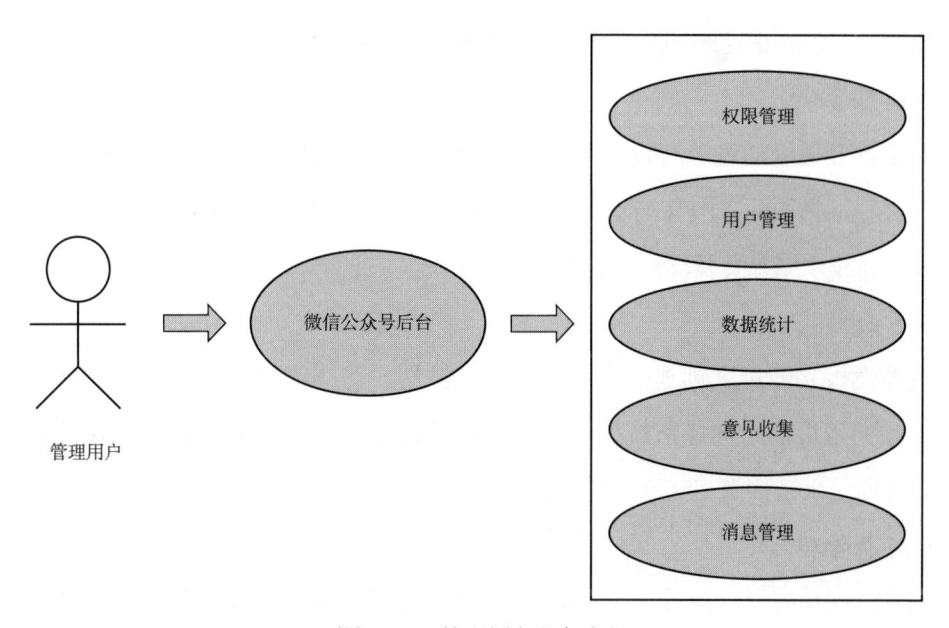

图 4-17　管理用户业务流程

（三）微信管理后台常用功能

微信公众号的后台管理作为"新媒体运营 – 微信渠道"的常用运营入口，其相关功能已经成为新媒体运营者的披荆利剑。下文将列举微信管理后台的常用功能，并鼓励有兴趣的读者创建自媒体公众号进行尝试。

1. 登录入口

管理员或运营者用户通过账号密码或微信扫描二维码登录。

2. 自动回复

自动回复功能包括关键词回复、收到消息回复、被关注回复。关键词回复即用户通过微信平台向公众号发送关键词时，系统读取并查找后台是否有该关键词的回复内容规则，如果有相关规则便将对应的回复内容发送至该用户；收到消息回复即用户发送的内容没有对应的关键词规则时，公众号自动回复用户；被关注回复即当新用户关注公众号时，公众号发送内容给用户。

3. 自定义菜单

自定义菜单可以设置公众号页面底部导航菜单的名称和内容。一级菜单最多3个，二级菜单最多5个，各级菜单均可设置名称和内容，内容包括发送图文、文本、图片、音视频消息，跳转指定的网页链接，以及跳转微信小程序。

4.投票管理

投票管理可以通过填写投票名称、截止时间、投票权限、问题等新建一个投票。投票设置后，必须插入图文消息中才可生效，用户查看该图文时即可看到投票问题并参与投票，投票结果在管理后台该模块中查看。

5.页面模板

页面模板功能可以创建一个在公众号内供用户访问的页面，如历史文章分类页面、视频列表页面。选择系统提供的模板后进行分类编辑和素材选择，完成页面创建，该页面可以链接至自定义菜单和关键词回复等。

6.消息管理

消息管理功能可以查看用户发送至公众号的消息，并可对消息逐一进行回复，回复内容将发送至对应用户。也可以对某条消息进行收藏，收藏的消息可在已收藏的消息中查看。

7.用户管理

用户管理可以查看全部已关注公众号的用户，并可对用户进行打标签、添加备注、加入黑名单等操作。通过新建标签并对个别用户打标签的操作可以实现用户分组，在群发消息时，可以选择指定标签下用户接收该消息。被加入黑名单的用户将不能再接收公众号群发的消息，也不能再向公众号发送消息。

8.素材管理

素材管理支持的素材形式包括图文消息、图片、音频和视频，可对素材进行新增、编辑、删除等操作，在素材编辑页面可以进行素材的保存、预览和群发操作。

9.用户数据管理

用户数据管理支持查看公众号用户的变化情况，根据具体模块可以分为用户增长情况和用户属性分析。用户增长情况可以查看昨日新增关注和取消关注的用户数量，以及累计关注用户数量，并提供用户关注情况趋势图和详细数据表格，可以直观地查看所选时间内用户关注的变化情况。用户属性分析可查看已关注用户的人口特征、地域归属和访问设备。人口特征包括年龄分布、性别分布、语言分布；地域归属包括省级分布和地级分布，可分别查看各省市关注的用户数量；访问设备可查看关注用户所用移动终端设备的操作系统分布情况。

10.内容分析

内容分析功能可以查看群发文章或视频被分享的情况。支持查看全部群发、单篇群发或视频的分析结果，分析维度包括昨日阅读量、昨日分享次数、昨日完成阅读次数，以及特定时间段内不同传播渠道下阅读、分享、收藏等数据趋势。

11.菜单分析

菜单分析功能提供微信公众号底部各级菜单点击量的分析。可查看特定时间段内各级子菜单使用频率，便于对菜单内容进行分析和调整，分析维度包括菜单点击次数、菜单点击人数、人均点击次数。

12.消息分析

消息分析包括消息分析和消息关键词。消息分析可查看特定时间段内发送消息人数、消息发送次数、人均发送次数变化折线趋势图以及详细数据；消息关键词将用户发送的消息进行拆解分析，可查看特定时间段内某关键词出现的具体频次，便于分析用户关注点和定义消息自动回复关键词规则。

13.公众号设置

公众号设置模块包括账号详情、功能设置、授权管理等功能。账号详情用于显示和修改账户基本公开信息和注册信息；功能设置包括隐私设置、图片水印、JS接口安全域名，用于设置公众号是否可以被用户搜索、图片是否自动添加水印等；授权管理用于对第三方平台的授权和取消授权。

14.人员设置

人员设置功能用于管理管理员和运营者账号的信息。管理员用户可以添加和删除运营者账号。

第三节　技术文档的表达

一　技术可行性分析

在很多领域中我们可以看见很多天马行空的设计，大胆夸张的猜想，这些设计与猜想会激发人们的创造能力。但是在编程技术领域，所有的功能与猜想都要转换成一条条带有逻辑的语句,并最终通过"0"和"1"的编码带动计算机执行。所以在系统的设计阶段,我们不免要通过分析把天马行空拉到地面,去选择执行那些确实可实现的设计。

技术可行性分析是根据用户提出的系统功能、性能及实现系统的各项约束条件,从技术角度研究实现系统的可能性。技术可行性分析往往是系统开发过程中难度最大的工作。技术可行性分析包括风险分析、资源分析和技术分析。

风险分析的任务是在给定的约束条件下,判断能否设计并实现系统所需的功能和性能。资源分析的任务是论证是否具备系统开发所需的各类人员(管理人员与技术人员),计算机软、硬件和工作环境等,实际上,它是技术资源、人才资源、设备资源的综合分析。技术分析的任务是判断当前信息技术是否支持系统开发的全过程。在技术可行性分析过程中,系统分析人员应采集系统性能、可靠性、可维护性和可生产性等方面的信息,分析实现系统功能和性能所需的各种设备、技术、方法和过程,分析项目开发在技术方面可能担负的风险,以及技术问题对开发成本的影响等。

二 技术文档的组成

在技术开发的过程中,技术文档可以保证需求设计准确无误、功能及性能有效应答、建设周期符合规划。技术文档组成见表4-2。

表4-2 技术文档组成

序号	文档名称
1	需求规格说明书*
2	系统设计说明书*
3	测试报告*
4	培训方案
5	试运行方案*
6	试运行总结*
7	项目工作总结

注:带*文档是一个完整技术服务开发项目所必须包含的文档。

(一)需求规格说明书

需求规格说明书主要由产品经理或项目建设方(甲方)设计撰写,需要描述业务规则,从开发与测试的角度描述产品功能,详尽构建满足业务规则的系统逻辑与系统需求。其主要内容包括系统概述与功能规格,系统概述中主要描述项目背景与主要应用场景及专业术语的定义;功能规格为需求规格说明书的核心部分,从功能要求、接口定义、性能规格、安全配置、存储容灾等多个方面指导与约束技术系统的建设。图 4-18 为国家知识服务平台的功能概览,从系统功能可以明确其业务逻辑及基本的系统需求。

(二)系统设计说明书

系统设计说明书主要由项目经理或项目承建方(乙方)设计撰写,除概述外,主要包含总体业务架构、系统架构、功能设计、数据结构设计、接口设计、数据安全保障等部分,是对需求规格说明书的具体应答,用于展示功能实现、性能保障的技术方法,指导技术开发工作。它是公司内部评估项目进度的重要依据,其对需求规格说明书应答的符合度,是招投标项目评标过程中的重要依据。

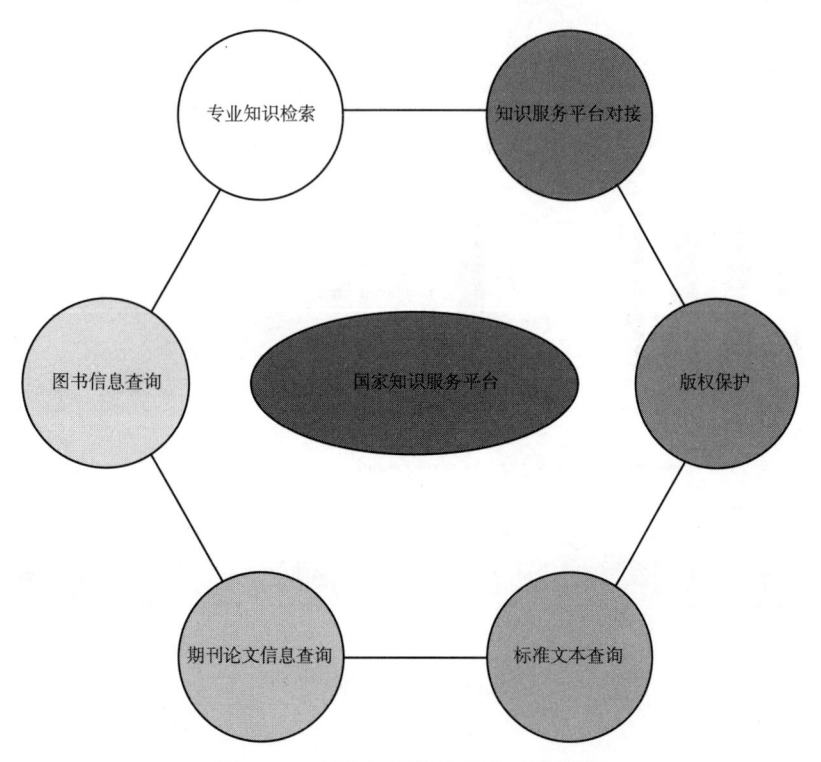

图 4-18 国家知识服务平台功能概览

（三）测试报告

测试报告是技术测试组出具的系统检测报告，应涵盖系统设计说明书中所有功能的测试，确保前端应用正常，后端逻辑无误。图 4-19 展示了一种系统测试的可视化页面。测试人员根据需求规格说明书与系统设计说明书界定的性能指标进行性能测试，在公司内部，测试报告是伴随整个开发进程的。在委托建设中，测试报告多由第三方测试机构出具，以验证甲方要求的系统功能及业务逻辑的完整性，是判断项目是否可以结项验收的重要依据。

（四）培训方案

培训方案是在系统建设完成后，由乙方技术人员对甲方人员进行培训所使用的方案，通过培训使甲方人员可以独立运营与维护系统。

（五）试运行方案

试运行方案主要包含硬件系统环境、软件信息、拓扑图、应急响应机制等，主要测试系统的实际运行能力，记录相关问题并进行修复。

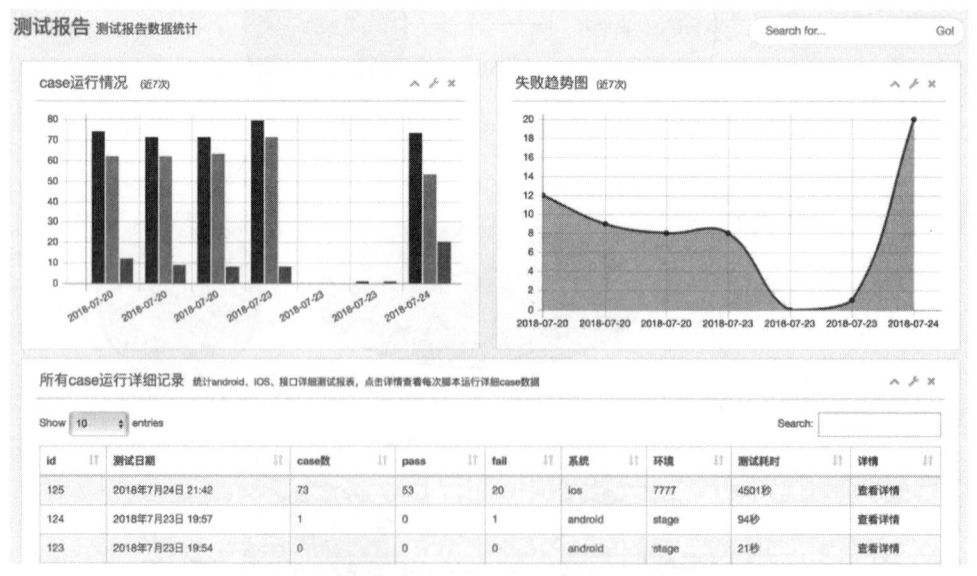

图 4-19　系统测试[①]

---

① 引自 GitHub 开源项目中的测试演示实例。

（六）试运行总结

对试运行的总结与记录，主要包含系统安装部署步骤、测试性能、设备稳定性等内容。

（七）项目工作总结

项目工作总结文档负责记录项目需求变更等项目建设过程中的书面内容，简要描述系统功能与业务逻辑，描述系统性能等指标，并对项目最终交付物做明确说明。

三　表达功能规格

表达功能规格即需求规格说明书，其主要作用有：便于用户和开发人员进行理解和交流；反映用户需求的结构，可以作为软件开发工作的基础和依据；也可以作为确认测试和验收的依据。功能规格的表达是"设计"的基础，因此下文将针对需求规格说明书的撰写进行详细剖析。

（一）项目背景介绍

项目背景介绍主要交代项目的建设背景、应用场景等信息，简要概括系统功能。案例 4-6 展示了国家知识服务系统项目背景撰写样例。

案例 4-6　项目背景样例

> 为贯彻落实国家"十一五""十二五"时期文化改革发展规划纲要提出的"国家知识资源数据库工程"建设任务，落实国务院《促进大数据发展行动纲要》，推进国家知识服务平台与国家知识资源服务中心建设，中国新闻出版研究院工程研发中心将在国家知识资源服务中心门户网站建设的基础之上构建知识资源服务中心大数据系统。数据源才是一切有效分析的基础，因此该系统体系建设的关键在于整合数据源，并在此基础上打造一个稳定、高效、安全、开放、实时可查询的数据分析系统。有了数据分析系统的数据计算处理能力，再对真实的知识服务行业进行实时的数据洞察和分析指导，依据国家知识资源服务中心场景，打造多维度、精细化的大数据系统。

（二）文档目的

主要描述该文档的撰写目的，便于后期对文档进行检索与查询。案例 4-7 为国家知识服务系统项目文档目的撰写样例。

案例 4-7　文档目的样例

本文档将阐述"新闻出版大数据应用工程—国家知识服务平台项目—大数据系统"项目中用户行为分析相关数据需求规格。便于所有项目参与者对用户行为数据需求实现程度的理解达成共识。

（三）术语定义

术语定义是对领域专有名词、多义词、特有名称等进行定义与消歧，案例 4-8 为国家知识服务系统项目术语定义的撰写样例。

案例 4-8　术语定义样例

1. 维度

维度描述的是一个事物身上所具备的特征或属性。比如一个人属于什么性别，生活在哪个城市，喜欢什么颜色，这些都是这个人身上所具备的属性特征。在网站分析领域，维度往往用来描述和分析指标，比如单一的访问数据指标并不能告诉你太多信息，一旦加上来源这个维度，就马上变得有意义了。

2. 指标

指标，即具体的数值。比如访客、页面浏览量、停留时长都属于常见的指标。

指标一般可分为计数指标和复合指标。计数指标如访客、访问、页面浏览量、停留时长等；复合指标如跳出率、访问深度、转化率等。指标一般伴随维度来分析才有更大的意义。

3. 访客

访客，英文为 Visitor，通俗解释为访问网站或 App 的人。前面加上 Unique 后，即我们平常说的 UV（唯一身份访客）。

对于数据统计工具而言，一般用匿名 ID 来标记访问者，网页端产品是 Cookie（网站服务器投放在用户浏览器上的一小段文本），App 端产品是设备 ID。

4. 跳出率

跳出率（Bounce Rate），一个衡量落地页质量好坏的重要指标。跳出的概念是指用户在一次访问中仅做了一次互动便选择离开，单一页面和全站均有跳出率的概念。

页面跳出率的计算为该页面作为落地页跳出的访问次数占该页面作为落地页访问次数的百分比。全站跳出率则为全站跳出的访问次数除以总的访问次数。

5. 停留时长

对应于用户 Session，便有了停留时长指标，主要用来衡量用户与网站、App 交互的深度。交互越深，相应停留的时长也越长。

一般有页面停留时长、会话时长以及平均停留时长等概念，其计算的核心原理在于记录下用户行为发生时的时间戳，后期再使用相应公式来计算。

6. 触发用户数

事件分析功能常用指标，指在选定的时间范围内，触发某一事件的独立用户数。比如选择注册成功事件，按独立用户数查看时，计算出来的值即为选择时间范围内的注册成功人数。

（四）功能规格

1.功能需求

图 4-20 为前台用户使用入口，通过该入口访问网站的用户的某些使用行为需要被系统采集，用于进行个性化推荐等服务。在此需求的基础上，对后台大数据系统进行详细的功能需求设计。案例 4-9 展示国家知识服务系统项目功能规格的部分撰写样例。

图 4-20　CKRSC 知识索引

案例 4-9　功能规格样例[①]

1. 数据采集需求

数据采集是构建数据系统的核心要素，数据采集应丰富、完整，采集的数据应准确且能够关联，以确保用户行为采集分析项目的应用效果。根据国家知识资源服务中心涉及的相关业务系统，数据采集要求如下：第一，需实时采集线上用户行为数据和定期批量导入业务系统中的相关信息（线上数据源包含网站等前后端常规的数据来源，需提供 JavaScript SDK、Java SDK 等多种 SDK）。第二，支持历史数据、业务数据、日志数据的实时更新及批量导入。第三，所采集数据的存放方式能支持今后进行多维度的统计分析。

2. 数据分析需求

根据国家知识资源平台项目相关网站的形态及业务需求，可从用户规模、用户黏性、内容分析、核心功能等分类下的诸多指标，如活跃用户数、核心功能使用留存率、检索转化率等进行数据分析。这些指标从类型上可以分为访问量、访问度、指标取值分布、留存和转化五类。以下主要对指标取值分布和留存两类指标进行说明。

（1）指标取值分布

用户进行某一行为的次数、天数、某一属性取值数等均存在差异，想了解用户行为发生时指标取值分布在哪些范围，就需要通过分布分析功能进行探索。现有指标体系中涉及分布分析的指标有检索次数分布、一周内检索天

[①] 注：本样例仅截取一个完整功能规格的部分内容进行展示。

数分布等。

任意事件的指标取值都可用分布分析功能进行分析，因此，该模型涉及事件广泛。

除实现指标取值的总体分布外，还需满足：①自定义分布区间；②支持任意事件的任意指标的分布查看；③支持事件属性、用户属性的分组和筛选；④支持目标用户的分群和用户列表查看；⑤支持数据导出。

（2）留存

留存刻画的是在时间维度上，用户发生事件 A 后，N 日内发生事件 B 的留存人数和留存比例，用于衡量用户对平台的依赖程度，如核心功能 7 日留存、信息检索 14 日留存、信息详情浏览次月留存等指标。除了关注留存，还需要知道用户的流失情况，即用户发生事件 A 后，直到 N 日都没发生事件 B 的人数和比例，如核心功能 7 日流失、信息检索 14 日流失、信息详情浏览次月流失等指标。

留存的配置很灵活，需要自主选择要分析的前后事件，并能涵盖所有事件。在留存指标分析中，需要满足的条件有：①可以从时间维度对留存情况进行下钻，例如周、日、月留存等；②可以根据事件属性筛选前后事件；③可以按事件属性分组展示留存情况；④支持数据导出。

2.开放接口

国家知识服务平台的开发背景导致该平台由众多不同的公司共同开发完成，要在不同系统之间实现数据交互，就少不了开放接口。严格的定义系统的开放接口将有助于项目整体的开发和功能复用。案例 4-10 展示国家知识服务系统项目开放接口的撰写样例。

案例 4-10　开放接口样例

1. 数据导入

数据导入需求：①实时地从日志文件导入数据；②导入 CSV、MySQL 数据库等结构化数据，也可以一次性导入日志文件；③海量数据导入。

2. 数据导出

数据导出需求：①针对相关业务系统的采集数据，提供对应的接口服务，用户通过访问这些API即可获取其所需要的分析报告或者完成需要的操作；②订阅实时数据来满足更多使用场景；③直接使用JDBC或者impala-shell进行数据查询，提供更加高效、稳定的SQL查询方式。

3. 性能需求

性能需求规定了系统整体的执行效率，系统性能是决定生产环境中程序是否可用的关键要素。性能需求同样是进行性能测试的重要依据。案例4-11展示国家知识服务系统项目性能需求样例。

案例4-11　性能需求样例

1. 最大同时查询数据量：集群内存储全量数据。
2. 数据查询速度：秒级。
3. 查询能力：实时查询。

4. 存储需求

存储需求规定系统运行过程中最大的存储空间使用量，一方面可以约束开发者合理规划日志存储、数据容灾备份（见图4-21）的数据寄存周期，另一方面可以帮助运营方节约硬件成本。案例4-12展示国家知识服务系统项目存储需求撰写样例。

案例4-12　存储需求样例

用户数据小时级、导入资源数据日级容灾备份，预留备份空间为原始数据量的1.8倍。

5. 开发语言

对于一般的项目而言，由于JAVA语言市场环境与技术环境较为稳定，所以后台开发选择JAVA可以相对减少维护成本，减少二次开发难度。

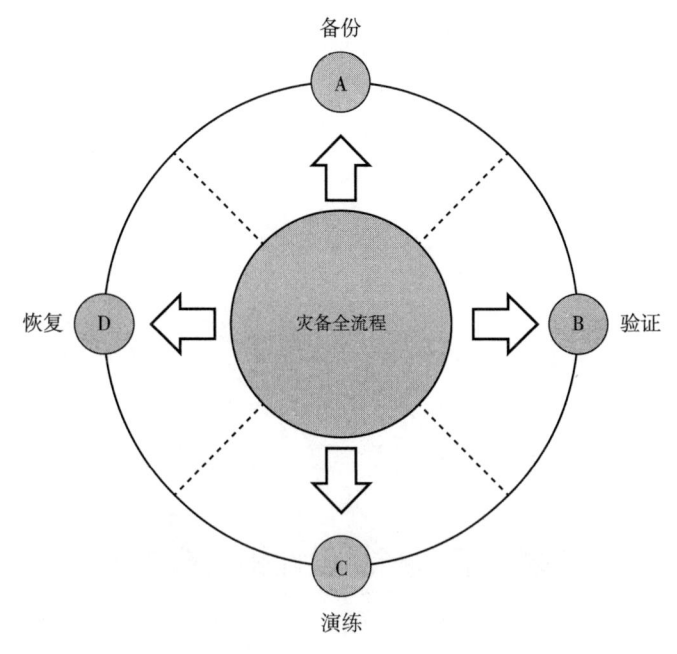

图 4-21　数据灾备

第五章
新媒体平台的产品设计

第一节　产品设计相关概念

随着互联网的普及与渗透，人们对产品的概念并不陌生，越来越多的人接触产品，使用产品。产品这一概念由来已久，在本书中，主要探讨的是互联网语境下的"产品"概念。

一　产品与产品设计

（一）什么是产品

产品，在《现代汉语词典》中的解释是"生产出来的物品"，而在市场营销学中，则被定义为"作为商品提供给市场，被人们使用和消费，并能满足人们某种需求的任何东西，包括有形的物品、无形的服务、组织、观念或它们的组合"。

从基础定义和市场营销角度的定义来看，有一点是共通的，就是产品是被生产出来的，而不是天然获得的，凝结了人的劳动。但是市场营销学中的定义指出了三个重点：①产品提供给市场，即用于交换。产品在交换和使用中实现价值，市场是验证产品的试金石。②产品满足人们的某种需要。产品是为了解决问题、满足需求而诞生的。这个也直接影响着围绕产品的所有逻辑，它们都以"供给－需求"逻辑为底层逻辑。③产品的形态是多元的，可能是有形的，也可能是无形的。这就突破了物品的介质属性限制，给产品带来更多形态和空间上的想象。

在互联网和数字内容语境下，产品的定义又进一步泛化和发展，产品的外延更多向"服务"延伸，并被理解为"产出物"和"服务"的统称。

关于数字产品，业内也有很多不同的定义。袁红、陈伟哲认为，数字产品又称数字化产品，可以分为有形数字产品和无形数字产品。[①] 有形数字产品是指基于数字化技术的电子产品，如 MP3 播放器、数码相机、数字化电视机、数码摄像机等。无形数字产品指的是能够被数字化，并能够通过如因特网这样的数字化网络传输的产品，比如网络游戏、计算机软件、数字音乐等。

在产品的基础定义上，数字产品的定义进一步细化了承载介质、技术基础维度，也对无形产品进行了内涵和外延的扩展。

互联网人对产品的定义，则更偏向于业务的实践和对行业及用户的思考与判断。作为中国最有影响力的产品经理之一，俞军在《俞军产品方法论》中写道："企业以产品为媒介，与用户进行价值交换。"另一位互联网界的领军人物周鸿祎在《极致产品》中也认为，一款极致的产品一定符合刚需，能抓住用户痛点，并拥有较高频次的使用场景。一切以用户价值为依归，是互联网产品的起点也是终点。

综上所述，本书认为，所谓产品，就是指满足用户需求，可以被使用和消费的任何东西，包括有形的物品和无形的服务。我们的身边充满了各种各样的产品，既包含电脑、手机等实体产品，也包括微信、QQ、抖音等服务型非实体产品。

产品的概念有三个核心点。第一，产品必须满足用户需求，产品需要以用户需求为出发点，以用户价值为依归。如果一个产品不能满足用户的需求，则不能称之为产品。第二，产品必须拥有价值，无论是使用价值、交换价值、社交价值或者审美价值，产品的价值是由用户来衡量的。第三，产品形态是多样化的，既可以是有形的，也可以是无形的。

（二）什么是产品设计

在不同领域，产品设计有不同的定义。在《市场经济学大辞典》中，产品设计被定义为从明确设计任务开始到确定产品具体结构、型材、材料，再到完成全部工作图

---

① 袁红，陈伟哲. 数字产品成本结构的特殊性及其应用 [J]. 情报杂志，2007（10）：123-125.

设计为止的一系列技术工作的总称。产品设计是从技术上、经济上将社会需求和用户需求转化为技术要求和数据,然后再将其进一步转化为产品设计图纸、技术文件的一系列活动,在产品开发中占有重要地位。产品设计过程一般包括初步设计(编制技术任务书)、技术设计和工作图设计三个阶段。特别复杂和重要的产品则可分为编制技术任务书(技术建议书)、初步设计、技术设计和工作图设计四个阶段。产品设计各阶段之间,前一阶段为后一阶段提供必要的条件和依据,后一阶段是前一阶段的发展和验证。

在工业领域,产品设计是指在现有工业技术水平条件下,把设计对象的功能、使用时的舒适和外观的审美有机结合起来。产品设计包含产品前期概念性的创想,产品功能的设定,产品概念的具体化,产品模型的制作,产品的性能评估五个环节,它是一个系统的过程。而在服装设计领域,产品设计是指设计师通过其获取的服装数据,包括人体数据、喜好和流行趋势,设计出定制服装。①

再说产品设计。可以说,在我们日常生活中产品设计无处不在。关于产品设计,可以这样定义:它是将某种目的或需要转换为一种真实物品或虚拟物品的过程。也可以认为它是把设想或规划,包括解决问题的方法,通过具体的载体表达出来的一种创造性活动。它通过多种元素和步骤的组合,把实物产品或虚拟产品展现出来,以满足用户需求。具体来讲,它是从制订产品设计任务书起,到设计出产品样品为止的一系列技术工作。产品设计既是艺术设计,也是技术设计,更是商业设计。从某种意义上说,商业设计是核心。因此,产品设计强调用户需求和用户体验。

二 用户与用户分层

(一)什么是用户

用户是新媒体和互联网产品的基础定义,在一般的朴素认知中,用户可以被定义为使用者。在软件工程领域,用户是一个抽象集合概念,是与开发者相对的对象。根据本书前面的描述,产品是满足用户需求的商品。因此,在谈到产品时,一定离不开

---

① 袁航. C2M 商业模式在传统企业的应用研究 [J]. 商场现代化, 2017 (014):45-46.

用户。那么到底什么是用户？这里需要再对用户进行定义。

在互联网的商业理论中，用户一般指某一类产品的使用者。这里的使用者不是指某一个人，而通常指某一类产品的共同使用者，它是一个群体的概念，是某一类使用者的集合。互联网产品专家俞军先生认为"用户不是一个人，而是需求的集合"。如果从产品使用和产品设计角度谈用户的话，还会具体涉及几个概念：目标用户、核心用户、用户分类、用户思维、用户体验等。

（二）什么是用户分层

分层是一种研究方法，是以某类特征为维度进行聚类和分群的方法。用户分层，又叫用户分群，是一种对具有某种共同属性或特征的用户进行群组划分的方法。通过用户数据，根据不同的分层定义将用户划分成不同的层级，以研究不同分群用户的特征，其本质是为了挖掘个性的潜在需求。年龄、性别、地域、教育水平等都是常见的用户自然属性的分层方式。此外，还有针对不同产品、不同目标、不同应用的用户分层维度和方法。

在内容产品中，以兴趣维度进行用户分层是常见的做法，比如喜欢体育的用户、喜欢财经内容的用户等，这是通过用户的内容消费领域进行用户的特征划分。在社交类产品中，用户的活跃联系人、停留时长和活跃情况也是很重要的维度。电商产品中，则以总成交额（Gross Merchandise Volume，GMV）作为核心的分层方式。

同时，在同一产品的不同生命周期和阶段，用户的分层方式也有不同。以打车软件为例，在产品发展初期，B端用户（司机侧）分层核心依据是注册城市、使用时间等维度。到产品发展成熟期，则主要以司机在线时长、活跃天数、安全驾驶情况等维度进行分层。

三　企业产品与用户产品

新媒体平台中提及的产品服务，一般可分为用户产品与企业产品。用户产品又被称为to C（to Customers）类产品，指使用者或消费者是普通个人而非机构的产品。用户产品相较于面向企业的to B（to Business）类产品具有以下特点（见表5-1）。

表 5-1　用户产品与企业产品的比较

	具体英译	目标客户群体	使用场景	商业模式	代表产品
用户产品	to Custormers	个人用户、消费者等	个人生活学习、休息娱乐等	前向收费	王者荣耀、QQ 等
企业产品	to Busiiness	企业、机构、商户等	企业、机构的生产工作等	后向收费	Google、百度等

从目标客户、用户群体上看，to C 类的产品所服务的目标用户，是一个个独立的个人或消费者。这些产品是从用户需求的角度出发进行产品设计和规划，其目标是满足用户的需求，对用户产生价值。与之相反，to B 类的产品所服务的目标客户群体是企业、机构以及商户等，其本质是组织而非个人。因此，to B 类产品的首要目标是满足企业机构的需求，对组织产生价值。这两类产品在面向的用户群体上，有本质的不同。

从使用场景上来说，to C 类的产品渗入个人生活的方方面面，特别是在生活学习、休息娱乐等场景，使用的频率更高、使用时间相对更长，使用也更加灵活。to B 类的产品由于受限于服务的对象和产品性质，其主要使用的场景集中在企业机构的生产经营活动中，其使用的时间、地点、人群相对来说更加固定，角色化特征更为明显。

从产品的商业模式上来说，两类产品也有着很大的区别。受服务用户群、产品形态和使用场景的影响，to C 类的产品变现基本依赖前向收费，即向用户收费。比如以腾讯为代表的服务提供商，通过给用户提供信息服务及游戏等增值服务，从用户侧收取费用。同时一些 to C 类产品兼具广告模式，即用户免费获取服务，由广告主买单。to B 类的产品比较主流的是后向收费模式，即向合作方收费，以 Google 和百度为代表。这也是在新媒体环境下经过验证、发展成熟、应用广泛的一种商业模式。此外，近年来，随着 to B 业务市场的不断发展，逐渐出现了 SaaS、垂直电商、综合服务平台等不同的产品类型，而由此伴生的平台服务商业模式也逐步发展成熟。

由于两类产品在诸多维度上的明显差异，因此在产品需求分析阶段，所需要的分析方法、考量维度、执行策略都有不同之处。

四 产品定位

(一) 什么是产品定位

在市场竞争环境中,任何一个产品都不可能做到对所有的市场和所有的用户都适用。随着社会分工进一步细化,以及市场竞争的日益激烈,市场能够提供给用户足够多的产品和选择。当用户面对市场上众多选择的时候,一个产品如何能够占据用户心智?如何能够让用户想到它,给用户一个选择它的理由?这都是产品定位需要解决的问题。

在被称为"有史以来对美国营销影响最大的观念"的《定位》一书中,是这样定义定位的:"确切地说,公司必须在潜在客户的心智中建立一个'位置',它不仅反映出公司自身的强势和弱势,也反映出竞争对手的强势和弱势。"《定位》这本书一经问世,就在市场营销界、广告界、传播界引起广泛关注,历经20多年多个版本,多种语言的翻译,依然畅销不衰,成为影响传播、广告领域的经典之作。究其原因,在市场竞争环境下,定位一直是一个非常重要的问题。[1]

(二) 产品定位的价值

定位可以是一个卖点,一个概念,一种生活方式。在传统行业中,产品定位随处可见。美国宝洁公司是世界500强公司,拥有众多的品牌线和产品,这是该公司一直在全球着力打造的多品牌战略。为了能够让消费者记住这些品牌和产品,宝洁公司花了大量的精力在产品定位上。比如,我们熟悉的"飘柔"的定位就是柔顺,"海飞丝"的定位就是去屑功能。同样是洗发水这个品类,但不同的定位给了每个产品鲜明的个性,也进而成为消费者的记忆点,并形成品牌印象,最终变成产品的卖点。

在互联网语境下,产品更加遵循爆款逻辑。大家或许还有印象,2015年市面上的外卖平台如雨后春笋般地出现,包括美团外卖、饿了么、百度外卖、大众点评等,"补贴大战"触发各家纷纷参与到这场外卖狂欢之中,这背后是资本对O2O这种商业模式的信心。数以亿计的用户在这场狂欢中获得补贴和实惠,众多App和平台则收割

---

[1] 里斯,特劳特. 定位 [M]. 北京:机械工业出版社,2017:112-113.

一波又一波的用户。但它们面临的首要问题就是，如何把自己与市场中同类竞争者进行区分。没有定位，就没有特点，就无法在用户心中形成稳定的形象和观念，进而也无法培养用户的忠诚度。

第二节 产品设计与用户需求基础

一 用户与用户需求

（一）用户需求与用户需求分析

用户需求指用户的具体需要，它涉及满足用户需求和创造用户需求两部分内容，后者对互联网企业尤其重要。用户需求分析指在产品设计前和设计、开发过程中对用户需求所做的调查与分析，是产品设计的依据。对于比较复杂的产品设计，通常需要撰写用户需求规格说明书进行细化说明，甚至绘制图形和建模以帮助产品开发人员更好地理解用户需求。

（二）用户分类

分类是认识世界、研究问题的基本方式之一。世界上万事万物都有分类，用户也有分类。对产品设计而言，首先要考虑的就是产品的目标用户是哪些，其中核心用户又是哪些，这是对产品进行精细化设计和运营的必备前提。在实际的用户分类过程中，存在着多个角度或维度的分类，从不同角度或维度出发，可分为不同的用户类别。

针对互联网用户，按角色分类较为普遍。按角色分类就是把不同角色的用户对象作为第一维度进行分类。此外，也可以按用户对产品的熟悉程度分类，按用户群体特征分类，按业务场景分类，按运营对象分类等。

（三）用户思维

用户思维是今天做互联网企业，特别是做互联网平台经营和产品设计时重要的角度和出发点。那么什么是用户思维呢？用户思维的本质就是以用户为中心，一切从用户出发。这与传统经营遵循的产品思维方式完全不同。

对拥有产品思维的人来说，如果一个产品上线，要考虑和研究的是如何围绕该产品拓展销售渠道，通过销售反馈，考虑是否需要增加产品种类、扩大产品生产线等。但对拥有用户思维的人来说，则需要分析线上购买产品的人群属性，包括年龄构成、所属职业、所在地区、购买力水平、对价格的敏感程度等。

（四）用户体验

用户体验（User Experience，UE 或 UX）是用户在使用产品过程中建立起来的一种纯主观的感受。对于一个界定明确的用户群体来讲，其用户体验的共性能够经由良好设计实验来认识。计算机技术和互联网的发展使技术创新形态发生转变，以用户为中心、以人为本越来越得到重视。

用户体验这个词在 20 世纪 90 年代中期被广泛认知，由用户体验设计师唐纳德·诺曼（Donald Norman）提出并推广。如今，随着互联网应用的快速发展，用户体验已使得人机交互技术渗透到人类活动几乎所有领域。这导致系统的评价指标突破了单纯的可用性范围，延伸到用户的主观感受、动机和价值观等领域。

ISO 9241-210 标准将用户体验定义为"人们对于针对使用或期望使用的产品、系统或者服务的认知印象和回应"，通俗来讲就是"这个东西好不好用，用起来方不方便"。因此，用户体验是主观的，且注重实际应用时产生的效果。ISO 定义的补充说明有着如下解释："用户体验，即用户在使用一个产品或系统之前、使用期间和使用之后的全部感受，包括情感、信仰、喜好、认知印象、生理和心理反应、行为和成就等各个方面。"

综上，用户体验包括感官体验、交互体验、情感体验、情境体验、瞬间体验、长期体验、独立体验、全局体验及目标信息的醒目、亲近等。

二 基于用户需求与用户体验的产品设计原则

基于用户需求与用户体验的产品设计原则主要包括八个方面。

第一，易用性、可理解性原则。界面的简洁是要让用户便于使用、了解产品，并能减少用户做出错误选择的可能性。同时，界面中的元素对应关系和功能是可以直接理解的，用户不需要费劲琢磨才知道怎么使用。

第二，基于用户语言的原则。界面中要使用能反映用户本身的语言，而不是产品设计者的语言。这里的语言是广义的语言，指设计语言，而不仅仅是文字性语言。

第三，记忆负担最小化原则。人脑不是电脑，在设计界面时必须要考虑人类大脑处理信息的限度。人类的短期记忆有限且极不稳定，24小时内存在约25%的遗忘率。所以对用户来说，浏览信息要比记忆更容易。

第四，一致性、统一性原则。界面结构的设计必须整体统一，风格设计必须与产品内容协调一致。设计目标一致是指软件中存在的多个组成部分（组件、元素）之间的交互设计目标需要一致。

第五，清晰性、可触达原则。视觉效果上必须清晰明了，便于用户直接理解和使用，用户的操作可直接触达，且交互元素必须可以被用户控制。

第六，用户习惯性原则。由于用户总是按照自己习惯的方法理解和使用界面操作程序，因此在产品设计时，要尽可能使用户通过已掌握的知识来规划界面元素的操作流程，避免界面语言生疏，更不应超出用户认知。

第七，排列的逻辑性原则。在一个有序的界面上，要素间的排列要体现出逻辑性，过于混乱的排列不利于用户操作，且容易造成用户使用困难。

第八，灵活性、便捷性原则。简单来说就是要让用户方便地使用，即互动多重性，不局限于单一的工具（包括鼠标、键盘或手柄、界面）。便捷性是目的，灵活性是方式。

三　定义用户需求

我们所接受的"新媒体服务"绝大部分都属于厂商所提供的to C类产品，该类产品在设计之初首先就要明确用户的核心需求。核心需求是指现阶段的目标用户从产品中获得的核心使用价值，用户对产品的使用路径和关键过程最终指向的那个需求，一般来说就是用户的核心需求。在满足核心需求的基础上进一步产生的需求，是衍生需求（见图5-1）。

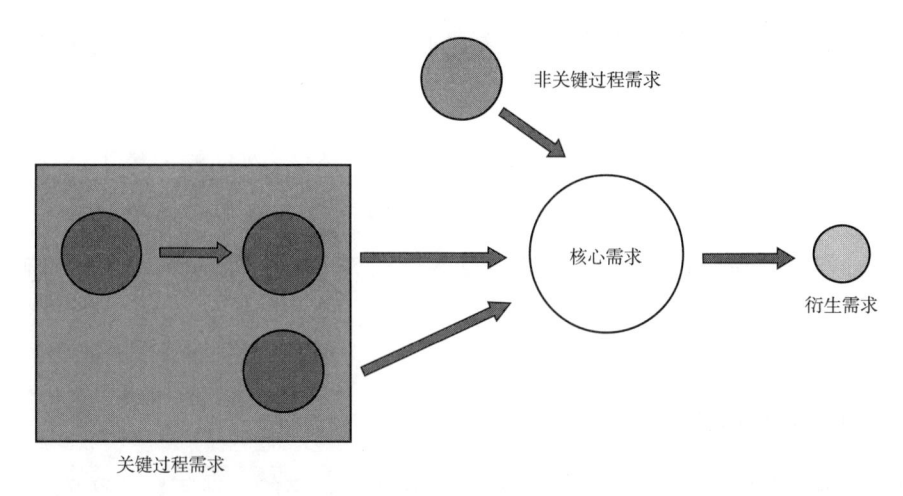

图 5-1 核心需求与衍生需求的关系

在用户的诸多需求中,有核心需求,也有衍生需求。如何有效区分出不同的需求类别,确认需求的优先级,这对产品的构建是非常重要的,在区分清楚需求层次之后,才能有针对性地满足用户需求。

那么如何发现核心需求?我们一般将其过程分为三步:分析目标用户需求、评估需求优先级和满意度、发现用户核心需求(痛点)。

以美团外卖产品体验优化过程为例。第一步,通过后台数据统计可以得知一二线城市白领在工作日对外卖有着很大的需求,然后我们通过分析高端白领的外卖需求,发现其主要包含六个方面:第一,食物品质,白领一般比较注重健康,食材的好坏、烹饪方式的优劣、佐料的添加都是用户比较关注的因素;第二,外卖的价格;第三,食物口味,是否可口也是挑选外卖的重要依据;第四,食物健康度,白领偏向于选择一些营养价值更高,身体负担更小的食物;第五,送餐效率,由于工作日午休时间有限,因此外卖的送餐效率、到达时间是白领选择和考虑的重要因素;第六,服务质量。

第二步,得出上述六点面向白领用户的外卖需求后,对目标用户进行需求优先级及满意度评估。

第三步,确定用户的核心需求为食物品质和送餐效率。这两个需求是最重要、最迫切,同时也是用户满意度最低的两项。而其他的四项则是外卖的衍生需求,可以提升用户的体验，但不是核心需求。产品对核心需求的满足情况，是影响用户选择的最重要因素。

核心需求的发现回答了"产品解决了什么问题""为谁解决这个问题"这两个问题，是在寻找产品所提供、所交付的价值，是不断明确这个产品是否满足了用户的痛点、痒点或爽点的过程。发现核心需求是产品设计中不可或缺的核心环节。

四　用户产品使用场景分析

用户与产品的关系，是在场景中被触发并建立起来的。在新媒体环境下，人们越来越强调场景的重要性。"场"是时间和空间的概念，一个"场"就是时间加空间，发现和解决用户在什么时间、什么地点有相关的需求。同时，这个空间是用户可以进行停留和消费的。"景"是情景和互动，是可以触发用户的条件或情绪开关，因为某种原因，激发用户产生某种行为。综合来看，场景决定了用户的触发条件和使用路径，即什么时间或时机，在什么地点或空间，特定人群（目标用户）因为某种原因产生了某种行为。

现实生活中，场景无处不在。当用户需要查找一个陌生概念时，会登录百度进行搜索，这是搜索场景；当用户有购物需求时，会打开淘宝或小红书，看看上面的推荐，这是网络购物场景；当用户空闲时，会刷一会儿今日头条了解时事，这是资讯消费场景。只有对用户的使用场景进行详细观察和了解，产品设计才能更符合用户需求，产品体验才能更加契合用户的使用习惯。强调场景在产品设计中的重要性，还有一个重要原因是一个恰当的场景会让用户更容易、更快地接受产品，会让产品的成功事半功倍。案例5-1将结合微信来详解产品中场景的重要性。

案例5-1　基于场景的产品推广

微信（Wechat）在2013年发布了5.0版本，这对微信来说是一个巨大的跃升，因为在这个版本里，微信增加了绑定银行卡的功能，奠定了今天微信移动生活场景帝国的基础。在这个版本之前，微信和支付完全没有关系。

在当时的互联网支付领域里，支付宝已经具有明显的先发优势，无论是市场占有率还是对整个消费链条的绑定程度，都是刚刚进入支付领域的微信所不能比拟的。而真正改变了支付战局的，是微信 6.1 版本推出的微信红包功能（见图 5-2）。

图 5-2　iOS 系统的微信 6.1 版

红包，在中国人的文化意象里，是和过年联系在一起的。微信在这个版本的推出场景上，做了很多的设计和考虑。微信 6.1 iOS 版是在 2015 年 1 月 19 日正式发布的，而 2015 年 2 月 19 日正是春节。在这一个月期间，先是少部分年轻用户在升级后的附件栏中发现了红包功能并进行了试用，使该功能逐步得到传播。在产品设计层面，为了增加红包的传播性和娱乐性，微信红包还设置了"拼手气"的玩法设计，更是在心理层面激发了用户试试看的欲望。这些都使得红包功能在短短的一个月时间内为用户所熟悉，从而在随之而来的春节快速得到推广。

不仅如此，微信团队还对获得红包后的场景进行了详细设计（见图 5-3）。

在用户获取了微信红包后，系统会提示用户红包金额会自动存入零钱，并且可以用于发红包、扫码支付、App 消费等所有支付场景，可以说是非常便捷了。同时，如果用户已经绑定了银行卡，还可以将零钱提现至银行卡（在当时是免费的）。

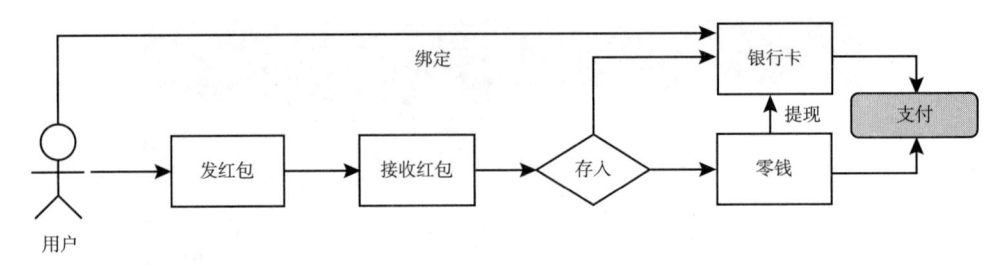

图 5-3 微信红包流程

微信红包的成功推广和场景设计有着密切的关系。时间上，红包功能的推出切中了一个最契合最匹配的时间点——春节，发红包是中国人春节拜年风俗中必不可少的一环，因此用户自然地接受了红包功能；空间上，微信当时的用户规模已经超过 6 亿，是人们日常使用的聊天和沟通工具，而红包嵌入的正是聊天这个场景，将红包设置在聊天下面的附件栏中，是一种自然的路径引导；在触发原因上，无论是用户主动发起红包，还是收到红包以后自然地返回给对方红包，在这些行为过程中，红包功能上都提供了相应的支持并设计趣味玩法；最后，在场景衔接上，从发红包、抢红包、接收红包，再到存入红包的选择，以及在和后续用户的支付动作的关联上，微信的功能设置也是下了很多功夫的。

最终，微信支付顺利在电子支付领域里站稳了脚跟，同时奠定了微信支付在整个移动商业帝国的基石。

由案例 5-1 可见，场景的设计对于用户产品来说至关重要，它决定了用户在产品使用中的触点与使用路径，以及在使用过程中是否得到满足。好的产品场景设计，会带来极致的用户体验。

五 用户需求分析方法

用户需求的分析方法是多种多样的,主要分为定性与定量两类,以下为两种研究类型中具有代表性的研究方法(见表 5-2)。

表 5-2 用户需求分析定性研究与定量研究的主要方法

研究类型	研究方法	优势	局限
定性研究	用户访谈、专家座谈、焦点小组等	有比较好的灵活性和适应性,对于是否类的问题有比较直接的回答	对于程度类的问题,没有精确的描述
定量研究	A/B 测试、流量/日志数据分析、眼动实验等	对于用户行为有比较准确的刻画	对于用户态度类的问题,没有直接的结论

定性研究[①]在用户目标、观点、意图的研究方面有较好的适用性,我们能够通过这种方法更好地了解用户。常见的研究方法包括用户访谈、专家座谈和焦点小组等。但是,由于这类研究是在和目标用户的沟通对答中完成的,所以这种描述本身难以保持精确性。

与定性研究不同,通过定量研究,我们能够更好地从数据中观察用户反馈,发现用户需求,进而采取有针对性的措施和策略。常见的研究方法有 A/B 测试、流量/日志数据分析、眼动实验等。这类研究方法可以更精准地反映出用户的行为,但是对于用户的态度以及满足情况无法形成直接结论。下文介绍这两种研究类型的典型研究方法——用户访谈、A/B 测试。

(一)用户访谈

作为一种重要的用户需求分析方法,用户访谈在业内得到广泛的应用。通过面对面的交流方式,用户访谈可以帮助调研人员获取用户最直接的反应,听到来自用户的直接反馈,调研人员可以根据受访者的具体情况及时调整策略和调研方式,相比于其他方法来说,用户访谈具有更好的灵活性和适应性。

---

① 定性研究:指研究者用来定义问题或处理问题的途径。具体目的是深入研究对象的具体特征或行为,进一步探讨其产生的原因。

从访谈全流程来看，分为三个主要环节：第一步，准备环节。该阶段主要工作包括撰写访谈提纲、注意事项、招募用户的条件等内容。第二步，执行访谈。该阶段主要包括面对面的用户访谈、描述用户的问题、观察和记录用户行为等工作。第三步，得出结论。该阶段主要工作包括对用户的访谈内容进行整理，对用户描述背后的诉求和想法进行思考，形成访谈最终结论。

用户访谈有三点注意事项：一是了解用户，要多站在用户角度思考问题，变换不同的角度、身份、环境、场景，理解各种用户群的使用需求。二是去角色化，抛弃对角色的刻板印象，把用户当作一个鲜活的人进行观察与研究。三是具有同理心，要能够站在用户的角度，看到和了解用户的喜悦与恐惧，了解潜意识和人性特点。

只有用户才能了解用户，只有用户才能找到用户，只有用户才能说服用户。做用户的需求分析，需要贴近用户、找到用户、聆听用户的真实需求，同时还需要进行系统化思考，从用户的表述中挖掘用户的真实需求。第一位使用流水线大批量生产汽车的亨利·福特（Henry Ford）曾说过："如果我最初问消费者他们想要什么，他们会告诉我'要一匹更快的马！'。"用户有时并不知道自己需要什么，直到我们拿出自己的产品，他们才发现这是他们要的东西。所以，用户访谈只是进行用户需求分析的一种方法，而不可以直接作为结论使用。

（二）A/B测试

A/B测试又叫分组实验、分桶实验，是互联网产品中广泛使用的一种需求分析方式。其目的主要是测试某项产品功能或流程是否符合用户需求，帮助进行产品决策。常见的A/B测试应用的场景包括产品新设计/新功能/新版本测试、市场营销策略/广告投放与竞价、机器学习算法等，通过一系列衡量指标的建立，最终对每一个变化进行衡量和优化（见图5-4）。A/B测试的实践流程一般分为四个阶段。

第一阶段是提出想法。这是设计的构思阶段，需要提出具体的产品优化方案（应包括优化设计策略、具体文案宣传方向等）。同时需要明确实验的目标是什么，比如是提升广告的点击率，或者将网站的注册转化率提升20%。这个目标需要是可衡量、可量化的，最好是具体的功能点或者以具体的业务目标为导向，具有较强的可操作性。

A/B测试

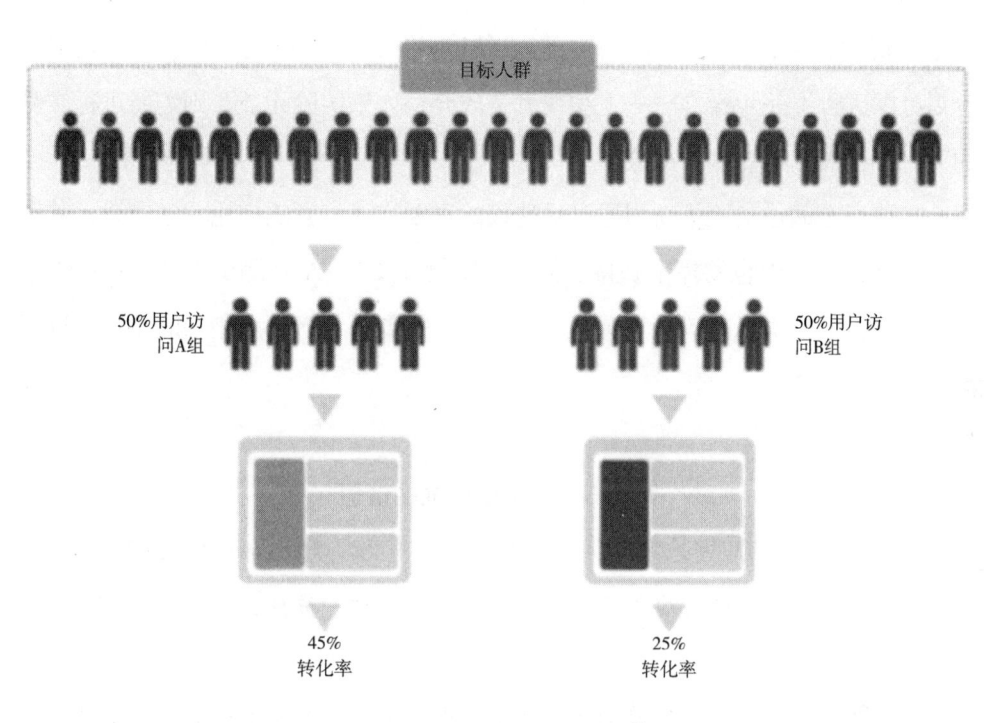

目标人群

50%用户访问A组　　　　　　　　　　50%用户访问B组

45% 转化率　　　　　　　　　　25% 转化率

图 5-4　A/B 测试原理示意①

第二阶段是重要性排序。由于实验是需要占用开发和流量资源的，所以需要对不同的实验设想进行收益的预估和排序，并且按照一定的优先级进行实验。实验收益预估可以通过一些离线的方式进行，不必进行线上实验。比如通过模型 AUC 预估来预判实验的效果，并据此进行项目优先级的判定。

第三阶段是实施 A/B 测试。在这个阶段，需要保证分桶用户样本抽取的随机性、实验方式的合理性，确保实验结果的真实、有效。为了确保实验效果的置信度以及分桶的随机性和均衡性，在实验前通常要对实验桶和对照桶进行相关的 A/A 实验，即在没有实施任何实验操作的基础上，经过一段时间后观察两组用户在数据指标上的波动性，如果在正常的偏差范围内，则认为分桶比较均衡，可以进行

---

① 图片来源于：百度百科.A/B测试原理示意 [EB/OL].https://baike.baidu.com/pic/AB%E6%B5%8B%E8%AF%95/9231223/0/a8ec8a13632762d001c3b85dadec08fa503dc657?fr=lemma&ct=single#aid=0&pic=a8ec8a13632762d001c3b85dadec08fa503dc657,2020.

后面的 A/B 实验。

第四阶段是分析实验结果。对任何一个测试来说，都分为有效和无效两种结果。在结果分析过程中，不断积累经验，形成结论。如果实验有效，并取得了明确的结果，则可以进行下一步操作——上线或者是放弃；如果实验无效，则需要进行实验方式的优化，迭代方案并重新实验。

A/B 测试是通过实验不断引导产品迭代的重要方式。它的应用非常广泛，甚至在美国总统竞选活动中也发挥了独特价值（见案例5-2）。A/B 测试为产品决策带来了一定的帮助，但是实际的实验情况会更加复杂，需要结合产品、用户的特点，进行实验结果的综合评估。

案例 5-2　A/B 测试的价值

2008 年美国总统选举期间，贝拉克·侯赛因·奥巴马（Barack Hussein Obama）的竞选募捐网站项目就应用了 A/B 测试这一方法，并且取得了很好的效果。

首先，需要有一个明确的优化目标。网站的核心目标是让更多的访客完成注册和募捐。

其次，需要明确衡量指标，用以观察实验效果。包括用户指标，如访问人数、点击率、注册人数、停留时间等；收入指标，如募款率、募款数量等。

最后，需要设计一个优化方案，这个案例中，项目人员把网站的视频风格和 Button 作为影响访客的重要因素。因此针对不同风格和 Button 的组合，进行了多轮实验。最终，选择了效果最好的一组实验方案作为最终方案上线。这个实验直接带来了 40.6% 的网站访客注册转化率，以及 5700 万美金的募捐资金。

六　企业产品需求分析

在互联网市场上，随着 C 端的人口红利逐渐消失，流量和用户的争夺越来越激烈，资本和市场的关注点逐渐转移到了 B 端市场上。

to B 产品的底层业务逻辑、产品特点、参与角色都和 to C 产品有着非常大的差距，因此在需求分析的方法策略上有其特殊性。

(一) 走近to B产品

to B 产品概念与 to C 产品相对，是指为企业服务的产品。其服务对象和面向的消费者，不是普通的个人，而是企业、团体，是为了满足企业和团体需求而产生的产品和服务。

近年来，越来越多的互联网巨头开始瞄准企业市场，云服务、团队协作、垂直 SaaS 服务、商户服务等，都成为新的增长点。阿里云业务连续 3 年（2015.4.1~2018.3.31 三个财年）实现 100% 复合增长，成为互联网行业乃至国家的基础设施。2018 年第四季度，阿里云收入达到 43.85 亿元，稳居全球第三大 IaaS 服务提供商（如图 5-5）。美团瞄准商家服务，布局收银（交易）、快驴（供应链），试图整合商家服务。今日头条秘密研发协作工具和行业管理软件。腾讯把产业互联网作为重大战略。

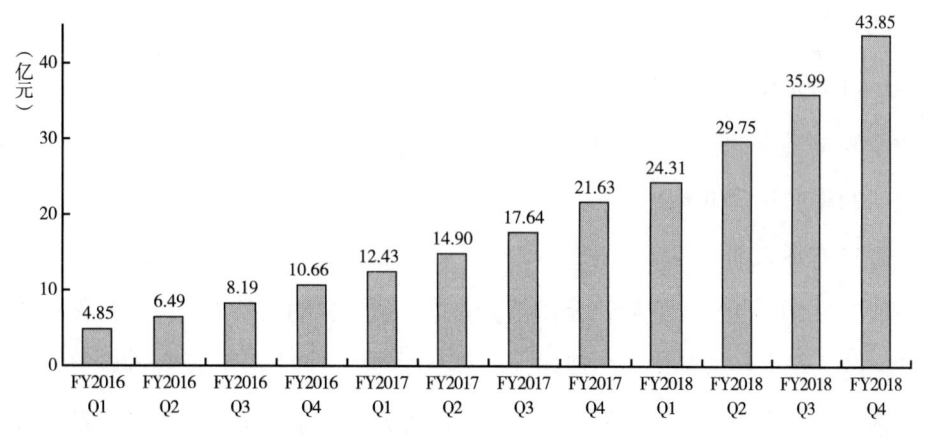

数据来源：阿里云2018Q4：营收 43.85 亿元，同比增长 103%[EB/OL].http://www.jotop.com/2018/networktech_1019/10979.html.

图 5-5 阿里云 2016~2018 季度营收

与 to C 不同，to B 产品的底层逻辑是追求效率的提升。由于面向的用户是组织、机构、企业、商户，以"递弱代偿原理"和"资源稀缺性假设原理"为基础，to B 产品首要追求的是组织的效率提升。如果说 to C 产品是流量思维，那么 to B 产品就是价值思维。没有任何一款 B 端市场产品只因其卓越的用户体验就可以赢得市场，产品能够提供给组织的价值才是核心。

（二）to B产品的三类核心角色

在B端产品的需求分析中，需要给出产品为谁（客户群）解决什么问题（核心价值）的答案。与个人市场不同，to B产品的购买决策是一个典型的群体决策过程。to B产品的用户是模糊的，涉及三类核心角色。一是决策者，公司老板通常是买单者也是决策者，他更关注经营目标；业务负责人是决策者，希望借助产品、工具、流程优化去更好地达成目标，在产品的购买决策过程中起到至关重要的作用。二是买单者，即公司企业的老板。三是使用者，即一线员工，他们的典型特点是反对一切给他增加工作量的产品或工具。

to B产品要围绕这三种角色入手，抓住核心价值。为买单者创造"看得见"的收益，清晰明了；为决策者提供管理视图；为一线使用者提升用户体验。传统企业软件龙头"用友"，垄断行业多年，在前两者上做得非常透彻，但用户体验很差。当互联网公司在某个垂直领域去努力提升用户体验时，受折磨多年的用户终于有了替代品，便逐渐离它而去。

（三）to B产品的需求分析方法

由于to B业务的特殊性，其产品的需求分析方法也具有一定的特殊性，本书介绍四类重要的需求分析和调研方法。

1.询问商务人员

一般在B端产品售出之后，公司都会安排一位专属的商务人员与客户保持长期对接。此商务人员会经常拜访客户现场，进行操作指导，收集用户反馈问题等，所以对客户的需求有一定的话语权。但是要注意，此种方式收集回来的需求基本都经过商务人员的加工，属于二手需求，同时又因为商务人员的职责原因，存在夸大客户需求重要程度的可能性。

2.数据分析

B端产品的重要数据通常分为行为数据和业务结果数据。行为数据主要指用户在产品中留下的行为数据，比如客户开户注册时长、客户使用功能频率、商机跟进处理率等。业务结果数据主要指该产品的业务流程以及相伴产生的数据，比如订单数量、销售额、C端访客数等。

3.竞品分析

B端产品的竞品资料并不像C端产品那么丰富易得，但还是要尽量去利用各种资源获取信息，如申请公司经费购买优秀友商的产品服务。

4.客户现场调研

客户现场调研是B端需求分析中常用的一种分析手段。通过与客户的一对一沟通，可以直面问题，迅速获取自己想要的答案。同时又因为在客户现场，可以调研不同角色的客户，对快速熟悉客户的业务全貌有很大的帮助。

为了进行一次效果良好的客户调研，应该从以下五个环节着手准备：（1）明确调研目标，包括明确用户对产品的预期、了解产品刚需、了解业务现有流程；（2）选取调研对象，对产品使用者的不同角色、业务属性、基础属性、组织结构等信息都要掌握；（3）调研记录表，对调研用户的反馈做好记录，方便事后查阅；（4）现场调研，做好时间规划和流程安排，多了解情况，不急于承诺；（5）输出调研报告，并且同步给企业方，再次进行需求确认（见图5-6）。

明确调研目标 → 选取调研对象 → 调研记录表 → 现场调研 → 输出调研报告

图5-6 客户调研步骤

第三节 产品定位

一 定位原则

产品定位的方法有很多，为了能够让用户更好地形成记忆点，归纳总结起来，产品的定位一般遵循以下原则。

（一）同类竞争原则

同类竞争，顾名思义就是要在同类产品、同类竞争者中确立自己独特的个性，让用户形成记忆点。以手机厂商为例，2012年前后国内的手机市场基本是由苹果和小米主导的，vivo 手机面临这样的激烈竞争，快速找到了自己的定位——柔光双摄。在比拼性能的手机厂商中，它确立了自己拍照手机的独特卖点。到了 2016 年，国内手机市场格局发生了明显的变化，vivo 手机作为一个新的手机品牌快速在市场竞争中确立了自己的位置。

（二）拾遗补阙原则

主动寻找市场空白点，并以此确立自己的定位，在用户心中树立起形象。这种定位方式，避免了和大量的同类竞争者构成正面冲突，独辟蹊径，在细分人群、细分市场中找到自己的一席之地。以电商市场为例，在淘宝占据着大量市场份额的情况下，拼多多定位四五线城市的电商市场，形成低价和拼购的产品形态，不仅获得了用户的认可，同时在商业上也获得了巨大的成功。

（三）突出特色原则

一个鲜明的特色，就足够让用户记住你。能够被记住、被想起，是成功的第一步，也是产品定位的关键。企业或产品希望能够在市场竞争中被用户记住，就必须想方设法体现出自己的产品个性。比如，京东相比于其他的电商平台，最主要的特色就是自营商品和自建物流，在用户心目中也形成了比较鲜明的形象。

（四）求新求异原则

这里的"新"和"异"通常指新的能力，新的玩法。这成为使一个产品区别于其他产品的重要因素。例如，陌陌按照兴趣进行分组的群组功能让它在市场占有了一席之地。

（五）主动定位原则

主动定位最核心的原则就是把自己定义为一个新物种。市场营销有一个定位的核心原则是品类大于品牌。也就是说，如果一个产品作为一种新的品类出现在用户眼前，它定位的主动性对比后续跟进的品牌要高出许多。第一个进入用户视野、占领用户心智的产品，通常占有主动优势，其市场占有率和用户的付出时间，要比第二个产品高出两倍，比第三个产品高出四倍，并且这种关系较为稳定且长期稳定。

二　定位方法

产品的定位对一个产品的发展和成败起着至关重要的作用。在进行了充分的调研和准备之后，就可以进入到具体的产品定位环节。以下是三种常见的互联网产品定位方法。

(一) 找准行业价值链定位

首先，在产品定位时，我们要回答三个问题：这个产品在整个行业的产业链中，到底处于什么位置？在该位置中，产品是否可以找到一定的特殊性？这个产品能够为产业链的上下游提供什么价值？

以首汽约车为例。创立之初，首汽约车的主要定位是一个互联网租车平台，其上游是出租车/专车的司机和车主，下游是有出行服务需求的普通乘客（见图5-7）。

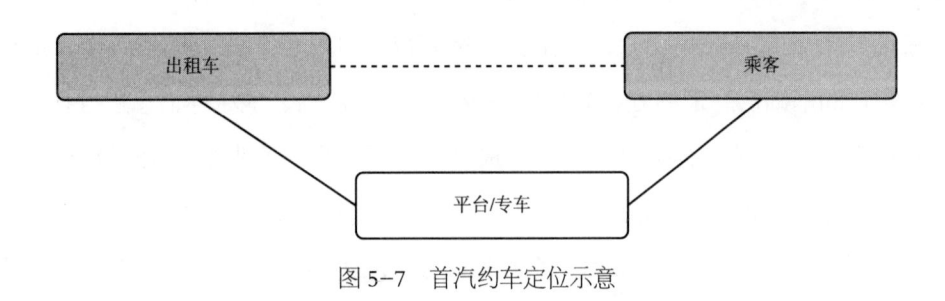

图 5-7 首汽约车定位示意

互联网租车平台这个定位，有效区别于过去的出租车公司约车平台。首汽约车用新的技术和平台，把出租车这个相对稀缺的资源在一定程度上更好地进行重新配置。而过去，在一些区域或天气条件下，出租车的分布是相当不均衡的。

对出租车行业来说，首汽约车也提供了非常明确的价值。最明显的价值是两点：第一，提升了资源的配置效率，改变了出租车的接单模式。出租车司机原来的接单方式随机性强，存在较大的机会成本。第二，盘活了上游的约车资源，用大量的私家车丰富了整个约车市场。一个城市中，有营运资格的出租车数量与常住人口的比值，能够比较直观地反映出该城市出租车资源的配置情况。当整个比值较低时，说明有相当一部分的打车需求得不到充分满足。在这种情况下，首汽约车提供了快车、专车等服务，把社会中可以提供运营能力的汽车资源进一步盘活，满足了一部分受限于车辆数量和营运能力的打车需求。因此，首汽约车在寻找自己的产品定位时，深度分析了自己所处的产业链，并且明确了给上下游输出的价值和能力。

(二)定位细分市场和用户

在市场竞争非常充分的时候,整个行业的分工精细化程度已经非常高,并且行业里处于同一产业链位置的产品非常多,竞争逐步白热化。在这样的竞争环境下,通过行业价值链分析来定位的方法,并不十分奏效。

在这种环境下,细分市场和用户的定位,可以帮助产品找到一个比较恰当的位置,在用户心中留下印象。比如在电商红海厮杀中,仍然能够出现拼多多、考拉等黑马;在互联网信息流产品中,在今日头条、百度、UC 浏览器等产品已经覆盖了大量用户的情况下,抖音依然可以逆风而上,成功抢占大量的市场份额和用户时长;在求职招聘职场 App 众多的环境下,脉脉仍然可以一骑绝尘。

在细分市场的寻找和切分维度上,仍然有很多可以参考的方向。其中,最典型的是以用户的基础信息来划分,如按照用户的年龄、性别、地域等信息进行切分。即便是在一个领域市场占有率最大、用户最多的产品,仍然有服务不好或相对薄弱的人群。而正是这样的不足和欠缺,才给了更多产品发挥的空间。比如,以视频信息流产品来说,在抖音之前,快手已经非常成功了,获得了用户和产品占有率的绝对优势。而在 2016 年 9 月 26 日抖音上线,它的产品定位是专注于新生代的音乐创意短视频 App,从用户的年龄层把自己与快手区分了出来,给这个产品带上了"年轻人""炫""酷""炸"这样的标记。

(三)塑造独特竞争力

独特的竞争力其实就是壁垒,你能形成的壁垒有多高,其他竞争者或同类产品复制或超越你的成本就有多高。在互联网产品中,如何能够通过壁垒,为整个产品争夺培养用户、扩大市场的时间,是事关整个产品生死的关键问题。

在互联网产品的定位塑造中,主要考虑以下三个方面的壁垒:第一,行业壁垒。也就是跨行业进入该领域的成本。举例来说,金融领域的行业壁垒比较高,不仅有比较高的领域知识门槛,更重要的是,政策壁垒也很高,不是任意一家企业都可以从事互联网金融,需要获取相应的资质才可以运营。第二,技术壁垒。这在互联网领域也比较常见。以无人车和自动驾驶为例,不是所有的互联网企业都可以进入这个领域分一杯羹,因为其前期投入成本巨大,除了一些大的互联网企业在做技术布局之外，一些规模较小的公司，其实是不会涉足的。第三，资源壁垒。喜欢视频、音乐、图书等内容产品的用户不难发现，随着整个版权市场的不断正规化，资源的壁垒问题越来越明显了。你很难在一个视频产品或音乐平台上，满足所有的内容需求，而通常需要切换不同的App。资源壁垒的背后更大程度上是资本的壁垒。在版权购买等这种需要大量资本投入的领域，一般实力不足的竞争者是很难进入角力场的。

三　产品定位变迁

在新媒体环境下，互联网产品的世界里，产品定位的价值是一直都存在的。而且随着竞争的日益激烈以及用户需求的不断分化，定位成为创立产品的第一步。一个清晰、明确的定位，不仅能够帮助用户记住你，想起你，还能够在整个产品发展、跃迁的过程中，指导整个产品的不断发展。

产品的定位也并非一成不变的。随着市场环境的变化和用户需求的发展，很多的产品会对自己的定位进行调整和修改。定位的调整和变更也会遵循一定的原则和方法。同时，一个比较成熟稳定的产品不会频繁地调整自己的定位，否则无法达到占领用户心智的目的。

第四节　用户分层

一　用户分层产生的背景及作用

近年来，关于用户分层的研究越来越多，究其原因主要有三点。第一，互联网已经没有巨大的市场空白。随着互联网在中国二十多年的发展，市场上涌现出了一大批优秀的互联网企业，有BAT这样的行业巨头，也有像字节跳动这样的独角兽公司，中国的互联网经历了高速的发展，并且颠覆性地改造了很多行业。互联网产品的赛道包括分发、文娱、SNS、电商、出行、餐饮、物流、金融等行业领域。这些领域都有着非常多优秀的互联网产品，它们正在逐步改变着人们的生活。微信，改变人们的沟通方式。淘宝，改变人们的购物方式。但从另外一个角度看，互联网已经没有巨大的市场空白了，不同赛道上产品和服务的竞争越来越激烈。

第二，目标是全量用户，也就是没有目标用户，用户的体验将会很差。史蒂夫·乔布斯创造的苹果产品神话再次向我们证明，极致的用户体验本身就是一种创新，而这种创新有可能是颠覆性的。在苹果产品中，没有任何一个功能是独创的、之前没有的，但是乔布斯的伟大之处在于，他把这些已有的功能和硬件组合在一起，创造出了无与伦比的用户体验。越来越多的互联网产品，在功能同质化、竞争白热化的今天，把关注点转移到了用户体验上。用户千差万别，对产品的需求也是多种多样的，为了能够创造出更好的体验，用户分层成为一种不可阻挡的趋势。

第三，不同用户间存在明显差异，要承认用户之间的差异性。受到思想、文化、收入等多方面的影响，用户对产品的理解、需求、使用情况也不同。从整个产品和用户行为的角度分析，会有具有不同行为特征的典型用户。

用户分层是通过聚类模型或根据用户的使用方式将用户进行分组，针对不同分组内用户的行为和痛点进行数据洞察和痛点定位，针对痛点进行产品改进。它的作用在于，对整体用户进行不同维度的拆解，可以了解各个用户群体的行为、兴趣特征，考量不同群体的差异，以此规划产品、制定更为有效的运营策略、实现用户增长。

二 用户分层的方法

（一）RFM模型

RFM模型是最常见的营销模型之一，它根据用户业务贡献的不同程度，设定了消费时间（Recency）、消费频率（Frequency）、消费金额（Monetary）三个特征维度。案例5-3展示了RFM模型的起源。根据这三个维度特征，我们可将用户细分为八个具有不同用户价值及应对策略的群体（见图5-8）。

案例5-3　RFM模型的起源

根据美国数据库营销研究所Arthur Hughes的研究，客户数据库中有三个神奇的要素，这三个要素构成了数据分析最好的指标：最近一次消费、消费频率、消费金额。RFM 模型较为动态地显示了一个客户的全部轮廓，也能够较为精确地判断该客户的长期价值（甚至是终身价值）。

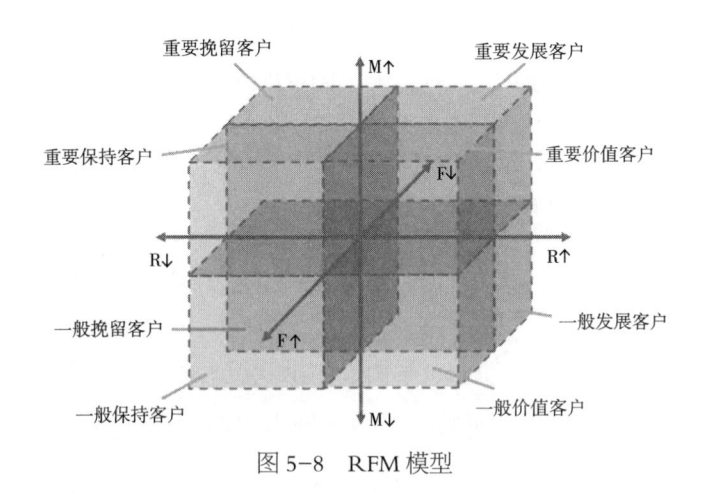

图 5-8　RFM 模型

在具体的应用中，我们可以把消费时间、消费频率、消费金额三个指标分别定义为活跃度、忠诚度和消费能力。根据 RFM 模型，可将用户划分为周活跃用户（R0）、月活跃用户（R1）、本月沉默用户（R2）、低忠诚度用户（F0）、中等忠诚度用户（F1）、高忠诚度用户（F2）、低消费能力用户（M0）、中等消费能力用户（M1）、高消费能力用户（M2）（见表 5-3）。RFM 模型可以通过三种维度对用户进行精准定义，例如 R0F1 定义为高活跃、中等忠诚度的用户，R0F2M2 则定义为高活跃、高忠诚、高消费能力的用户。

表 5-3　RFM 模型的策略示意

编号	R （活跃度） （最近一次消费距今天数）	F （忠诚度） （近 1 个月的消费频率）	M （消费能力） （近一个月的消费金额）
0	<=7 天	1 次	<200 元
1	8~30 天	2~5 次	200~400 元
2	>30 天	>5 次	>400 元

在不同类型产品中，同类用户的价值不同。对类似今日头条这样的资讯阅读类产品来说，用户的活跃度和忠诚度更重要，而其消费能力则没有那么重要。因此，R0F2 的用户对平台的价值更大，需要重点培养。R2F0 的用户则存在一定的流失风险，需要投入资源做用户唤醒。而在拼多多、淘宝这种消费类产品中，消费能力则占有更高的权重，对用户的价值影响更大。R0F2M2 的用户价值明显更高，需要重点维护。

（二）按照用户属性分层

按照用户画像中不同的用户属性进行分层，也是比较常见的用户分层方式，并广泛地应用于不同类型的产品中（见图 5-9）。常见的用户划分维度包含：(1) 基础属性，如性别、年龄、城市、职业、学历、婚姻状况、收入情况等。(2) 兴趣标签，如体育、娱乐、搞笑、历史、时政等。(3) 触媒习惯，如 App 安装、使用情况等。(4) 用户行为，如搜索行为、关注行为等。(5) 用户其他信息，如运动信息、通讯录等。可以根据产品的需要，进行单维度划分或多维度交叉划分。如以年龄为维度，可以划分出老年人、中年人、青年人等不同用户群；以性别、年龄、职业为维度，可以划分出女大学生、白领等人群。

按照用户的使用情况，可将用户分为五层。第一层，新激活用户，针对性策略主要是对用户进行引导、送福利，鼓励用户多尝试，多体验产品。第二层，普通用户，可通过促活、促销等运营手段，加速用户的成长。第三层，活跃用户，通过试用、促销，使用户快速向付费用户进行转化。第四层，付费用户，对用户进行交叉和向上销售，挖掘其潜在价值。第五层，粉丝，应对其重点维护，预防流失，增加其退出的成本。（见图 5-10）

（三）价值金字塔模型

不同用户对产品的使用情况各不相同，其感受和需求也不一样。做用户分层，就是为了挖掘个性的潜在需求，施展针对性的激励手段来变现，从而加速金字塔不断地向上流动。（见图 5-10）

图 5-9　互联网产品用户画像示意

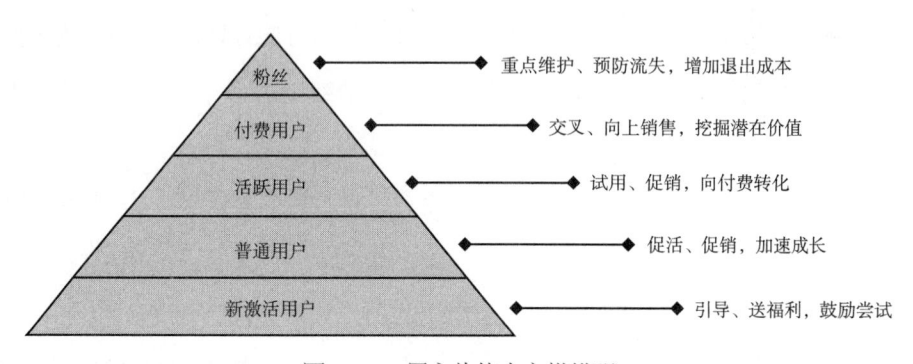

图 5-10　用户价值金字塔模型

（四）用户生命周期分层模型

用户生命周期是指用户从开始接触产品到离开产品的整个过程。用户生命周期分为五个主要阶段：（1）导入期，即用户获取阶段，将市场中的潜在用户转化为自家用户。（2）成长期，这一阶段用户注册登录并激活，已经开始体验产品的相关服务或功能，体验过"啊哈时刻"。（3）成熟期，用户深入使用产品的功能或服务，贡献了较多的活跃时长、广告营收或付费等。(4) 休眠期，成熟用户一段时间内未产生价值行为。(5) 流失期，用户超过一段时间未登录和访问。

在新媒体的语境下，产品和运营会通过不同的手段和方法，来尽量延长用户的生命周期，使用户在产品中留下来，并且产生商业价值。一个产品的价值，是由用户量和用户单体价值共同决定的。新媒体产品建设与运营是商业活动，要想追求更大的产品价值，除了增加用户量以外，最重要的就是提升用户单体价值。而用户单体价值，又和用户的生命周期相关，因此，用户生命周期成为产品中非常值得重视的指标和用户分层方法。

建立用户生命周期模型，需要从以下四步进行。

(1) 结合产品及业务特点，定义各个阶段的用户特征。例如，很多 App 将完成了下载、注册、激活的用户定义为导入期用户。而电商类、工具类产、直播类等产品对成长期的定义都有区别。即便同属于电商类或者直播类产品，不同的公司，不同的运营体系也会有不同的定义方式。比如电商类的产品，习惯把完成首次下单后的用户定义为成长期用户。免费工具类的产品，习惯把完整使用过一次产品功能的用户定义为成长期用户。而直播类的产品，习惯把首次充值或者观看直播累计超过 50 分钟的未付费用户定义为成长期用户。

(2) 进行用户分层，按照上一步的标准，对用户进行分层处理，并进一步梳理归纳。

(3) 制定用户价值的提升策略，如路径优化、精细化运营等手段，不断提升用户的单体价值。

(4) 流失用户预警。针对有流失风险的用户，进行定义和描述，并且制定相应的召回策略。

用户生命周期的分层方式是一种普遍使用的用户分群方法，但是，也并不是所有的产品都需要进行用户生命周期的分析。一般有两种情况：其一，初创产品用户样本量有限，发布时间短，可以暂时不用；其二，卖方市场垄断型产品，比如 12306 或各银行 App，都是只此一家，别无分号的，一般也不进行用户生命周期分析。另外，也不是所有用户都会经历完整的生命周期，由于种种原因，用户可能从导入期就直接流失了。总而言之，用户生命周期的分层方式，是为了尽量延长用户的使用周期，用户价值最大化是采用这个方式的最终目的。

三 用户分层应用

用户分层的应用有三个重点方向：用户增长、精细化运营及产品的差异化定位。

（一）用户增长

用户增长指的是一种用户增长的方式，就是通过某些手段和策略帮助公司或产品快速成长。对创业公司特别是初创公司来说，在没有广告预算、市场营销活动以及市场推广专员的情况下，增长黑客也可以获得良好的效果。

如何实现用户增长呢？首先，我们要了解用户增长的核心理论。假设，用户访问产品记为1，没有访问产品记为0，我们观察用户近3天的产品访问行为，可以得到以下一个封闭集合（见表5-4）。从图5-11可知，当前周期的增量 = 本周期用户数 − 上周期用户数 =B+F−C−G，用户增长的核心就是本周期的用户增量尽可能变大。我们希望用户的增长路径是用户增长极简模型中最右边的一条路径。

表 5-4 用户增长封闭集合分析

前天	昨天	今天	类型	标记
0	0	0	完全没来过的用户	A
0	0	1	今天的新增	B
0	1	0	昨天的新增，今天不来了	C
0	1	1	昨天的新增，今天继续来	D
1	0	0	前天来过，昨天、今天都没来	E
1	0	1	前天来过，昨天没来，今天来了	F
1	1	0	前天、昨天都来过，今天不来了	G
1	1	1	每天都来	H

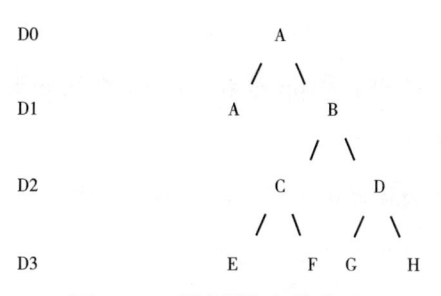

```
D0                    A
                     / \
D1                  A   B
                       / \
D2                    C   D
                     / \ / \
D3                  E  F G  H
```

图 5-11 用户增长极简模型

其次，我们需要利用用户增长的手段。常见的用户增长理论，如海盗指标（AARRR）、留存指标（RARRA）都是在用户增长的基础逻辑上演化出来的增长手段和方法（详细内容参考第二章）。通过用户分层，针对不同类型用户采用不同的增长策略，有望更好地带动产品核心指标的增长。

最后，我们要进行用户增长实践，可以分三个阶段进行。

（1）确立用户增长的目标。不同业务、不同阶段的增长目标不同，根据业务的特殊性，需要在产品层面确定现阶段的用户增长目标是什么。

（2）进行用户分群。按照用户分群的方法，可以将用户从不同维度进行切分，最终积累不同的用户群体。

（3）触达用户，建立有效的推荐系统。根据尼尔森的《2015年全球广告信任度调查报告》，92%的人信任朋友推荐。可以通过激励手段，让已经留存下来的忠诚用户将产品推荐给周边的用户，从而快速扩展用户群并为潜在用户同样提供激励措施。此外，用户推荐的每次获客成本通常比其他渠道的获客成本要低得多，而且推荐用户的留存率通常也会更高。下面将通过案例5-4讲解用户增长的方法。

案例5-4　哔哩哔哩的用户增长之路

哔哩哔哩（bilibili，B站）2019年第三季度的财报显示，其月均活跃用户数已经达到1.28亿，同比增长38%。

在整个互联网行业人口红利逐渐消失的今天，用户增长成为行业的普遍焦虑。2018年9~12月，B站的日均活跃用户数稳中有降，根据极光大数据显示，B站的日均活跃用户数从1790万降到1750万，而这一数据在2019年第三季度则增长至3760万。市场渗透率从2018年12月的8%提升至2019年9月的10.9%，App排名也从67名跃升至54名。在用户增长方面，B站采取了相应的策略。

B站是国内知名的视频弹幕网站，主要聚焦在二次元领域（ACGN亚文化圈专门用语，来自日语的"二次元（にじげん）"，意思是"二维"）。从B站的用户结构来看，主要集中在一二线城市（见图5-12），"90后"与"00

后"用户占比高达 72.26%（2018 年 11 月数据，见图 5-13），男女性别用户比例差别不大。B 站的用户增长主要在两个方向集中发力。

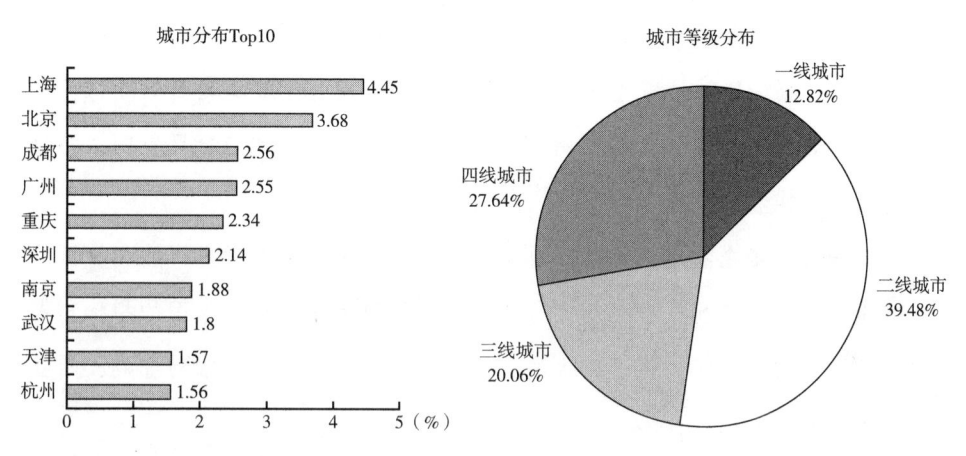

城市分布Top10
- 上海 4.45
- 北京 3.68
- 成都 2.56
- 广州 2.55
- 重庆 2.34
- 深圳 2.14
- 南京 1.88
- 武汉 1.8
- 天津 1.57
- 杭州 1.56

城市等级分布
- 一线城市 12.82%
- 二线城市 39.48%
- 三线城市 20.06%
- 四线城市 27.64%

数据来源：极光大数据 App 监测平台（2018.02）。该统计结果仅含独立应用端数据，不含其他平台导入数据。

图 5-12　B 站用户地理位置分布

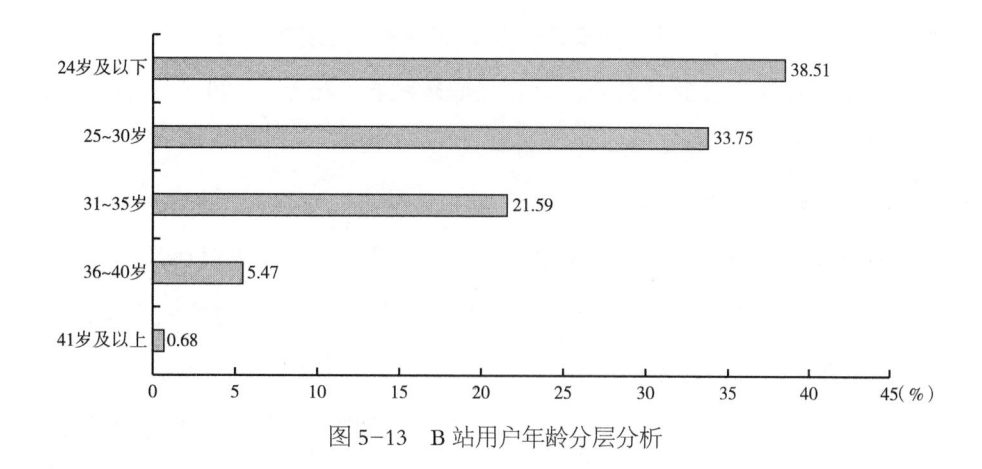

B 站用户年龄分层：
- 24岁及以下 38.51
- 25~30岁 33.75
- 31~35岁 21.59
- 36~40岁 5.47
- 41岁及以上 0.68

图 5-13　B 站用户年龄分层分析

1. 城市下沉，引入新的年轻用户

B 站的成长过程，就是一个不断"破圈"的过程，即打破原有的用户圈层，向更多的用户进行渗透，将原来不是目标用户的人，转化为产品的用户。在用户增长中，需要考虑到城市因素，他们在用户文化和习惯上，还是有比较大的差异和区别的，可以简单分类为"一二线市场"和"下沉市场"。

这类用户增长，其本质是用现有的内容类型对更多同类用户进行覆盖，即继续做大年轻用户市场。2010年中国人口普查显示，我国10~24岁人口总量已超过3亿，所以年轻用户的增长天花板是足够高的。

由于B站具有较强的社区氛围，因此，通过良好的社区氛围和生态带动用户自然增长是最优的选择。一方面，自然增长的用户往往有不错的留存率。另一方面，B站设置了一道会员门槛，只有通过100道题目的测试，才可以成为B站的会员，这样更有利于新用户尽快融入和适应社区氛围，不致影响社区结构。

广告投放带来的用户增长，具有较高的流失率，需要考虑产品和社区的承接能力。在渠道和广告拉新的过程中，需要设置衡量社区氛围的指标和警戒线，控制增长速度，保证新人的数量远远少于老人，一旦触动警戒，则立即控制新增。

2. 通过内容领域的创新，扩展更多"70后""80后"用户

B站的核心文化及圈层都集中在二次元领域。拓展更多"70后""80后"用户，首先需要解决的是B站是否破圈，以及如何破圈的问题。

内容是B站发展的火车头，为了更好地发展"70后""80后"用户，B站在相应的内容生产方面也下足了功夫。

B站着力打造"学习网站"，"我在B站学习"逐渐走入大众视野，并且在知识付费领域进行尝试，推出适合"70后""80后"人群的职场技能、学习刚需、兴趣爱好等方面的课程，UP主有领域大V，如局座张召忠，也有来自专业培训机构的专业人士。

同时B站进行了自制纪录片《人生一串》的尝试，获得了极好的口碑。在内容的精品化、多样化的方向，做了很好的探索，同时也收获了更多不同年龄层级的用户。

随着一系列用户增长手段的实施，更广大年龄层和区域的用户爱上了哔哩哔哩。起初B站的产品定位是偏向年轻（25岁以下）用户的小众视频社交产品。从用户占比上看，2016年，25岁以上用户在B站的总用户数中的占比仅为10%，一线用户的占比达到了56%。经过3年的探索和尝试，B站78%的用户年龄在18~35岁之间，年龄圈层在变大。同时，三四线城市和乡

镇的渗透速度也非常亮眼。2019年一季度B站公布数据显示，有54.3%的用户都来自三四线城市，增长非常迅速。

（二）精细化运营

完成用户分层后，每个分群用户的特征将更加明显，可以结合不同用户群的特点实行不同的策略和手段，以达到产品目标。在精细化运营中，有三个核心环节。

1.用户产品使用与产品目标的矛盾点

比如，用户有兴趣但不了解，了解却没有购买，有购买行为后不再复购，复购了但是订单金额变小，再或者买的多了但是突然不买了等等。通过用户分层，进行不同层级用户的切分和定义，然后针对不同环节的用户，制定有针对性的策略。

2.契合当前的业务目标并找到资源支撑

比如，电商类App当前的业务目标是提升大促的GMV，需要找到达成该目标最大、最直接的矛盾点，并寻找相应的资源进行支撑。其本质是为了更好地达成业务目标，在不同的细分群体中找寻机会点，用户分层只是手段而不是目的。脱离了业务目标的用户分层是没有意义的。

3.测算投入产出比并进行运营实施

根据产品和平台的不同，不同运营活动的成本是不尽相同的。在实行具体的运营措施之前，需要进行严格的测算以及收益的评估，明确不同运营活动的投入产出比，进而决定项目的优先级。

（三）产品差异化定位

恰当的用户分层，可以帮助产品在激烈的市场竞争中找到新的机会点。拼多多成立于2015年9月，在竞争激烈的电商市场领域，在头部电商阿里、京东等强大电商资源的挤压下，经过四年的发展，不仅站稳了脚跟，并且保持了高速的增长，跻身中国电商前三名。拼多多发布的2019年Q3财报显示，截至2019年9月30日，拼多多平台GMV达8402亿元，较上一年同期的3488亿元同比增长144%。

拼多多在创立之初，通过用户分层找到了属于自己产品的独特定位（见图5-14、图5-15、图5-16），并在产品设计、运营策略、商业模式的全方位配合下，奠定了今天互联网电商的新战局。从用户分层结构来看，拼多多针对头部电商覆盖、渗透不足的三四五线城市，以及文化教育程度偏低、年龄偏大的用户进行重点拓展，实现产品的差异化定位，从而快速发展①。从拼多多的案例复盘来看，用户分群的应用关键点为用户分层、目标用户需求分析、产品运营建设、用户触达渠道、商业模式（见图5-17）。

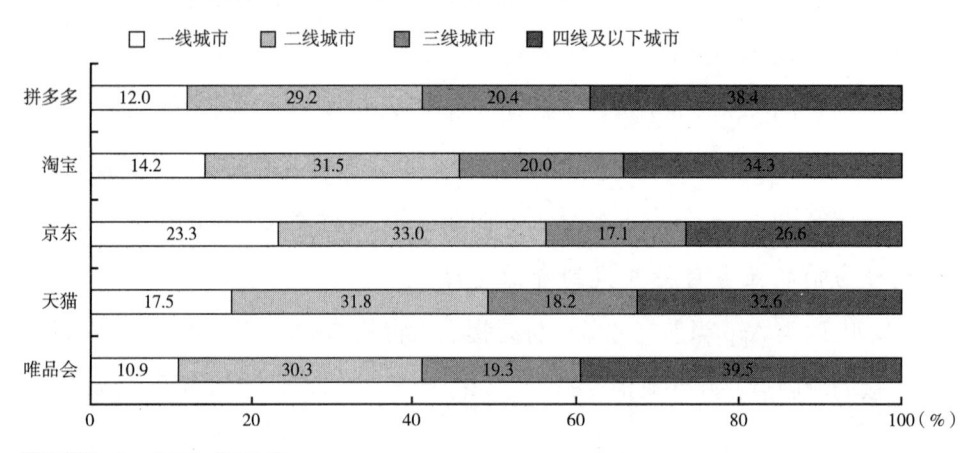

	一线城市	二线城市	三线城市	四线及以下城市
拼多多	12.0	29.2	20.4	38.4
淘宝	14.2	31.5	20.0	34.3
京东	23.3	33.0	17.1	26.6
天猫	17.5	31.8	18.2	32.6
唯品会	10.9	30.3	19.3	39.5

数据来源：QuestMobile（2018.3）

图 5-14　中国头部电商用户所在城市分层分析

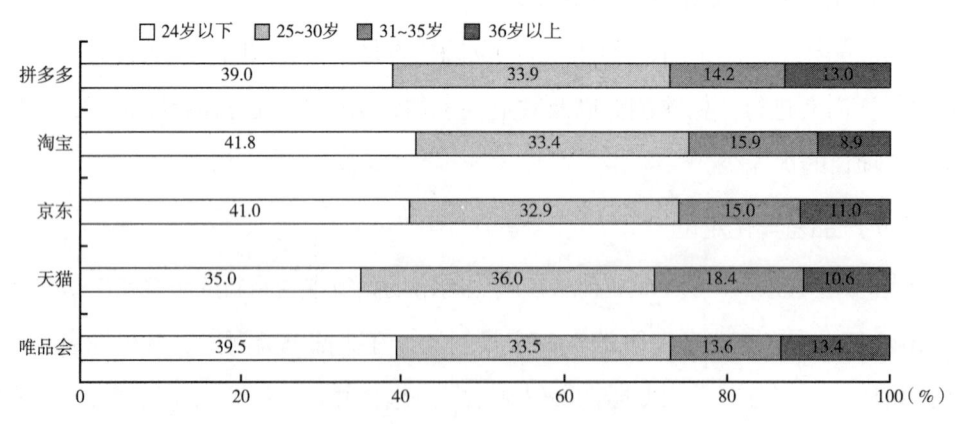

	24岁以下	25~30岁	31~35岁	36岁以上
拼多多	39.0	33.9	14.2	13.0
淘宝	41.8	33.4	15.9	8.9
京东	41.0	32.9	15.0	11.0
天猫	35.0	36.0	18.4	10.6
唯品会	39.5	33.5	13.6	13.4

数据来源：QuestMobile（2018.3）

图 5-15　中国头部电商用户年龄分层分析

---

① 电商新红利探秘：拼多多用户研究报告 | 企鹅智酷出品：https://mp.weixin.qq.com/s?__biz=MzA5NDMxMTAyMg==&mid=2650247684&idx=1&sn=2092b

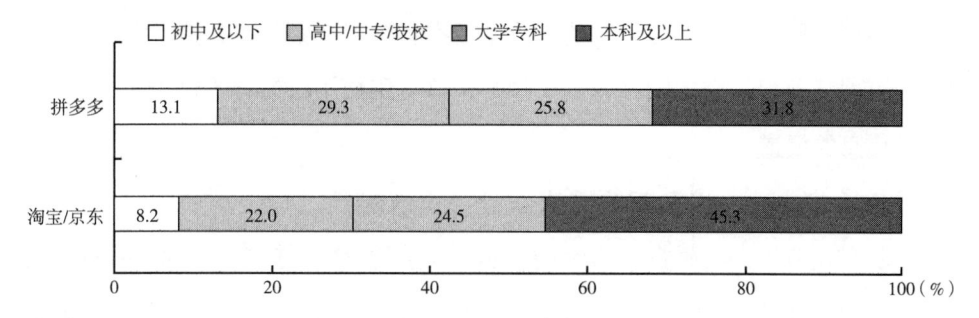

```
              □ 初中及以下   ■ 高中/中专/技校   ■ 大学专科   ■ 本科及以上
    拼多多  13.1      29.3           25.8             31.8
    淘宝/京东 8.2    22.0        24.5              45.3
         0      20      40      60      80      100(%)
```

数据来源：企鹅调研平台（2018.4）

图 5-16　中国头部电商用户学历分层分析

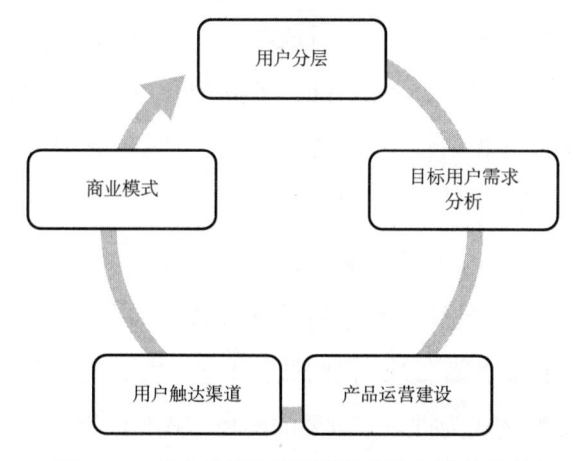

图 5-17　用户分层应用于产品定位的核心环节

1.用户分层：合理的用户分层，明确产品定位

下沉市场是拼多多在进行用户分层后的战略选择，既能和头部电商产品做出差异化，又有足够的空间去确认和勾勒出产品的核心用户群。京东用户定位一二线城市，中高端品牌。阿里重点在一二三线城市，天猫主打中高端，追求品质用户，淘宝定位中低端对价格敏感用户。拼多多在这样的竞争格局中，定位三四五线城市。网民规模和互联网普及率持续提升，越来越多的三四五线城市和农村地区用户开始使用互联网和智能手机，各电商平台积极争取下沉用户尚未被挖掘的流量红利。

2.目标用户需求分析：针对核心用户，洞悉用户需求

基于目标用户，进一步分析、洞察用户的特性、心理、需求。目标用户群体空闲时间较多、对价格较敏感、人均可支配收入较低，相较于其他综合电商用户追求高购物效率、高商品质量，拼多多用户的需求主要有省钱、得到优惠，通过购物等获得满足感、成就感，获得社交、归属感等。同时，这类用户用微信但不用淘宝，缺乏获取低价商品信息的渠道。

3.产品运营建设：满足用户需求，进行合理建设

在产品和运营层面，根据对目标用户购物需求的分析，拼多多在产品设计和运营策略方面进行了相应的调整。针对用户对低价商品的诉求，拼多多更多聚焦于低价、爆款商品，进行差异化定位，在大平台都在消费升级的背景下，定位三四五线城市用户，提供最低价的可用商品，找到空白市场。在品类的选择上，在起步阶段选择低客单价的高频消费品，如水果和快消品，打造爆款。在购物模式上，主要依赖社交分享的方式获取用户。在用户体验打造上，通过多多果园、金猪赚大钱等游戏化的体验设置，增加了用户的活跃度和黏性。在运营手段上，通过"社交裂变+购物优惠激励"的模式，切合人群需求。同时通过低价补贴、现金签到、省钱月卡、拼团、限时优惠、全场包邮等一系列运营手段，刺激消费者的消费冲动。

4.用户触达渠道：按照目标用户的触媒习惯，引导用户进入业务场景

在用户触达上，拼多多瞄准新入网的低端用户。大多数用户的第一次购物，都是在微信完成的，社交购物成为拼多多主要的购物方式和渠道。利用微信的社群关系，以及微信帮忙"砍一刀"能够带给用户的社交货币体验，拼多多依托微信这个巨大的流量池，是一个在微信生态上成长起来的社交电商平台。

5.商业模式：建设足以支撑产品长期发展的商业模式，形成产品和品牌壁垒

拼多多能够通过四年时间发展壮大，最终实现在美国纳斯达克证券交易所正式挂牌上市，需要有明确且可持续的商业模式进行支撑。拼多多做了很多商业模式上的创新，比如农业的"超短链"，开创了新的农产品带货模式。"透明工厂"在新品牌计划中，不仅扩大了品牌影响力，更让用户直观看到生产过程。拼多多实现了电商平台与实体制造业的真正结合，扶持中小微企业创造品牌并不断发展壮大。

拼多多通过用户分层找到了市场空白，明确了自身的定位，在分析了用户的核心需求后，结合相关资源，形成了具有差异化的产品，最终在市场上赢得了属于自己的一席之地。

四 用户分层评估

用户分层虽然有诸多方法和维度,但是无论如何划分,都需要有一个评估方法来对分层结果进行推导和校验。其目的在于验证分层方法的合理性,帮助业务目标顺利达成。以下列举三种经常使用的用户分层评估方法。

(一)特征法

用户分层的原理是不同类型的用户具有不同的特征,因此进行分层有助于在细分人群中寻找优化机会。特征法从这一概念出发,通过已经完成分群的用户,对不同层级的用户的基础数据和特征进行比较,验证用户分层的合理性。如果差异较大,则属于正常,如果呈现平均化,则需要重新校验分层规则和方法。

例如,在分析一款拥有较高活跃用户量的内容类产品时,用户分层的目标是识别对母婴类资源有高需求的用户,并进行定向满足。但是分层后对用户数据进行回归却发现,这类用户性别分布、年龄分布、兴趣分布和大盘普通用户并无二致,因此需要对分层的用户圈定标准进行重新审视,以确保分层的合理性和可用性。

(二)交叉法

交叉法指分析在统一维度划分下的不同层级用户间是否有重合、包含或交叉的情况出现,如果交叉部分比较大,则需要重新考虑划分条件是否合理,并调整不同划分条件之间的优先级关系。

分类的基本原则是不重不漏,在完成用户分层后,任何一个用户都应该有一个清晰的类型归属。如果一个用户不属于任何一个分层或属于多个用户分层,都是有问题的。

(三)倒推法

倒推法指从用户分层的应用效果来反推用户分层的合理性。如果应用效果符合预期,达到了业务目标,则从侧面证明该分类具有一定的合理性。反之,如果效果未达预期,则可以从分层的角度验证其合理性。

综上,用户分层是一种手段、一种方法,在实际的业务运作中,还是应该从业务和产品的实际出发,结合用户特点,选择分层方式和模型,并且进行实际效果的验证。

第五节　产品策划与方案设计

一　目标与原则

（一）产品的目标

从宏观角度来说，产品的目标是价值的交付。从用户需求出发，经过加工开发，完成产品，交付给用户，最终完成价值的输出。比如，抖音的目标是生成快乐，百度搜索的目标是让用户平等地获取信息。

从微观角度来说，产品的目标是数字，是指标。一个产品的目标可以是用户规模、成交总额或者是流量规模等。根据不同的产品和业务形态，产品的目标也不尽相同。

（二）产品设计的原则

第一，需求原则。一个好的产品一定是以用户（客户）价值为依归的。作为产品设计人员，首先需要站在用户的角度看待问题，发现需求。需求不是被创造出来的，产品设计人员不能凭空想象，自我感动式地设计产品，而是需要研究用户的痛点，并提出方案，使产品通过不断迭代和更新日臻完善。

第二，创造性原则。互联网有一个衡量产品价值的公式，即"产品价值＝新体验－旧体验"。在产品设计之初，需要进行产品价值的思考，如果新的产品在体验上没有创新，在价值上没有增量，那就很难被用户接受。因此，产品的设计过程本身就是一个创新过程。

第三，系统性原则。产品带给用户的体验是一个完整的过程，用户在整个使用过程中形成对产品的整体印象。系统性是产品设计的重要原则，需要产品设计师从整体进行考虑，目标清晰，找到可以超越竞争者的关键点，并快速完成。

第四，美学原则。一个产品是需要有美感的，这种美感可能来自设计的精美、界面的清新、风格的独特……但无论如何，它应该是美的，是容易被用户喜欢的。

第五，简洁原则。一个好的产品应该是简洁的，少即是多，极简主义也是产品设计中的一个重要原则。

二 角色设置

产品设计是一个分工合作的过程，根据产品类型的不同、制作复杂程度的高低以及交付要求的不同，不同的角色参与其中。在新媒体语境下，我们主要讨论的是新媒体产品的生产和设计，其典型角色设置如下。

（一）产品经理

产品经理是对产品前期规划、中期开发、产品迭代、产品终结整个生命周期所有事项负责的人。

1.产品经理不是经理

产品经理虽然看似管理着一个产品团队，但产品经理并不是开发、设计师等成员的 boss，没有实际的"生杀大权"。产品经理不是要"指挥"别人做事，而是要说服成员，激励成员，让成员们充分发挥能动性，朝着一个目标使劲儿。如果中途遇到分歧，产品经理要尊重每个人的想法，与他们沟通商量，而不是专断地做出决定。开发、设计师与产品经理的专业不同，并且每个人的人生经历等也不相同，这决定了每个人思考问题的方式、出发点，以及最终要达到的目的都不同。

2.产品经理不是设计

产品经理的重点要放在整体的业务逻辑是否合理、自洽上，说明清楚交互方式、约束条件即可。产品经理的主要角色定位和工作范围是分析用户需求、确定产品目标、撰写需求方案、调动各方资源、推动开发建设、验收产品效果、进行产品迭代（见图5-18）。产品经理通过产品与用户交流，把价值交付给用户，解决用户的痛点，满足用户需求。同时，提供尽量简洁、有效、有趣的产品，提升用户的体验。

（二）视觉交互设计师

视觉交互设计师的主要职责是把产品经理的想法最有效地转化成一系列的界面展现给用户。所以，视觉交互设计师的产出更多的是交互原型图，包括页面布局、内容展示等众多界面展现。例如，视觉交互设计师需要对画面使用的元素、风格效果、字体字号等进行考虑。在用户交互方面，用户需要点击还是滑动？采用摇一摇还是吹一吹？这些都属于交互设计的范畴。

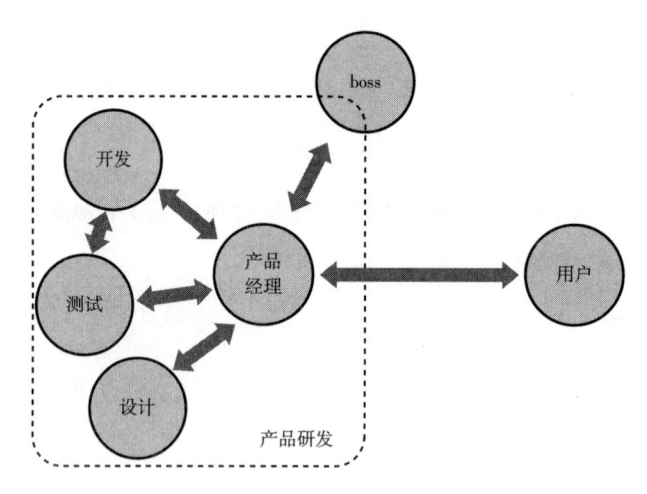

图 5-18　产品经理的角色定位

视觉交互设计师做出初步的交互原型稿,接下来就轮到界面设计师制作丰富多彩的设计文件。因此,大家平时在上网时看到的界面和设计,都是界面设计师的作品,他们的使命就是让互联网变得更漂亮。

(三)项目经理

在大中型互联网企业中,一个产品团队动辄三四十人,需要有个角色在中间做指挥,协调所有分工的任务、时间和进展,于是就有了项目经理这个角色。项目经理的职责是为产品团队做时间、人力上的协调和安排,使命是使得团队协作更顺畅,保证人力资源利用效率最大化。

(四)开发工程师

开发工程师是指通过计算机语言手段实现产品需求的人。一般来说,有前端和后端之分,同时会用多种不同的实现语言。当产品经理把需求、交互明确后,开发工程师就可以根据需求把项目最终实现成为一个人们在网上使用的产品。

(五)测试工程师

测试工程师负责前端产品以及后台应用程序的质量把关。具体讲,测试工程师的工作是根据产品经理的需求文档编写测试用例,通过自动化测试(编写程序)或者手工测试对需求进行覆盖验证。结合测试用例,测试工程师会对产品功能涉及的每一个细节、每一个场景、每一个终端(移动端包括各式各样不同的手机、平板等设备)都进行细致认真的排查检验。在发现产品有质量问题时，他们会将bug单给到开发工程师或产品经理，修改后他们会继续测试，直到问题被解决。

（六）运维工程师

运维工程师负责部署后台程序并保证后台服务的稳定性，确保后台服务可以7×24小时不间断地为用户提供服务。运维工程师管理数据庞大的后台服务器并监控这些服务器上的服务状态。如何保障服务的高可用性，是运维工程师面临的最大挑战。

三 设计流程

产品从无到有的过程是一个可以线性解释的过程，主要包含需求分析、产品定位、用户研究、产品规划、需求评审、研发、产品上线七个阶段。

（一）需求分析阶段

在这一阶段会进行市场和用户调研，调研途径有很多，如资料研究、问卷调查、访谈法、专家研究法等。同时需要明确产品的核心价值，提炼产品需求。产品需求是提炼分析用户真实需求的结果。需求分析阶段的目标是根据用户需求制定符合产品定位的解决方案。需求的解决方案可以理解为一个产品，一个功能或服务，一个活动，一个机制等。

（二）产品定位阶段

此阶段需要进行行业分析与竞品分析，可以借助一些分析公司和分析网站的数据。常见市场分析公司有艾瑞、易观、腾讯研究院、阿里研究院等，常见趋势分析网站有百度指数、腾讯指数、阿里指数、搜狗指数等。

（三）用户研究阶段

该阶段通过研究挖掘用户真实的需求，将其转化为产品实现。用户研究可以采用马斯洛需求理论、KANO模型、十宗罪、需求Y理论等研究方法。

（四）产品规划阶段

产品经理应该透过需求的表面看穿需求的本质，进而实现产品设计。当产品经理把产品的结构图、流程图、原型图都梳理完毕后，接下来的工作就是撰写PRD文档。

PRD 文档是对以上三种图进一步整理后最终形成的产品需求文档，以供项目组团队成员在整个项目过程中进行查阅，是向团队成员说明产品的具体功能和性能指标的说明性文档。该文档主要用于产品设计和开发，阅读这份文档的人绝大多数是设计与技术人员。

（五）需求评审阶段

产品经理把所有事情准备完毕后就可以召开评审会。评审会的目的是向项目组成员传达产品设计方案，统一思想，分配工作。产品经理需要在会议上向所有人讲清楚你的产品要做什么，包含哪些内容和功能，然后与相关人员确认可实现的目标与时间。

通常评审会可以遵循以下思路：（1）概括性说明，介绍本次会议的背景和目的。（2）从页面流转和页面交互上，让整个评审会人员有一个整体性认知。（3）重视提问与答疑，对与会人员提出的疑惑，或产品经理解答不明确的需求点，要进一步确认。

（六）研发阶段

研发阶段可以细分为视觉交互设计、技术开发、测试、效果验收等具体阶段。这个阶段产品经理主要做的是跟进整个项目进度，处理期间发生的各种问题，及时将 UI 设计稿给到技术，在产品研发周期的关键节点确认产品研发进度，推动完成测试与验收等。另外我们也要懂一些研发过程需要用到的知识，比如 UI 设计方面要懂得一些颜色和布局的感觉；技术开发方面要懂得技术要素，如 MVC、MOA、前端和后端语言、数据库；测试方面要懂得测试用例及测试方法；项目管理方面需要懂得项目排期与需求跟进、沟通、时间管理和情绪管理等。

（七）产品上线阶段

这个阶段产品已经上线，更多的工作是产品运营。运营工作主要涉及如何拉新，如何留存，如何提高活跃度等问题。同时，需要在产品上线前与客服、运营、市场沟通清楚产品使用方法和注意事项等，因为客服、运营、市场是最接近用户的人，他们需要能够与用户无缝对接。另外，这个阶段需要关注产品的运营效果，通过运营数据分析运营效果，辅助运营人员做好运营工作，并且收集产品优化需求，进行产品版本迭代。

最后关于产品设计流程有以下四点说明：（1）并非所有的产品都完整地走过全流程；（2）流程并非不可逆，任意一个环节都可能返回到上一个环节；（3）以终为始，上线并不是一个产品的终结，而是新的开始；（4）应进行投资回报率（Return on Investment，ROI）测算，明确产品目标。

四 产品生命周期

（一）什么是产品生命周期

产品生命周期是指产品从进入市场到被市场淘汰的全过程，也被称为经济寿命。产品生命周期的长短是由用户需求以及技术和竞争环境所决定的，市场、消费者以及其他影响市场变化的因素都会影响一个产品最终生命周期的长短。整体来说，一个产品的生命周期主要包括四个阶段：探索期、成长期、成熟期、衰退期。

（二）不同产品生命周期的策略

1.探索期

在这个阶段，产品刚刚推向市场，前期投入较大，用户基础比较薄弱，知名度不高。对于处于探索期的产品，最重要的事情是快速打开市场，让用户和消费者能够接受产品，并根据用户的反馈进行推广策略的调整以及产品的试水和优化。

2.成长期

经过探索期后，产品会进入快速成长期。在成长期，产品会在用户规模、利润、知名度上有快速的积累与增长。与此同时，也会在市场上面对更多的竞争者和追随者，市场竞争压力逐渐变大。因此，在成长期的产品，一方面需要改善提升产品品质，不断积累产品的独特优势，另一方面要积极寻找新的业务增长点，为持续的利润提升提供保证。

3.成熟期

成熟期的产品在用户心智中已经有了一个明确的定位，可以被市场和用户所认识。同时，产品会面临更加激烈的市场竞争，新的竞争者不断出现，产品维护成本和研发成本有所提升。

4.衰退期

衰退期的产品有一些明显的特征，包括用户流失逐渐严重，竞争者开始退出市场，利润变低等。在此期间，需要对产品和市场进行认真的分析研究，确定产品的下一步打法，主要有三种策略。（1）继续维持的策略，延续或者微调产品的既定方案和策略，继续进行投入和维护。（2）集中策略，针对一些利润高、用户黏性高、潜力大的部分进行保留，砍掉被淘汰或不符合市场需要的部分，进行一定程度调整，以期获得更好的收益。（3）放弃投入策略，如果判断一个产品已经没有投资价值，长期来看也不符合用户的需求，或者在技术上已经被新技术完全取代，则可以考虑放弃产品，不再投入，以减少损失。

第六章
新媒体的运营方法与策略

第一节 现代商业运营

一 什么是商业

（一）商业的定义

《新华词典》将商业解释为："专门从事商品买卖活动的经济部门。包括国内贸易和对外贸易。通过商品的收购、调运、储存和销售活动，把产品从生产领域转移到消费领域。是联结生产者和消费者、工业和农业、城市和乡村、地区和地区之间的经济桥梁和纽带。"这一释义非常宏观。

《牛津在线词典》对商业的解释则是："为钱而制造、购买、销售或提供商品或服务的活动（the activity of making, buying, selling or supplying goods or services for money）。"显然，这也是对商业一个非常宽泛的解释。

综合各种观点，本书更倾向于这样的解释：所谓商业，概括地说就是以买卖方式使商品流通起来的经济活动。追根溯源，商业起源于原始社会的物物交换。不管现代社会中商业形态怎么变换、多么复杂，其本质仍是交换。同时，商业也是一种有组织地提供顾客所需的商品与服务的行为。大多数的商业行为，都是以高于成本的价格卖出商品或服务，从而获得盈利。

（二）商业的构成

商业构成表现的是商业本身的逻辑。商业的本质是什么？通俗地说，商业的本质就是发现需求，创造价值，满足需求，获得回报。而商业的构成则至少应包括以下三点：独立的组织机构、从事商品交换、以盈利为目的（见图6-1）。

当然，由于现代商业的发展壮大，其构成要素越来越多，组织形态也日益复杂，但以盈利为目的从事商品交换的组织这一核心内容仍然未变。

图 6-1　商业的构成

（三）商业模式

商业模式通常指企业的经营方式，有时也泛指一个产业或行业的经营方式。商业模式代表的是企业的核心功能，它定义了客户、产品和服务的关系，决定了企业的创收和盈利路径，往往还描述了企业的业务流程，属于企业战略层面的规划。商业模式主要关注点在于企业与用户、企业与供应商、企业与合作伙伴的关系，特别是彼此间的物流、信息流和资金流关系。

目前应用较为广泛的商业模式包括：(1) 店铺模式。这是一种最古老也是最基本的商业模式，具体来说，就是在有潜在消费者群的地方开设店铺并展示其产品或服务。(2) 搭售模式。这种模式出现于 20 世纪早期。在这种模式里，基本产品的出售价格极低，通常处于亏损状态，而与之相关的消耗品或服务的价格则十分昂贵。(3) 会员制模式。会员制最早可以追溯到 17 世纪英国的绅士俱乐部，是商业社会发展到一定程度的产物，旨在为同一层次消费者提供排他性商业服务。随着互联网平台经济的崛起，会员制得到了长足的发展，有线上线下结合的模式，有等级与积分的模式，有免费与付费的模式等。(4) 品牌模式。也称为品牌经营模式，就是把品牌当作一种独立的虚拟资产来经营并获得长期收益的一种网络化、虚拟化、知识化、资本化的经营模式。(5) B2B 或 B2C 模式。电子商务的经营模式主要包括 B2B 和 B2C 两种模式。B2B 是企业对企业的模式，B2C 是企业对消费者的模式。此外还有 B2G（企业对政府）、C2C（消费者对消费者），甚至 C2B（消费者定制）模式等。

二 什么是运营

（一）运营的定义

运营一词最早可能指车船等的运行和营业，后来发展为运作经营的总称。广义上讲，一切围绕企业及其产品进行的人为的商业活动都叫运营。狭义的运营专指针对某一产品所进行的某一具体的商业活动。

（二）运营的内容

在企业的实际经营过程中，运营的内容往往非常宽泛，有时甚至超出了具体的产品经营流程。由于运营有运作的意思在，它通常包括企业各阶段的公关活动。除公关外，还包括具体的经营过程，如打通产业链，联系上游的供货商和下游的销售商。在实体经济中，还包括产品的进销存全过程。

（三）运营分类

运营一般分为市场运营、用户运营、内容运营、社区运营以及商务运营等类别。市场运营通过花钱或不花钱的手段，对产品进行一系列的宣传。用户运营是以消费者为中心的运营手段，常见于UGC社区，是以贴近用户、团结用户、引导用户为手段的运营方式。社区运营指的是面向社区消费者进行的干预活动。商业运营是对产品和生产的运营过程进行计划、组织、实施和控制等工作，通俗说法就是"买卖"。

三 什么是营销

营销是商业活动中的重要一环，是企业员工以盈利为目的，通过沟通、传播和推销等行为进行的一种经营性活动。更具体地说，营销是企业发现或发掘消费者需求，让消费者了解企业商品进而产生购买行为的过程。

营销在实践中也常被称为市场营销。市场营销是在创造、沟通、传播和交换产品中，为顾客、客户、合作伙伴以及整个社会带来经济价值的活动、过程和体系。它主要是指营销同时针对市场开展经营活动、销售行为的过程，即经营销售实现转化的过程。

营销是一个系统工程，主要包括产品设计与研发、盈利方式、销售渠道、传播渠道等内容。其中，营销方式又包括服务营销、体验营销、知识营销、情感营销、教育营销、差异化营销、直销、网络营销等。

营销过程有以下五个重点：第一，要提供优质的顾客服务，提高销售额；第二，要及时更新产品信息，挖掘购买者消费欲望；第三，要方便顾客购买，降低销售运营成本；第四，要提高企业品牌知名度，建立忠诚的消费群体；第五，要引导顾客参与，建立顾客忠诚度。

第二节　定位新媒体运营方向

在布局新媒体运营前，首先需要了解用户与产品，其中包括了用户画像、用户分层、用户习性等，重点要做好核心高价值用户的维系。对产品向内深挖后，制定新媒体运营方向，可从传播型新媒体、工具型新媒体、服务型新媒体三个方向切入。

传播型新媒体的核心是持续产出优质内容，文案应具备社交属性。如Twitter和You Tube，这两种具有代表性的不同类型的社交媒体验证了"影响力圈层"结构与层级相关性。社交媒体研究需充分重视传受关系和传受结构中的"影响力圈层"效应和机制，以及在这种结构背景下的信息流动有效性和话语传播规律。工具型媒体更注重产品的核心技术优化及活动策划。服务型新媒体则是以用户体验为重心，提升用户满意度是终极目标。

当然运营方向不一定只是一个，可能是两个甚至三个的组合。这取决于产品种类、运营预算、团队规模与团队成熟度等因素。在新媒体运营冷启动状态，需要验证产品属性是否匹配运营策略、目前的运营策略是否能够达成新媒体运营目标等问题。

一　认知新媒体内容产品

新媒体运营是运用新兴的数字化媒体给产品传递价值并赋能的过程（见图6-2）。每个产品都有其独特的核心价值，与产品配套的新媒体运营方案，要明确理解其核心价值，使用相关的运营策略，将核心价值传达至用户，与产品不匹配的运营方案反而会加速产品衰退。

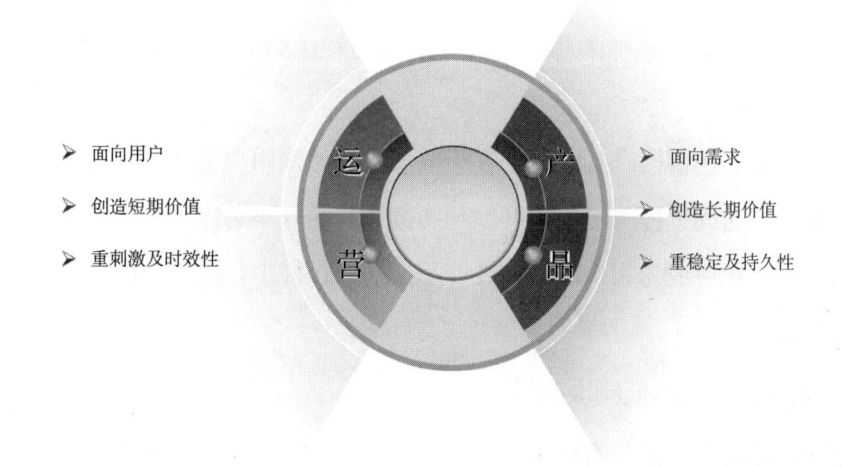

图 6-2　新媒体运营与产品设计特异性对比

常见的产品可以从不同维度划分。根据用户使用目的，通常可以分为治愈性产品和防御性产品；根据用户使用频次，可分为高频次产品和低频次产品；根据用户需求强烈程度，可分为刚需性产品和非刚需性产品。

（一）治愈性产品和防御性产品

治愈性产品用于解决用户已经存在的问题。如需要剪辑视频，那么视频剪辑软件就是治愈性产品；需要快速出行，那么汽车就是治愈性产品；需要便捷沟通，通信工具就是治愈性产品。治愈性产品帮助用户解决痛点。

防御性产品是指用于帮助用户预防可能存在的风险的产品。为了预防健康风险，用户需要进行癌症筛查、采购老年人呼救机、食用有机食品等，那么癌症筛查项目、老年人呼救机、有机食品便属于防御性产品。从广义来说，为抵御未来失业风险，学习网站及培训机构都属于防御性产品。案例 6-1 这种课程类的产品，显然属于防御性产品，产品并不是为现在明确发生的事情做解决方案，而是对未来某种风险的规避。在学习平台这个场景下，通过"未来三年，涨薪 50%，否则退款！"的文案刺激，用户对防御性产品的需求被激活。

案例 6-1　防御性产品案例

2017年年底，某互联网课程团队宣布在全平台上线付费音频课程"教你月薪五万"。平台承诺，若听课人员"三年后加薪不超过50%，则可申请全额退款。"

治愈性产品和防御性产品的区别在于治愈性产品是用户主动寻求的行为，而防御性产品是被动推送的过程。治愈性产品与防御性产品并不对立，防御性产品在某些场景下被激活后，也可成为用户的治愈性产品。这一过程中，用户与产品建立链接的场景成为运营的关键。

（二）高频次产品与低频次产品

高频次产品既有需求又有流量，拥有了更多触达与转化的可能性。与此同时，高频次产品往往有着较多竞品，运营压力较大。

低频次产品的对应对象为个体，或相对整个市场环境而言的小众需求。这类产品将多个个体的低频需求汇聚，用高频行为挂接产品，把控用户黏度。专注于小众用户群体，将成为低频次产品在新媒体运营中把控的核心要素。以租房产品为例，租房本身是低频次需求，但租房后的房屋托管，比如水电气费的代缴代扣，则相对租房而言高频不少。挖掘足够高频的使用场景，有助于提高用户留存机会。

（三）刚需性产品和非刚需性产品

刚需性产品对于某些特定人群来说拥有自驱力，如在日常生活中衣、食、住、行等方面，用户会主动找寻产品，此时新媒体运营的重点则是细分产品行业及产业链，定位决策人，高频推送，在合适时机触发痛点。

非刚需性产品即弹性产品，需要运营人员引导需求，为用户提供与刚需性产品同样的安全感和确认感。非刚需性产品没有直观痛点，情怀内容营销成为新媒体运营中非刚需性产品的运营方向。

二　定位内容受众

在定位新媒体运营目标用户前，需明确用户定位的概念（见图6-3）。

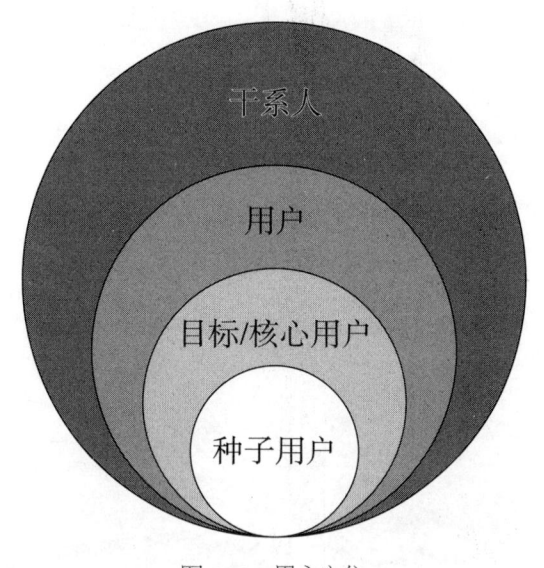

图 6-3 用户定位

（图中从外到内：干系人、用户、目标/核心用户、种子用户）

有效的用户定位应该是具象、可衡量的，比如定位到某个垂直细分领域中的人群，聚焦并锁定可触摸的用户。确定核心用户群体有两个出发点，一是从产品自身出发，确定产品自身的属性并考虑为什么样的人群提供服务；二是从市场出发，梳理不同人群的喜好，总结归纳、匹配产品。

在新媒体中通常根据用户特征来进行内容受众的定位。用户特征分析是指通过一系列方法，将典型的目标用户的群体行为进行统一归纳。区别于产品设计描述的"用户画像"，新媒体运营中更关注用户触达信息的渠道和目标群体行为的转化。运营更多的是将产品原型中的用户画像匹配在恰当的场景下，将产品价值观相同的人群聚集在一起。

对用户特征的描述，除了它基本的地区分布、年龄分层、学历水平、触媒习惯以外，还要构建用户和产品的关联场景（见图 6-4）。什么样的场景下，用户能产生转换？怎样让用户性格与产品性格形成牢固的"朋友关系"？需要做得更多的是揣摩用户的社会属性和心理，让用户用产品"治愈"或表达态度。在明确受众人群的用户特征后，需要保持对受众群体的持续关注，产出符合其价值需求的内容，才能使用户持续关注产品。

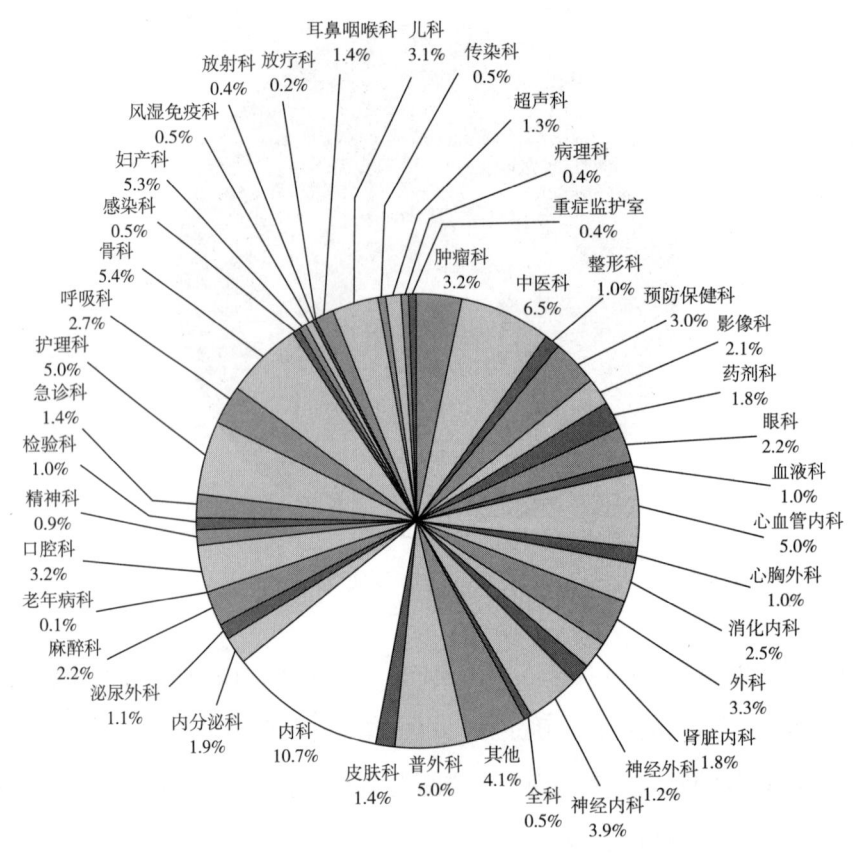

图 6-4　某医学平台针对用户数据按照科室维度划分后的统计结果

第三节　创作新媒体文案

一　文案概念与具体内容

文案是新媒体运营中很重要的模块，没有任何运营能脱离文案。与文章相比，文案的独特性在于，文章是"一对多"的表达，但好的文案是"一对一"的倾诉。它戳中用户的痛点，并为其提供解决方案。

文案的组织表达能力是新媒体人必须掌握的基本技能。尤金·舒瓦兹在《创新广告》中说过，文案无法创造购买商品的欲望，只能唤起原本就存在于百万人心中的希望、梦想、恐惧或者渴望，然后将这些"原本就存在的渴望"导向特定商品。我们常常提及的"能达到很好运营转化的新媒体文案"，一部分源于作者灵感，一部分依靠于按照文案的写作逻辑来组织表达。本节主要针对后者展开撰述。

（一）什么是好文案

好的文案似乎扮演着用户的"兄弟"或"闺蜜"，是具象且具有感染力的，在"亲密关系"下完成信息交换和价值观的传递。

新媒体让信息生产的主体前所未有地扩大，每个用户都能成为信息的生产者，同时也是信息的消费者。信息生产的角度、传播的渠道以及用户的反馈都与以往不同。随着信息数量的成倍增长，在如此浩大的数据量中找寻真实且满足自己需要的信息将会变得更加困难。如果文案只是直白无味地阐述产品功能而不具备创新性，则难以引起用户的注意，阻碍运营目标的达成。一份好的文案需要具备以下特征。

1.创意性

创意性的文案不是哗众取宠博取眼球，而需要平实深入，洞察细节。案例6-2展示了已经在市场上获得成功的创意性文案。

案例6-2 创意性文案

百度平台2016年品牌宣传片《每个问题背后，是想做更好的心》，用"观察人间的形式"，由产品主打的搜索功能，反推用户使用产品的目的——每次点击是想做得更好。该片从用户角度深入观察，击中用户的需求痛点（见图6-5）。

图6-5 运营案例（一）

2.具象化

文案是运营者发声的武器,好的文案一定不是"假大空"的,它应该是具象的。具象化的文案能将产品具体化、形象化、画面化,最终达到被用户记忆,被用户传播的目的(见案例6-3)。

案例6-3　具象化文案案例

样例:辅助医生临床诊疗的系统文案:"专业的临床参考知识库;临床资深专家团队参与创作;海量的全文数据保障;提供丰富可靠的临床决策支持。"(见图6-6)

问题:这个文案很难触动用户,文案中形容词比较"大"和"空",看似树立产品的专业性,但"专业距离"让用户没有触动感。

修改为:"2019年10月9日,患者持续反复高烧一周,伴随四肢无力等症状,抗菌消炎一周未见明显好转,疑似上呼吸道感染的诊断是否正确?"

修改后的文案以医生临床常见的场景叙述,有画面带入感,再切入临床医生常见问题,如配上漫画,植入产品,那么文案效果将会更好。文案尽量简单具象,切忌形容词的堆砌如:"海量""权威""专业"等。

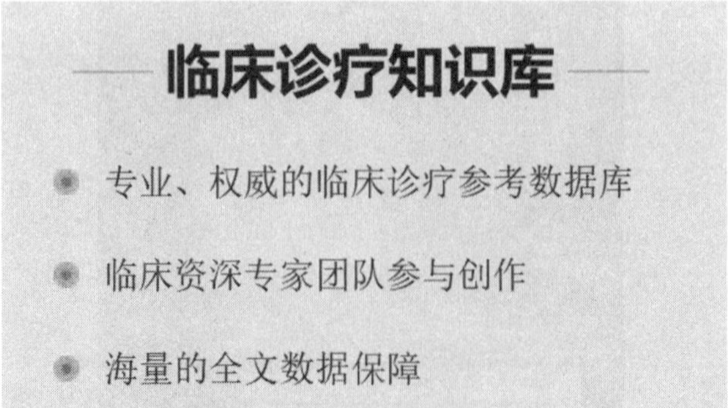

临床诊疗知识库

- 专业、权威的临床诊疗参考数据库
- 临床资深专家团队参与创作
- 海量的全文数据保障

图6-6　运营案例(二)

更深层次的文案反映企业战略与品牌竞争策略,是品牌战略目标的主力输出。

3.符合用户属性

回归产品生命周期,产品生命周期决定目标群体,如在产品生命初期,一般从产品功能层面寻找细分用户,文案此时也是围绕着此定位下的用户搭建场景,创造痛点阐述产品(见案例6-4)。而在产品中后期可能更多地可以从"情绪文化"和"情感连接"层面精准定位用户(见案例6-5)。

案例6-4 符合用户属性的文案案例(产品初期)

小米2广告文案"小米手机就是快",小米2主打性能翻倍,性能提升转化为用户体验感即是"快"。对于需要购买手机潜在用户而言,"快"无疑是很强的痛点,简单直白地描述了产品的核心功能点,让文案简单直接,最大化地向用户传递产品信息。

案例6-5 符合用户属性的文案案例(产品中后期)

2021年7月,天猫推出科技跑鞋的品类专场。作为日常生活用品,各跑鞋品牌在用户心中已经积累了一定的品牌效应。在此前提下,如何撰写触动用户的文案,激发用户的消费欲望,天猫给出了以下实例:"我时常一个人走在路上,在拥挤匆忙的信息流里,在不断探寻和自省里,在漫漫长路和对未知的期待里,偶尔会觉得前方坎坷,但我不会就此叫停。我们注定要向前,只要跑就对了!跑起来,让鲜血涌入砰砰跳动的心脏,让汗流淌,再让风吹干。我们有无数理由跑在路上,跨过沟壑,冲过荆棘,风景在身旁呼啸而过。我们是同路的不同人,可我们跑在一起,才会把终点拉近。还准备旁观吗?别做路人,做跑在路上的人。"

该文案以第一人称的视角将用户代入文案的背景中,场景从深沉压抑的日常环境转换到轻松开拓的自然风景。强烈的代入感和从压抑到轻松的心理体验感,对用户产生一定的心理暗示,从而激发用户产生相应的消费行为。这就是产品中后期文案宣发的特征,即获得用户心理上的认同感。

（二）标题：聚合内容，迅速吸睛

好的标题从来不是夸大其词、哗众取宠的，而应帮助用户浓缩提炼内容，判别信息对于自己的价值。标题应该怎么选取？本节将列举最常见的十种新媒体标题选取方法。

1.疑问与反问

疑问句式标题可以迅速吸引用户注意力，如果恰好用户也想要知道问题的答案，他就会点击阅读。

而反问的语气会更强烈些，反问式的标题往往会打破用户的过往认知和思维误区。后续文案如果继续放大用户痛点，引发用户思考，那么配合产品卖点可以达到很好的转化。

设问句，即在标题里自问自答，这样在标题里作者可以直接抛出新颖有趣的观点。（见案例6-6）

案例6-6　疑问与反问式标题样例

《北方今夏为何频发暴雨？》

《你为什么不发朋友圈了？》

《难道"996"是初创企业不可避免的选择吗？》

2.结合热点

通过借势社会热点、名人以及行业KOL（Key Opinion Leader, KOL），内容能获取更多流量，在当下具备更多的社交势能，更利于传播（见案例6-7）。

案例6-7　结合热点的标题样例

《少年的你不年少》

《哪吒：我命由我不由天》

《桂林航空涉事机长终身停飞！敬畏生命从来不是口号！》

《国家卫健委：关于健康中国行动有关文件的政策解读》

3.数据与符号

数据能简单明了地总结和概括文章内容，让文章的价值可视化，但在标题中运用数据一定要突出重点和结果。如果使用不当，数据只能被称为数字。如《3个月学习200节课，终于让我涨薪不少》，标题中的"3个月"和"200节课"和产品要突出的结果无关，这样的数据在标题中不具备感染力。如果将标题替换为《3个月学习200节课，月薪涨了5倍》，对用户的冲击更为直观（见案例6-8）。

案例6-8　结合数字与符号的标题样例

《人民日报发布的70个超实用健康小知识，每个人都应该看一看！》

《年底了还没有文章？是时候学点数据挖掘了 | 武汉最后18个名额》

4.反差对比

运用对比的手法，更容易给用户塑造场景、激发想象空间并突出产品特质。反差带来认知的冲击，从而激发用户阅读兴趣（见案例6-9）。

案例6-9　运用反差对比的标题样例

《5G真来了，比4G多了不止1个G，三个问题需要回答》

《比乌镇清静，比周庄美，这个古镇不可错过！》

5.引起共鸣

用标题抒发情绪，仿佛与用户置身于同一种情绪体验，激发共鸣（见案例6-10）。

案例6-10　引起共鸣的标题样例

《为什么你越努力越焦虑？》

《为什么你铺天盖地地打广告，顾客却无动于衷？》

6.画面代入

有画面感的标题,会让用户不自主地想要将画面补充完整,从而实现吸引用户点击的目标(见案例6-11)。

案例6-11 让用户产生画面代入的标题样例

《3包烟就能熏黑气管!看完这组实验,你一定能戒烟》

《这道菜他叼着烟在厨房里做了三十年》

7.强调型

此类标题通常将某个词语突出,给用户较强的情感冲击(见案例6-12)。

案例6-12 强调型标题样例

《这个"群",他们是唯一"退群"的》

《这就是今天早上的上海!》

8.创意型

创意型标题一般指选题切口小、立意新颖的标题,它往往和大众思维模式稍有差别(见案例6-13)。

案例6-13 创意型标题样例

《我有一份鸡排,你能帮我"代吃"一下吗?》

《它被真菌感染后,才成了好吃的蔬菜》

9.干货型

当前网络信息泛滥无序,接收、了解与消费信息成为用户的负担,标题中显眼地标注内容的优质点并帮助用户进行无效信息的过滤时,用户点击和阅读的兴趣也会同比例升高(案例6-14)。

案例6-14　干货型标题样例

《研究了1000多篇文献，精选20篇经典文献都在这里！》

《一篇文章让你读懂"大数据"》

10.获利型

此类标题适用于活动宣传，毕竟大多数人对"免费""优惠"没有抵抗力（见案例6-15）。

案例6-15　获利型标题样例

《"编辑"免费课程，即刻申请》

《人工智能导论免费试听》

文案大师罗伯特·布莱在《文案创作完全手册》里提出了写标题4U原则：紧迫感（Urgent）、独特性（Unique）、明确具体（Ultra-specific）、实际益处（Useful）[①]。我们可基于4U原则对所创作的文案进行自检。

二　文案组织与表达

文案的撰写需要提炼产品属性与使用场景，在撰写新媒体文案前可以先回答下面六个问题，初步触发文案撰写方向。

1. 产品相比竞品有什么不同？
2. 产品主要的功能点，为用户解决什么样的问题？
3. 显著提升用户体验的细节有哪些？
4. 在整个产品的生产流程中有哪些值得关注的细节？
5. 哪些场景下产生的结果能体现产品的好？
6. 有哪些与产品有关的事件、明星及行业KOL？

---

① 布莱.文案创作完全手册[M].刘怡女，袁倩，译.北京：北京联合出版公司，2013.

（一）提炼产品信息和卖点

文案必须带着策略与创意来进行创作，文案需要挖掘最打动人的细节，动笔前必须保证自己有足够的背景资料和信息（见图6-7）。

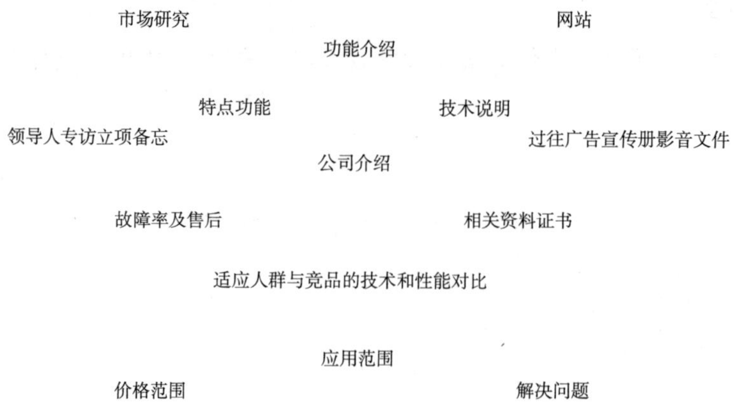

```
            市场研究                          网站
                        功能介绍
              特点功能          技术说明
     领导人专访立项备忘                    过往广告宣传册影音文件
                        公司介绍
             故障率及售后          相关资料证书
           适应人群与竞品的技术和性能对比
                        应用范围
              价格范围              解决问题
```

图6-7　企业及产品涉及信息背景

（二）从用户痛点反推产品卖点

除了从行业趋势和产品属性来启发文案的切入点以外，文案撰写还可从用户寻求解决方案的常见渠道入手。例如，若产品为杯子，那通过各种信息检索平台输入"杯子"，则会出现很多和杯子相关的检索词，如"杯子便携""杯子恒温"等。或是在其他销售平台上收集用户在同类产品评价中的满意点和期望点。提炼这些关键点，从用户痛点反推产品卖点，最终确定文案创作方向。

（三）文案调性

文案的风格很大程度在运营战略制定时已经确定了，依据策略和平台的属性，幽默搞怪或专业严谨，结合运营策略去输出对应场景的内容。同在微信公众平台，腾讯课堂产品学院和十点读书的文案风格差异就很大（见图6-8）。

图 6-8　微信公众号样例

（四）用户潜在阅读时间

各媒介平台属性和用户场景都影响着用户潜在阅读时间，这就决定了不同平台的文案篇幅应有所差异。如微信公众号的文字量建议 800~2000 字；微博则系统硬性限制在 140 字以内，超过 140 字则会被定义为长微博（相应文案策略就要有所改变）；趣头条系统限制在 1500 字以内。但若内容足够优质，删减会影响内容呈现，字数也不是"硬标尺"，如丁香医生发布的《百亿保健帝国权健，和它阴影下的中国家庭》字数就高达 5000 字，文案触达上千万人。

三　场景化文案要点

在读图时代、快餐文化、日常时间碎片化的共同作用下，用户正在丧失耐心和抽象思考的能力。在完成文案的组织后，文案的逻辑和写作风格则是紧接着需要面对的问题。场景化的文案往往更能打动用户，场景化的文案主要包括以下要素。

（一）故事性

观点和共识是永恒的刚需。从原始社会到现在，人们都习惯分享故事。对故事的天然喜爱，消解了用户对广告的排斥感，并且使我们的文案有更高的概率留存在用户记忆中，在信息的洪流中不被快速地冲淡。新观点和新故事的需求是不会被替代的，用户不仅需要新故事，更需要对新故事的看法，对生活的新洞察（见案例6-16）。

案例6-16　故事性文案样例

某酒类企业发布《想对你说的话，都在酒里》系列文案："生活在这个时代，生活在这座城市，城市越来越大，彼此却越来越远。也许人们之间的感情也像杯子一样，碰一碰才不会有距离。有时候，杯子多了就是一群人的狂欢，其实也是每个人的孤单。心情不好的时候，有谁愿意和你说话？"

故事性文案最核心的点是情节。如果场景时间不允许讲述故事，那么提炼故事中的情节则是文案创作中的关键点。情节是情绪和细节的浓缩，它具有带动用户情绪的作用，并有用心捕捉的细节。

（二）创新性

文案的吸引力即代表"创新性"，创新性文案有时依靠灵感。如何获得灵感？约瑟夫·休格曼在经典的文案书《文案训练手册》中介绍了一种"水平思考法"：摇动写有14000个词语的智囊球，将首先被看到的3个单词和你的产品联系在一起，结合向用户推荐产品的目标，进行文案创作。[1]

---

[1] 休格曼. 文案训练手册[M]. 北京：中信出版社，2015.

（三）细节性

一个优秀的文案，要善于对生活细节进行洞察，善于发现那些隐藏在生活中的小细节，触碰人心最柔软的地方，这样才能传达出文字的力量。毕竟，每个文字的背后，是想要做到更好的心。

第四节　内容生产与运营

无论是传统传媒业或是现在的新媒体，其核心竞争力永远离不开编辑。从最早期的内容编辑，到后来的网站编辑，再到现在的内容运营，关于"内容"的岗位在不断衍变。内容编辑的工作重心更多地放在内容的生产和加工上，对内容产出负责。而内容运营的要求更高一点，除了要有内容生产能力，最终还要对（内容）产品的数据结果负责。一言以蔽之，内容运营就是通过各种内容的形式和手段实现运营目标，这也符合运营是以目标结果为导向的结论。

一　内容与优质内容

什么是内容？广义定义下，人能够通过感知感受到的均为内容，常见的内容形态主要有文字、图片、游戏、视频及音频等。

为什么需要内容？因为内容能带来品牌认知，传递产品定位和调性，形成用户壁垒。

在新媒体中我们总是提及内容等概念，但其本质不在于单纯指代内容本身，而在于深入了解现有传播逻辑和目标用户需求后创作出的优质内容。

新媒体时代用户可以多维度地了解、评论甚至参与内容的生产。那什么样的心理能让用户一直帮助内容分发甚至生产内容呢？传播学家认为，大众的社会及心理需求逃不出5种类型：认知的需求、情感发泄的需求、个人整合的需求、社会整合的需求及炫耀的需求。因此优质内容有很多共性，如选题覆盖人群量大，能激发用户强烈的情绪感受；选题具有争议性，能颠覆用户认知等。好的内容应包括丰富且易于看到的专题信息，感兴趣和方便存取的超文本组织结构等。

二 内容运营的概念

传统媒体亦有内容运营的思维显现，如早期传统媒体杂志报纸，会根据用户兴趣筛选内容、调整排版和选择发行渠道。伴随新媒体发展，用户与内容生产者之间信息流日渐畅通，细分的专业内容日益增长，用户积极参与内容的生产，在此三大前提下，内容运营应运而生。

内容运营即通过合理的内容创建、发布及传播，围绕着内容的生产和消费搭建起一个良性循环（见图6-9）。内容运营可以适用于所有媒介渠道和平台，任何企业和产品都需要内容的构建，帮助品牌形成产品坚实的竞争壁垒。内容运营一般分为六个步骤。

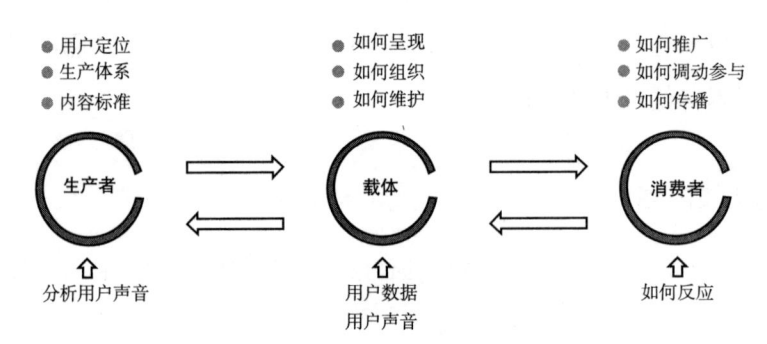

图6-9 内容生产消费需要思考点

1.内容运营分级

运营阶段1：没有任何内容的阶段，首要目标是搭建内容团队。

运营阶段2：拥有集中化的内容团队，要制定内容计划与策略。

运营阶段3：专业集中化地进行内容运营，关注用户内容消费的各个环节。

运营阶段4：以业绩为导向的内容运营，内容效果优化和数据分析。

2.建立信任

在内容的冷启动阶段，首先思考为什么用户会选择你的内容。选择的前提是信任，该阶段应着重于用户对产品信任的建立，可以优先考虑内容的传播力，而不受限于内容的转化率。

3. 行业KOL赋能

关键意见领袖通常被定义为拥有更多、更准确的产品信息，且被相关群体所接受或信任，并对该群体的购买行为有较大影响力的人。

专业角色的加入，不仅搭建了用户和产品间的初步连接，也实实在在地带入了流量并提高了内容转化率。需要注意的是将专业的元素前台化，让用户有明显的感知。

4. 重复交易

利用低门槛与用户建立初步交易，让用户体验内容服务。在内容很难触达用户并形成最终转化时，不妨先做减法策略，降低内容获取门槛，让用户感受到内容的价值，最终达成重复交易。

5. 内容消费

名人及意见领袖带动内容互动、内容输出、口碑传播，通过自有媒体和推广渠道，将内容的影响力进一步扩大，让用户达成内容消费。

6. 内容复盘

内容分发后，用户会通过点赞、转发、收藏等行为发声，也会通过留言等形式直接表达观点。通过分类、甄别、测试，收集整理这些"用户声音"，以改变策略，调整内容调性、更新频率、更新时间等。累积一定的用户数量后，根据用户阅读数据，不断进行用户分型，完成定制化的内容生产。

复盘也可采用美国质量管理专家休哈特博士首先提出的PDCA循环（见图6-10）。PDCA循环的含义是将质量管理分为四个阶段，即计划（Plan）、执行（Do）、检查（Check）、处理（Act）。

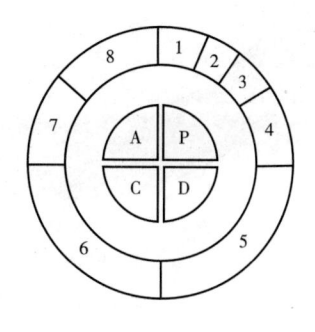

图 6-10　PDCA循环

综上，内容运营的核心应该包括以下三点：用户行为数据分析，让用户数据指导内容生产；确立内容生态意识，几乎所有的运营工作都是为了搭建健康的生态体系而操作的；从市场层面评估内容，确认内容能否为产品带来有效转化。

三　内容生产机制

合理规范的内容生产机制是持续生产优质内容的基础保障，最终达成内容生产可持续、爆款内容能生产的目标。

（一）内容初始化

内容初始化阶段首先要进行内容素材的积累，并将内容拆分成很小的部分储存在内容池中。素材作为预备初始的启动话题，根据内容运营策略，将内容封装，并匹配当时所需场景进行分发。当然，内容池的储备与更新贯穿内容运营整个流程（见图6-11）。

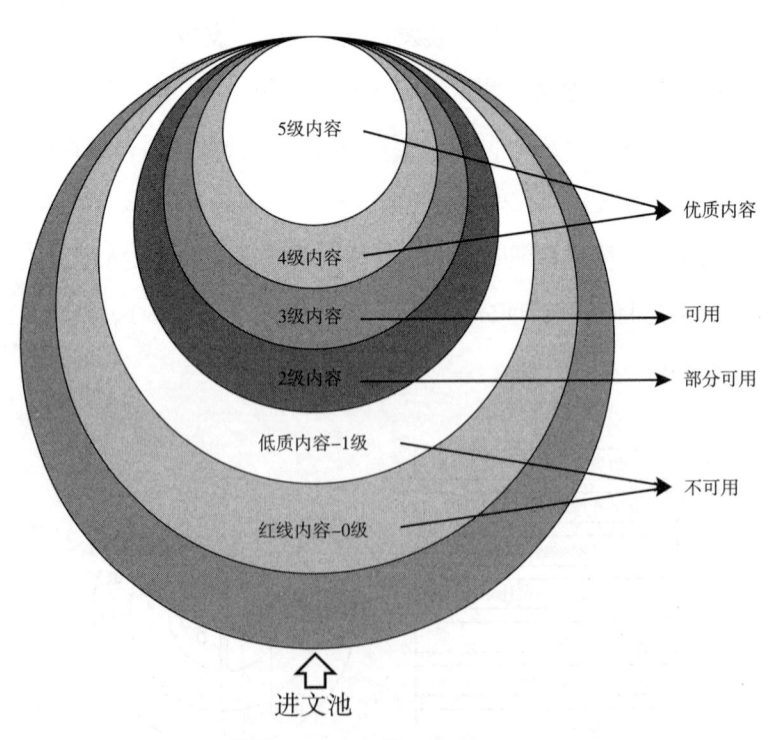

图6-11　内容池

(二)内容封装标准

内容的持续生产，底层不变的核心点是围绕产品的素材及整体的内容，进行标准化和流程化的内容封装，标准化的机制才能保障内容持续性产出和内容的基础合格线。

(三)内容选题

回归到策划层面，内容选题首先制定的是整体日常的内容分发标准，以及相关非常规情况的追踪策划。

选题的来源可以是内部渠道、个人经历以及外部媒介等。在价值多元化的当下，什么样的内容能引起大家强烈的共鸣？什么样的内容更能激起大家分享讨论的激情？过去、现在与未来都离不开人类的自然本性，选题也要以人性规律为前提。

1.符合"人性公约数"

什么是人性公约数？简单来说，就是人性共有的一些特点（见图6-12）。除去私密性的内容，符合人性公约数特性的内容，具有巨大的传播能量，也更有可能成为爆款内容。因此具有潜力的选题，一定少不了对用户心理和人性的洞察。

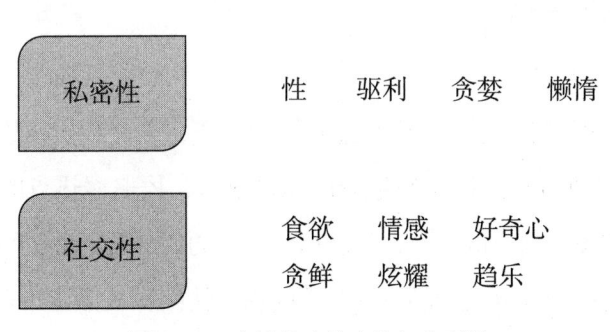

私密性	性　驱利　贪婪　懒惰
社交性	食欲　情感　好奇心 贪鲜　炫耀　趋乐

图6-12　人性共有特点的部分列举

2.做用户情绪的操盘手

情绪分为正面、负面、能量高、能量低这四个象限（见图6-13）。高能量情绪，扩散性强，负面高能量的情绪往往表现在具有争议性的内容上，这些内容更能满足用户情绪宣泄的需求，自然可以借助外力传播。所以，在策划选题、寻找角度的时候，可以根据营销的诉求和自身产品的特性，有选择性地利用情绪流动的逻辑，让内容更具煽动性。

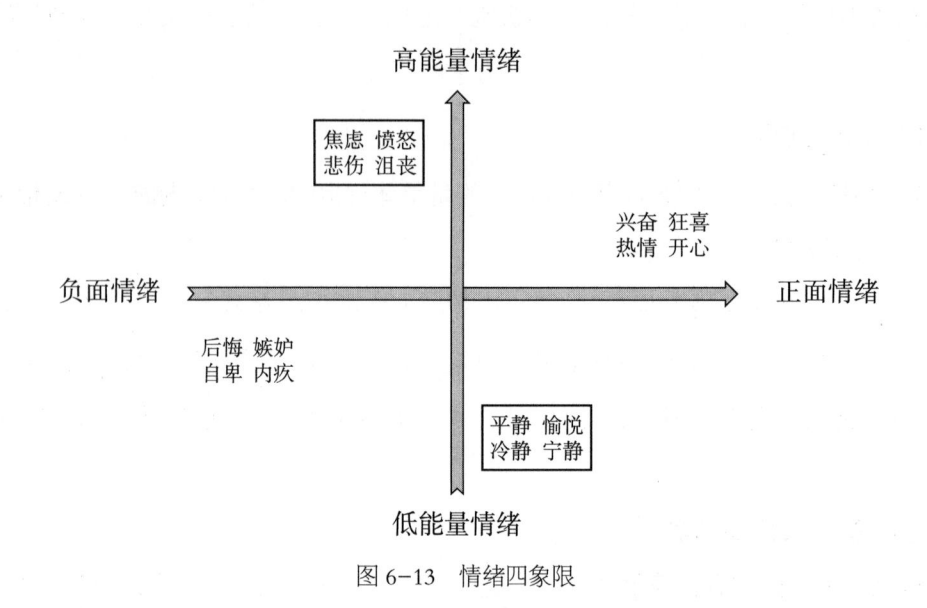

```
                    高能量情绪
                        ↑
         ┌─────────┐    │
         │焦虑 愤怒│    │
         │悲伤 沮丧│    │
         └─────────┘    │        兴奋 狂喜
                        │        热情 开心
                        │
  负面情绪 ──────────────┼────────────────→ 正面情绪
                        │
         后悔 嫉妒       │
         自卑 内疚       │
                        │    ┌─────────┐
                        │    │平静 愉悦│
                        │    │冷静 宁静│
                        │    └─────────┘
                        ↓
                    低能量情绪
```

图 6-13　情绪四象限

3.普适性高，平实深入

策划选题一般需策划普适性较高的选题，选题应与生活的关联性高，能在细节之处深入，同时选题需符合目标人群。

4.热点预测

"追逐热点"即借势，用户不愿错过新鲜的谈资，因此新媒体的热点话题具备很高的社交势能。但热点势能持续的生命周期也很短，故追逐热点的速度很重要，谁能在较早的时间内发表自己的观点，就能抓住注意力的红利。我们可以通过思维导图的方式预测产品的连接点以及产品可以对接的用户情绪，从而在热点期间迅速部署相关内容。或者根据产品自身情况建立热点营销日历，包括节假日、纪念日、新品发布会等。

（四）内容产出形式

内容生产分为官方产出和用户产出（见图6-14），其中用户产出主要有两种模式：专业内容生产（Professionally-generated Content，PGC）和用户内容生产（User-generated Content，UGC）。

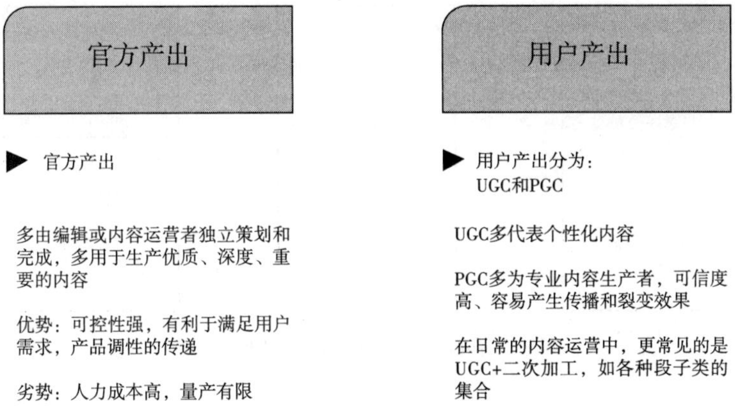

官方产出

▶ 官方产出

多由编辑或内容运营者独立策划和完成，多用于生产优质、深度、重要的内容

优势：可控性强，有利于满足用户需求，产品调性的传递

劣势：人力成本高，量产有限

用户产出

▶ 用户产出分为：
UGC和PGC

UGC多代表个性化内容

PGC多为专业内容生产者，可信度高、容易产生传播和裂变效果

在日常的内容运营中，更常见的是UGC+二次加工，如各种段子类的集合

图 6-14　内容产出形式

四　内容生产流程

内容生产流程主要分为五个阶段。

第一阶段，内容采集。即寻找优质素材来源平台，通过各种平台指数，如百度指数、微博热搜及知乎热搜等，分析相关关键词并挖掘目标人群消费内容的相关属性。

第二阶段，内容产出。即通过选题策略排定选题，通过渠道及内容池筛选素材。所谓"日光之下并无新事"，内容运营的基础可从转载改编开始，经过授权后合规转载其他媒体的优质内容，通过长期内容接触的触感，拆分核心元素，提炼符合目标用户口味的内容要点。

第三阶段，编辑及呈现。内容编辑在新媒体阶段，更多是指将内容分化成不同形态。

第四阶段，内容审核。不同平台适应的内容形式以及内容长短都不尽相同，需要内容产出者以及运营负责人进行把控。可采取岗位责任制，并对时间、质量及数量等标准进行考核。

第五阶段，内容扩散。目前主要的信息分发机制有三种：人工，传统媒体更依赖于这种信息分发方式；社交，主要通过微信、微博、知乎等平台进行信息扩散；机器，主要指头条、抖音等平台，由推荐算法负责内容的分发（见图6-15）。在新媒体运营中，主要依赖社交和机器这两类信息分发机制实现内容的扩散。

```
┌─────────┐  ┌─────────┐  ┌─────────┐
│  人工   │  │  社交   │  │  机器   │
├─────────┤  ├─────────┤  ├─────────┤
│  编辑   │  │粉丝、社交链条│ │ 智能算法 │
│         │  │         │  │         │
│ 传统传媒 │  │ 微信、微博│  │ 今日头条 │
│ 四大门户 │  │  知乎等  │  │企鹅号、UC号│
└─────────┘  └─────────┘  └─────────┘
```

图 6-15　信息分发机制

第五节　活动运营与用户运营

一　理解活动运营

（一）活动的定义

活动是最具爆发力的运营手段之一，也是说服和引导用户的极好方式。活动运营能在短期内实现相关运营指标的提升，其核心是围绕着一个或一系列活动做好全流程的项目策划、进度管理、执行落地和效果评估。

在所有的新媒体运营手段中，活动运营是用户感知度最明显的。活动运营能快速提升运营效果，增加新媒体运营的整体活力。新媒体活动运营的主要流程如图 6-16 所示。

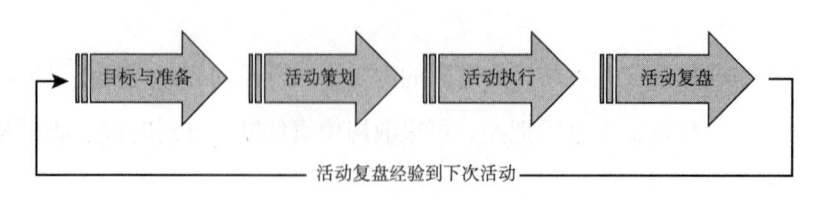

```
  ┌──────→ 目标与准备 ▶ 活动策划 ▶ 活动执行 ▶ 活动复盘 ──┐
  │                                                    │
  └──────────────── 活动复盘经验到下次活动 ──────────────┘
```

图 6-16　活动运营流程

（二）活动运营的目的

新媒体活动运营的目的主要有以下四个方面：一是通过活动制造氛围，吸引粉丝成为用户；二是通过活动增加产品的自传播力，促进用户的二次活跃，持续使用产品；

三是通过活动机制让用户为产品买单，促进用户有效价值转化；四是促进线上相关指标，如社区 UGC 数量的提升。

（三）活动策划的四要素

在新媒体运营中，为了达到活动的预期目标，需要注意以下四个要素：（1）诱惑力，即针对活动人群，制定能吸引用户的规则。（2）创新性，无论是活动大框架的创新，还是细节亮点的创新，都能提升最终转化效果。（3）参与感，活动规则的设立一定是简单、有趣的，以用户体验为主。（4）落地性，基于活动成本、新媒体自有渠道、产品本身的现状以及用户现状，最终形成能实施的方案。

二 活动运营的工作流程

（一）筹备期

1.策划方案

活动的设计阶段会确定活动时间、对象、方式、目标和预算等。活动主题策划的切入点可以是用户使用产品的场景、用户关注的热点或平台数据表现等，活动方式也可以是抽奖类活动、收集类活动、返利类活动及竞猜类活动等形式。

总而言之，可以吸引用户了解活动，并产生参与行为，并能借用活动机制让核心用户带动新用户参与活动的策划方案，才是一份好的活动策划方案。策划方案需阐明以下几点：（1）活动时间。基于节假日势能或是平台数据，拟定活动起始与截止时间，通过甘特图等方式，把控项目的每个节点。（2）目标人群。确认此活动是针对所有用户、潜在用户还是分级用户。（3）方案描述。简单清晰，能阐明活动规则的同时兼具诱惑力。（4）执行策略。方案要具有很强的落地性，落实每项工作大致的人员安排及职责分配，并完成成本预估（做到符合公司的营销预算，使效益最大化）和效果预测（设置活动预计指标，制定 KPI）。

2.制定时间进度表

制定时间节点的流程图帮助梳理跟进活动进展，特别注意要将活动预热的时间段放入活动计划中。

3.确定资源及人员配置

主要包括三个方面:一是内部资源,即确定活动大致会涉及的部门及人员,提前确定相应的档期。二是物料制作,如活动海报、活动视频及活动文字等,并确定物料制作的人员分工。三是推送渠道,包括自有渠道和决定投放的推广渠道。

(二)执行期

1.制定活动流程

根据活动规则、标准和人员配制制定活动流程。

2.内部需求对接

对接其他部门资源,包括但不限于对接技术人员,出具相应的技术需求文档,砍掉无法实现以及成本过高的需求;对接设计部门,提供整体活动风格的UI需求。最终确认方案,进入项目管理阶段,持续跟进项目进展,测试页面功能,直至上线。

3.活动预热

在活动前一周或更早时间,通过活动优惠细节的透露以及部分悬念的设置,来激发用户的兴趣。在自有或其他新媒体渠道进行活动轮播图和活动软文的投放,提前宣传并实时汇报活动进展,进行活动造势及聚流。

4.活动进度及数据把控

活动上线后,监控进度和数据成为主要工作。活动启动时参与人数过少,活动热度很快消退,用户观望效应很严重,这些问题难免出现。当活动效果与原计划不符时,可以进行适当的调整,必要时启动备用支线方案,如活动吸引用户量过大,要考虑是不是吸引了"薅羊毛党",此时应当提高用户门槛,缩小用户范围。但总体原则上活动规则是不能调整的,否则会引起强烈的信任危机。

(三)活动复盘

有效的活动复盘,要以最初的活动目标为参照物。如计划新增多少用户,次日留存率是多少,有多少新增付费用户等。

（四）活动数据汇集分析

活动结束后会产生许多不同维度的数据信息，将活动数据对比目标进行细分陈列，分析数据增长的时间点以及有哪些行为导致数据变化，回溯每个环节中没有执行到位的部分（见图6-17）。

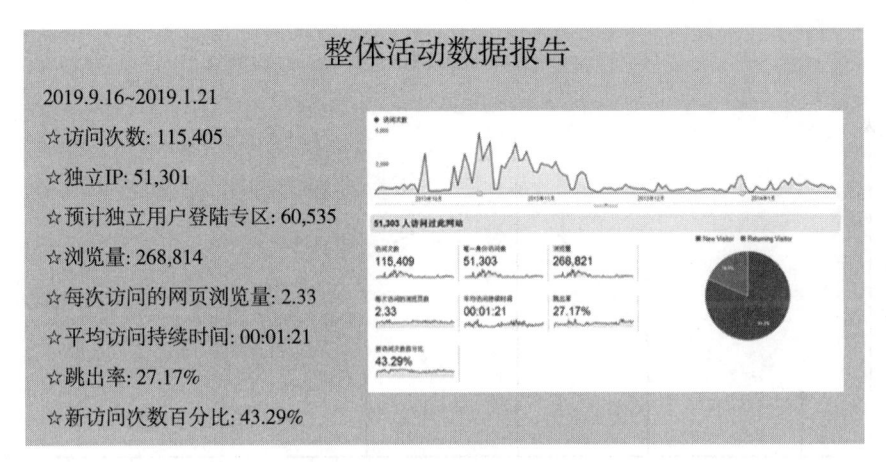

图6-17 活动分析报告样例

（五）深入分析差异

活动结束后，运营团队需要深入分析产生某项结果的原因，根据现有目标和结果的差异，提出部分假设。比如，是否高估了某个渠道的转化率？投放的时间点是否恰当？是否宣传文案出了问题，没能打动用户？是不是活动页面的某些功能不够顺畅？

总之活动运营的目标是将总成本控制在预算总成本以内，同时单个指标的成本越低越好。复盘后可通过优化活动中不足的点，小范围地重新演绎。条件允许时，可对接用户，了解用户的经历和困惑，找出制约转化率提升的瓶颈，并发掘传播力强的素材，进行二次发酵与分发。

三 什么是用户运营

（一）用户运营的定义

用户运营是以用户行为为基础，基于用户需求，适时运用策略和机制延长用户生命周期（见图6-18），提升用户留存率，保持用户活跃度，最终提升产品效益价值的工作手段。"用户量"和"单体用户价值"构成产品整体效益，通过用户的分级、分类和分阶，可以实现企业对用户的精细化运营。

当然除前端的用户运营，后端的个性化推荐、预测响应模型以及信息质量模型等也是可以提高用户满意度的设计。本节只针对用户运营的方法进行解析。

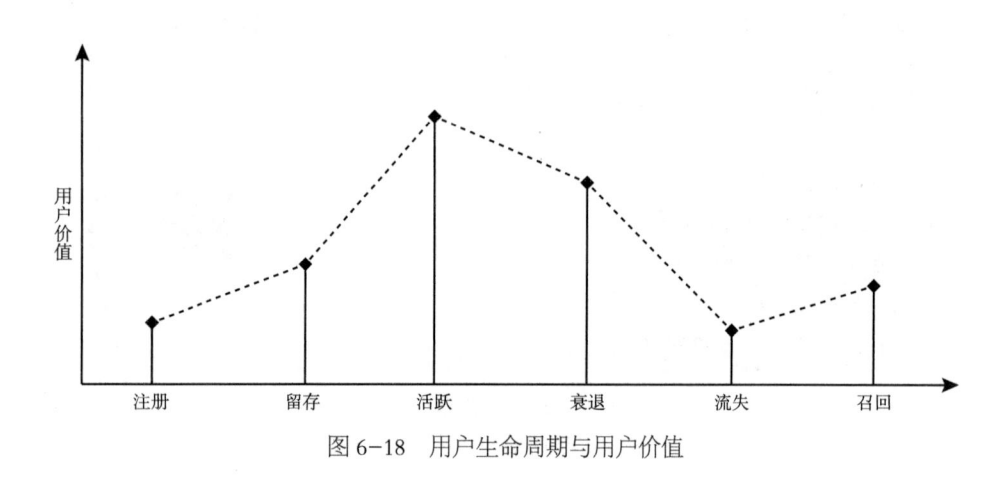

图6-18 用户生命周期与用户价值

（二）用户需求与"驾驭"用户

很多用户运营者会将用户视为重中之重，所有的运营策略都以用户体验、用户需求为核心，但有时候很多用户的需求是伪需求。即使是真正的用户需求，也需理清优先级。

这就是"驾驭"用户的基本出发点。驾驭的目的，是保证绝大多数用户的利益，让用户对平台产生更多的正向价值，从而可以更好地改善产品，改善服务。如此循环，平台可以持续发展，用户也可以受益。

（三）用户规模与策略

在用户运营的初阶状态，用户数量基本较少，此时的用户运营偏向人力运营，如建立微信群、QQ群及评论回复等。初阶状态关注的点较少，重在制定有效的规则实现促活与用户留存。在大体量高阶状态的用户运营中，面向重点用户时也会采用此方法来进行用户关系维护、加大用户情感黏性。

在面向大规模用户的运营时，用户群体不再是一个简单的整体，也就无法进行一刀切的粗暴运营。此时则需要策略和机制的驱动，在实现自动化运营的同时，将预期的目标极致化。

（四）用户分级

在用户运营中同样需要对用户进行分层，用户分层是对用户进行有针对性的精细化、策略化和规模化运营的基础。用户分层的标准是用户群体能否呈现出差异性和规律性。

用户分层在本书第四章针对产品设计方面已经进行了讲解，但具体到用户运营中必须谈及用户等级，用户等级分为"可进可退"型与"只进不退"型。前者的运营重心在于提高成交率、转化率、活跃率、使用频次等指标。如网易云音乐、QQ 会员、优酷会员等产品，用户充值后可享受更多服务，不续费则退为普通用户，这些举措促使用户产生高频次的消费和续费行为。后者的运营重心在于留住用户，沉淀用户，让用户在产品上有更长的生命周期。例如游戏类产品与电商类产品，用户等级越高，在产品里待的时间就会越久，生命周期就会大大加长。

"可进可退"型产品如首汽约车会员，如果你是白银会员，你得到的优质服务少得可怜，但当你是钻石会员后，你就可以获得免费升舱、优先派单、免费调度等多种优质服务。用户运营从运营目标上是解决用户的拉新、留存和促活，但真正的核心运营点是用户运营能为不同等级的用户分别供给多少优质资源。这才是用户运营要解决的最重要的需求，也是打造用户等级的意义。通过等级的划分，使不同等级的用户得到相应的服务。

如果运营的是"只进不退"型产品，如 QQ 等级，用户每天登录就会不停升级，级别不退。这类产品在给优质用户提供资源方面成本较低，甚至是边际成本递减，因此无须控制数量。

最终我们可以依据产品的类型，来决定产品的用户等级策略。能提供无限优质资源的平台，用户等级可以只进不退；只能提供有限优质资源的平台，用户等级需要可进可退。

四 用户运营指标与方法

（一）用户运营指标

1.活跃用户数

活跃用户数可以转化为用户活跃度来进行衡量，用户活跃度就是用户对产品产生相应的行为，我们一般会将这些行为限制在有效行为范围内（例如在电商类平台，用户发生过浏览、收藏、交易等操作即属于有效行为）。用户活跃数也很简单，就是在关键时间区间内触发相应关键事件的用户数量，其中事件是可以标准化的。

2.参与度指数

参与度指数指用户在一个访问中参与了网站某一标准关键事件行为或动作的个数。将该指数按照时间维度进行分析，就能区分高、中、低活跃用户了。通过不同的运营方案可以将低活用户推升至中活用户，中活用户推升至高活用户。正常情况下高中低是互逆的，即一方面可以将低活用户发展为高活用户，另一方面随着高活用户生命周期的快速完结、新竞争对手的进入，高活用户往往也会向低活用户转化，乃至最终流失。

（二）提升用户价值

1.产品生命周期管理

产品生命周期可划分为探索期、增长期、稳定期及衰退期。产品生命周期的早期更多的是市场主导运营为辅。产品的发展期和成熟期，网络效应价值显现，主要以运营为主导。界定产品所处生命周期，定义关键节点的用户行为，必要时做好相应干预策略。

2.提高产品使用频次

使用频次高直接付费。用户使用频次高能直接付费的，用户运营价值的提升点主要体现在使用产品频次及时间。

使用频次低直接付费。用户使用频次低直接付费，用户运营价值的提升点主要体现在客单价。

使用频次高用户不直接付费。用户使用频次高不直接付费，用户价值的提升点主要体现在从产品功能以及内容角度优化，达成成单（见图6-19）。

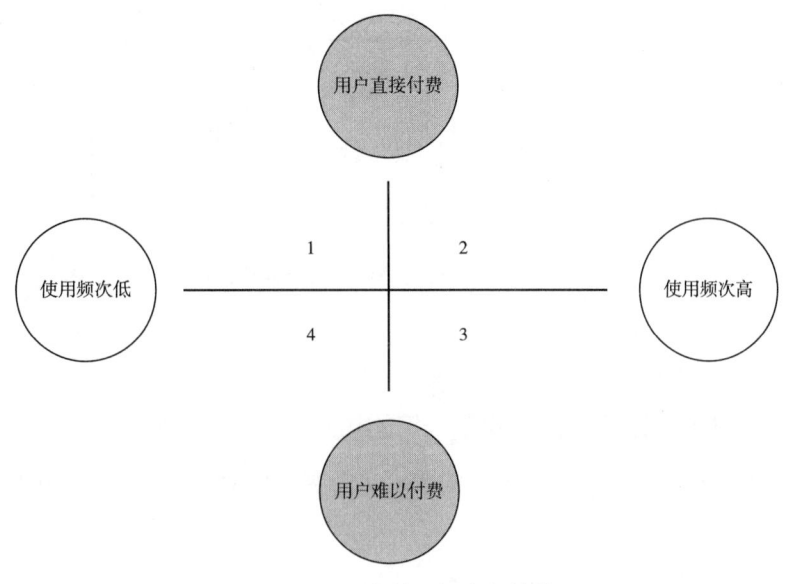

图6-19　用户使用频次与付费

3.挖掘基础用户数据

通过用户数据往往能发现运营线索，如业务数据可用于监测业务进展和健康度，如流量、用户数、活跃用户数及销售额等。而用户行为数据对于用户成长路径的分析至关重要，只要有业务数据就可分析用户行为与业务间的相关性。有完善的用户基础数据和行为数据，才能更好地执行运营方案，实现运营目标。

4.建立用户行为激励系统

如何解构一个复杂产品的用户运营体系？需要梳理用户的成长路径并将其与用户行为动机关联，分析在用户最优成长路径下，有哪些一次性行为和持续性行为。举例来说，新用户注册后，如何引导用户完成首次下单或首次内容生产？是通过"即刻使用的优惠"还是通过用户分层后的"精准推送"？这些方式都属于用户行为激励系统。

为了让新用户成长为成熟忠实用户，要简化用户成长路径，使用户尽快发现产品价值，并且在进行用户激励的同时确保产品价值持续满足用户需求。图6-20展示了用户行为路径与用户成长体系。

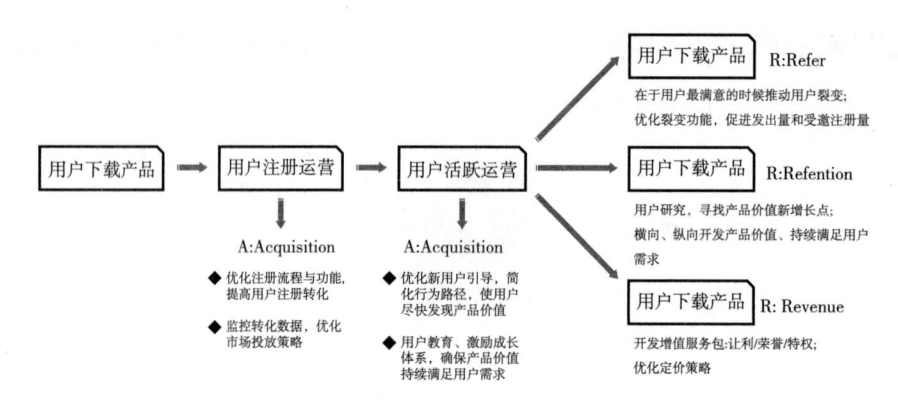

图 6-20　用户行为路径与用户成长体系

5.促进用户转化

一般在通过内容运营等方式积累一定的用户基础后，运营者可以利用现有的资源，通过各种方式促成部分用户进行消费，从而实现流量变现，这就是用户转化。

（三）保障用户留存

留存即让用户留下来，避免用户流失。目前互联网环境中拉新的成本不断增加，如果用户流失较多，那么产品也很难运营。留存用户首先要基于用户数据解析留存指标的颗粒度，找到可能影响留存的元素，可分别从时间、功能、内容、互动行为差异等数据进行对比分析。完成数据分析后，找到线索，制定运营方案或策略，强化有效线索，增加用户留存率。

保障用户留存的运营方法可以从以下三点考虑。第一，功能和服务留存，即找到能够实现用户留存的功能点。可结合用户使用最多的功能，通过加强用户引导、优化相应功能来留存用户。第二，内容留存，即发现、创造优质内容。优质内容是基于特定用户，通过将内容深度化、通俗化、共情化所形成的。同时完善内容推送机制，将优质内容与特定用户进行关联匹配。第三，社交和互动留存，即利用社交属性，帮助用户缔结更多的有效关系或制造更多的互动。

（四）提升活跃

从图 6-21 可看出，通过将新注册用户转化为活跃用户、找回流失用户、激活沉默用户、保持既有活跃用户等方式都可以提升整体用户的活跃数。比较常见的激活用户活跃的手段有关系链、内容匹配、服务及话题等。和用户留存一样，通过功能、内容和社交三方面发力提升用户活跃度，使用户形成使用习惯，增强用户的情感黏性。

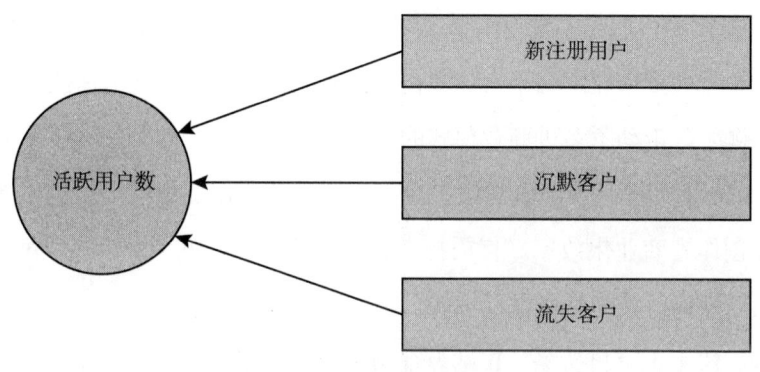

图 6-21 活跃用户数来源

（五）用户召回

用户召回的目的是通过有效信息触达等手段，引导流失用户重新访问或使用，其核心指标为唤回用户的数量。具体办法有发送短信、邮件，利用特定的功能推送福利等。

用户召回代表着用户有放弃产品的行为，基于流失用户的数据分析，我们可以通过回答以下问题来促进运营优化。

1. 用户是否存在初始加入时刻的核心动机？
2. 用户对产品的核心需求是否可以对用户形成强刺激？
3. 对于社交属性的新媒体，产品是否可以获取到好友关系链接等信息？
4. 产品内的用户是否会有消费以及领取福利的动机存在？
5. 用户召回时能否获取用户有关的关键信息、进行用户关怀？

根据以上问题的启发点，定向引导。如能发送有效信息触达用户，我们在运营策略上，就可以使用趣味性较强的语言快速吸引用户注意力，引发用户好奇心；也可以通过真实的用户社交链，最大程度激发用户反应；或者给予用户马上可以享用的利益点进行诱导召回等。

第六节 "流量"经济策划

一 流量变现模式概览

随着短视频平台的日益崛起，内容生态初见规模，基于流量的变现模式屡见不鲜，涌现出了一大批依托网络平台，吸引大批流量，并通过流量迅速获益的"网红"。网红经济的诞生，带动了多种商业模式的出现。

2018~2020年，行业头部短视频平台都在补齐商业化变现能力，完善多种商业化手段，提升创作者商业化效率。直播打赏、电商带货、商单平台、知识付费等商业模式已经成为新媒体行业的基础盈利模块。

从抖音、快手、今日头条、B站等视频平台的发展来看，主流平台已经基于"流量经济"的商业模式发展出多种变现工具。从流量构成的角度来说，这些变现工具主要分为两类，基于平台流量的分成和作者私域流量的收益。

（一）基于平台流量的分成

1. 流量分成。即创作者通过创作内容参与平台的推荐分发，平台将广告收入的一部分给予创作者进行利润分享和收入补贴。这种方式已经成为新媒体平台变现模式的标准配置。

2. 现金激励。即平台按照一定的主题或方式，针对部分创作者进行奖励。比如今日头条之前推出的"千人万元"计划，就属于这种模式。

3. 内容营销。即软文营销招商服务。平台通过一定的方式与广告主进行商机对接，并协调广告主与创作者达成合作意向。通过提供有目的性、针对性的内容，并通过平台的推荐算法进行广泛传播，达到广告主的预期目标。

（二）作者私域流量的收益

1. 付费专栏。这种变现方式也被称作"知识付费"。顾名思义，用户通过支付费用获得查看内容的权限，内容的创作者则按照约定的比例获取佣金。

2. 小店模式。部分平台支持具有一定资格的创作者开通电商服务，通过私域流量进行变现。比如快手平台的快手小店、B站的UP主小店等都是这种模式。

3. 直播。近几年直播为越来越多的人所关注和接受，直播带货、直播打赏，是目前直播中比较常见的变现模式。创作者通过私域流量的积累，在粉丝群中进行商业变现。

4. 商业卡片／自营广告位。创作者可以在平台开放的可供创作者独立运营的一些广告位进行招商，通过投放商业化广告的方式，按照 CPC（Cost Per Click，即按点击计费）或 CPM（Cost Per Mille，即按千人曝光成本计费）进行计费收益。

5. 打赏功能。观众／用户根据不同的内容，按照不同的金额奖励或激励创作者。

6. 其他。除了一些比较主流的变现方式以外，圈子订阅、流量托管等也是目前比较常见的流量变现方式。

结合两类变现工具可以看出，新媒体平台的头部创作者收入结构更加多元化，其总收入中通过商单广告、带货、直播的收益占比较大，通过广告与流量分成的收益占比较小。现阶段在新媒体平台中，广告与流量分成主要用于激励腰尾部的潜力创作者。

二 自媒体流量变现运营

（一）内容运营

内容是自媒体获得流量的基础，因此任何的流量变现首先都需要进行内容的运营。

在越来越激烈的流量竞争环境下，自媒体如何能够和行业竞争者进行有效区分，并达成用户的关注和转化，成为每一个内容创业者首先要考虑和解决的问题。运营的关键在于，根据用户偏好和平台调性进行账号规划，定制化账号内容。基于用户偏好的内容运营有以下几种方法。

1. 用户视角。不同类型的内容会有不同的受众群体和用户分布，精准把握用户需求，找到目标受众，并始终坚持站在用户视角输出内容，因地制宜，投其所好，这样才能获得粉丝，进而完成转化。

2. 内容独创。内容生态的变化非常大，新兴短视频给传统媒体，甚至是初代互联网产品，都带来了非常大的冲击。更新速度快、一夜爆红和迅速的衰落同时出现，这对稳定优质的内容输出提出了更高的要求。只有深耕内容，跟上潮流，做有趣有用有温度的好内容，才能长久地屹立不倒。

3.人设加持。无论是明星还是网红运营，"人设"几乎成为基本要求。一个独特有记忆点的人设，是内容的加分项，甚至可以成为内容本身。市场营销领域中的USP（Unique Selling Prososition）独立卖点理论同样强调，需要揭示一个品牌的精髓，通过强有力的、有说服力的证据证实它的独特性。

内容本身是一场心智之战，不仅需要有独特性、有趣、有新鲜感，也要让用户体验到真诚的交流。

（二）引流方式

目前主流新媒体平台高度依赖推荐算法来实现高效的内容分发。运营者在把握好内容生产的同时，也要了解推荐机制，才能更好地进行内容的冷启动，获得更多的流量加持，为后续的变现奠定基础。做好账号流量运营，主要从以下几个方面入手。

1.内容冷启动

虽然每个平台的推荐机制不同，但其核心的主流程均为冷启动、扩量推荐和热度加权。其中冷启动环节是基础，决定了内容是否能够顺利进入后续环节，并带来更多流量。

冷启动环节中，内容的质量是基础要求，包括标题、封面、文字、插图等的质量。其次，内容初始的评论率、点赞率、转发率、完播率等指标，也对整个推荐系统有着至关重要的影响。由于现在多数的内容分发平台是"去中心化"的算法推荐逻辑，所以，如果一个内容能够在初始阶段获得比较多的用户正向反馈，则有机会获得更多的流量。

在该运营阶段，应着重关注内容本身的属性与质量（内容审核是否可以通过）、账号在发布平台的状态（等级、推荐状态、是否降权/加权等）。

2.内容发布策略

在内容发布策略上，需要针对性地研究用户的消费习惯，增加曝光的可能性，降低获取成本。

首先，在发布时机的选择上，要选择有更多用户消费的时间段发布内容，比如中午和晚间。以抖音平台为例，62%的用户会在饭前或睡前刷抖音，而上班间隙或午休等碎片时间使用的用户仅占10.9%，因此在抖音平台上选择晚间更新，对新内容获取流量更加有利。

其次要注重前期作品。一般一个新的账号发布的前几篇内容，就会直接决定账号的评级和权重。因此需要格外关注一个账号的前期内容质量以及推荐的数据效果，并及时调整策略。

另外，平台的推荐算法会和视频的用户反馈直接相关，要特别关注播放量、点赞量、评论量等核心数据的运营。

3.持续涨粉

涨粉之所以重要，是因为这是私域流量变现的基础。各个平台几乎把每个网红的粉丝数看作是可用于变现的最大基数，并以此进行广告投放、直播带货等功能的开通。当前各种粉丝增长方式层出不穷，下面介绍几种比较主流的涨粉方式。第一种，发福利。定期开展仅粉丝可以参与的活动，给粉丝实惠，进行良性互动，稳定关注关系，并持续带来增粉。第二种，坚持每日更新。培养用户习惯是维护网红与用户关系的重要环节，即使是行业头部的网红，也需要用高频的更新来维持和粉丝之间的关系。第三种，增加传播力。可以在内容上增加讨论分享，在结尾留下悬疑或提问，增加表达的幽默感，这些都非常有利于增加内容的传播力。第四种，适度使用涨粉工具。各个平台几乎都提供了一些买量的服务，比如抖音的dou+、快手的粉条、百度的百+，创作者可以依据需要，进行流量的加持。

（三）变现引导

1.大号带小号

随着MCN（Muti-Channel Network，多频道网络）的兴起，越来越多的机构会进行批量化的账号制作和积累。大号带小号的方式，能够比较快速地在原有大号的粉丝群中给小号打造知名度，快速赢得用户关注。其中比较常用的方法是大号主动@小号、大号关注小号、大号给小号点赞或进行更多的评论互动等。

2. 热点传播

抓住一些热点事件，进行热点影响，也能够在比较短的时间内，为内容赢来流量。

内容上可以选择不同的切入点，从不同的方向进行热点的解读和分析。一方面能够利用热点事件的光环效应使内容得到曝光，另一方面，也能够让用户更加关注到内容创作者本人的特质，快速获取流量。

3. 明星效应

明星拥有较多的粉丝基础，很多品牌的宣传也需要借助明星的力量，对于内容创作者来说也不例外。将内容与明星进行捆绑，不仅能够有效增加传播，而且如果人群贴切的话，还可以促进粉丝产生移情效应，提高他们对内容的接受度，并获取一批忠实的拥趸。

参考文献

[1] 张立.数字出版商业模式研究［M］.北京：中国书籍出版社,2016.

[2] 张立,介晶.坚守与变革?遭遇大数据时代的传统出版业［M］.北京：社会科学文献出版社,2018.

[3] 戈瑞伯尔.大众传媒与美国政治［M］.7版.张萍译.南京：南京大学出版社,2011.

[4] 王珊,萨师煊.数据库系统概论［M］.5版.北京：高等教育出版社,2014.

[5] 迈尔-舍恩伯格,库克耶.大数据时代［M］.盛杨燕,周涛,译.杭州：浙江人民出版社,2013.

[6] 莱斯.精益创业2.0［M］.吴彤译.北京：中信出版社,2020.

[7] 古德费洛,本吉奥,库维尔.深度学习［M］.赵申剑,黎彧君,符天凡,等译.北京：人民邮电出版社,2017.

[8] 郭东强,傅冬绵.现代管理信息系统［M］.北京：清华大学出版社,2006.

[9] 俞军.俞军产品方法论［M］.北京：中信出版社,2019.

[10] 吴健安.市场营销学［M］.北京：高等教育出版社,2011.

[11] 吕叔湘,丁声树.现代汉语词典［M］.7版.北京：商务印书馆,2016.

[12] 林崇德,杨治良,黄希庭.心理学大辞典［M］.上海：上海出版社,2003.

[13] 赛佛林,坦卡德.传播理论：起源、方法与应用［M］.郭镇之,孟颖,赵丽芳,等译.北京：中国传媒大学出版社,2006.

[14] 郭庆光.传播学教程［M］.北京：中国人民大学出版社,2011.

[15] 周志华.机器学习[M].北京:清华大学出版社,2016.

[16] LENAT D,何华灿.关于人工智能的最新假说:知识的阈值理论[J].计算机科学,1989(1):1-6.

[17] 张立.出版业有"大数据"吗?[J].出版人,2016(8):52-55.

[18] 袁航.C2M商业模式在传统企业的应用研究[J].商场现代化,2017(14):45-46.

[19] 代玉梅.新媒体的传播学解读[J].新闻与传播研究,2011,18(5):4-11,109.

[20] 邓新民.新媒体:新媒体发展的最新阶段及其特点[J].探索,2006(2):134-138.

[21] 王雨晨,陆子健.移动网络新媒体短视频传播内容创新途径研究[J].传媒论坛,2019,2(15):14-15.

[22] 陈江江.新媒体时代传播思维的异化与净化[J].传媒,2019(8):67-69.

[23] 陈斐然,朱道立.新媒体平台的双边市场特征及竞争策略研究[J].管理现代化,2019,39(4):82-86.

[24] 张小凡.当前自媒体发展的特点与趋势分析[J].北京邮电大学学报(社会科学版),2015,17(5):1-5.

[25] 刘国建.论理论思维与科学思维[J].自然辩证法研究,2006,22(8):104-108.

[26] 张立.数字出版相关概念的比较分析[J].中国出版,2006(12):11-14.

[27] 谢俊.新媒体传播核心价值观的现实困境[N].中国教育报,2015-10-28(6).

[28] 王晨.竞合——新媒体时代的传统媒体之策[N].中国新闻出版报,2013-01-22(6).

[29] 赵彤.文化大发展大繁荣背景下的中国体育——新媒体时代引发的思考[C].中国体育科学学会体育社会科学分会.2012全国体育社会科学年会——转变体育发展方式的探索论文集.中国体育科学学会体育社会科学分会,2012:3.

[30] LECUN Y,BENGIO Y,HINTON G.Deep learning[J/OL].Nature,2015,521:436-444[2021-7-19].https://doi.org/10.1038/nature14539.

[31] 阿里云2018Q4季度营收[EB/OL].[2021-07-19].http://www.jotop.com/2018/networktech_1019/10979.html.

[32] 拼多多用户研究报告[EB/OL].[2021-07-19].https://mp.weixin.qq.com/s?__biz=MzA5NDMxMTAyMg==&mid=2650247684&idx=1&sn=2092b.

后记
从议程设置到算法设计

在我年少时，一听到记者这个职业，就像听到能决定什么大事或能左右什么命运的超人出现一样，会肃然起敬！记者的身份总是与正义、客观、权威、信任、终决者相提并论。当初高考，也曾动过报考新闻专业的念头儿。20世纪80-90年代参加工作时，曾先后当过电视台、杂志社、报社记者。早期的记者证并不规范，但拿着它，买票、办事绝对方便。有时，记者证就是通行证。

记者身份之牛，并非我个人的一种错觉。记得小时候父亲曾跟我说，记者是"无冕之王"。还举过《纽约时报》告美国国防部的例子——1971年越战期间，《纽约时报》刊登了美国国防部关于越战的秘密报告，这使尼克松政府陷入窘境。后者以国家安全为由，要求《纽约时报》停发相关新闻，但《纽约时报》拒绝妥协并与美国政府对簿公堂，最终胜诉。一张报纸能把自己国家的国防部告倒，这给我留下了深刻的印象。从此知道了"无冕之王"的厉害。

出于好奇，我又查了一些资料。资料显示，"无冕之王"的提法最早出现于19世纪英国。当时，《泰晤士报》已是英国上流社会的舆论权威，主笔辞职后常被吸收为阁员，地位很高。因此，后人逐渐习惯地称之为"无冕之王"。可以说，"无冕之王"指的是在政治上虽无权力，但在现实社会中却有极大影响力的人物。到20世纪，"无冕之王"几乎成了新闻记者的别称。

记者身份之牛，成了我们这一代人内心深处永恒不变的看法。这也是为什么本人终身混迹于新闻出版行业。但混迹久了，虽终未羽化成牛人，却渐渐窥出了其中的奥秘。我思忖再三，觉得之所以记者被尊为"无冕之王"，至少有两个前提值得一提。

前提一：工业文明造就了大众传媒

报纸也罢，新闻也罢，最早应该都是起源于信息的披露。如中国古代"邸报"，萌芽于汉代，延续至唐、宋、元、明、清，从未中断。与其相伴，中国古代先后发明了便于书写的纸张、便于复制的雕版印刷术和便于投递的邮驿等。西方古代早在罗马共和国时代就出现了"每日纪闻"。"邸报"的内容主要是帝王旨谕、百官奏折、官吏升降、军政要报等；"每日纪闻"的内容主要是帝国政事、战争消息、议会公告、法律案件、宗教活动等，甚至还包括趣闻逸事。两者最大的差异在发行对象的不同，中国"邸报"的受众为各地官员，而"每日纪闻"的受众则包括了基层民众。也许正是后者的这一特点，让西方人觉得"每日纪闻"是报纸的滥觞。[①]但无论中国的"邸报"还是西方的"每日纪闻"，均属古代媒介，虽有报纸雏形，但与今天人们普遍观念里的报纸相去甚远。

现代报纸的直接发源地是16世纪中叶的意大利，这与意大利的文艺复兴、地中海贸易有关。当时，地中海北岸的威尼斯出现了一种被后人称之为《威尼斯公报》的小报。这种小报收集法庭新闻、城市动态和贸易信息，为王公贵族和商人发行新闻。这是否可以算是大众传媒的出现呢？西方有学者认为，大众传媒的出现，甚至应该再向前追溯100年，即从15世纪50年代德国人古登堡发明金属活字印刷术算起，以其印刷了第一批《圣经》为标志。[②]

但第一批印刷版《圣经》，无论最终传播多远、影响多大，其功能仅在传教，而《威尼斯公报》则是简单的信息披露。这似乎仍不是现代意义上的大众传媒。我本人更倾向于认同大众传媒肇始于19世纪30年代的便士报。这是西方工业革命后出现的一种廉价报纸，因其每份仅卖一便士而得名。其特点是面向广大市民读者，大量刊登社会新闻和人情故事，以广告为经营手段，以营利为最终目标。便士报1830年出现于美国费城，以《一分钱报》为开端，以后在欧洲流行。美国历史上最著名的三大便士报是1833年出版的《纽约太阳报》、1835年出版的《纽约先驱报》和1841年出版的《纽约论坛报》。

---

① 杨丽，涂鸣华.《每日纪闻》与古罗马时期的新闻传播活动[J].新闻研究导刊，2020（16）：26-28.
② 陈力丹.世界新闻传播史（第三版）[M].上海：上海交通大学出版社，2016.

便士报出现的前提是工业革命给西方社会带来的城市的崛起、人口的激增、教育的普及、识字率的上升、工商业的发达,及滚筒印刷机的诞生与使用等。便士报革新了报纸的发行方式,变订阅为街头零售,使读者不需支付报纸的全部成本即可购买阅读,改变了报纸只是富人读物的状况。便士报开创了美国报业的新局面。从此,大小报纸纷纷趋向大众化,美国的报业迅速走向繁荣。历史记录显示,《纽约太阳报》创刊时发行量仅 1000 份,半年后即达 8000 份,到 1839 年猛增至 5 万份。到 1910 年,美国仅日报就达 2433 家。这一切,使报纸一跃成为当时美国社会最大的信息传播媒介。

尽管与后来的严肃报纸相比,便士报存在着重故事轻信息的现象,但它第一次真正让新闻取代言论成为报纸的主角,报纸真正成了新闻纸。到 19 世纪后半叶至 20 世纪初,以《泰晤士报》和《纽约时报》为代表的一批严肃的综合性日报出现,使报纸的社会地位最终被奠定,成为一支隐形的甚至可以影响政治、经济、人们生活方方面面的"第四权力",从事报纸内容采写工作的新闻记者也最终成了连政治人物都敬畏三分的"无冕之王","新闻专业主义"作为一种职业观念开始被推崇。

继平面媒体之后,无线电技术又为大众传媒开启了一扇更具影响力的大门,这就是远程视听的大门。它克服了报纸文字传播之不足,将受众的接收方式更多地诉诸感觉系统。这种新的传播媒介就是二战以来更具流行力和影响力的广播电视媒介。至此,大众传媒真正成为一种巨大的产业。

这里有必要解释一下,所谓大众传媒产业,综合今天多数学者的理解,其特征大致可以归纳为:它是由大型传媒机构有组织地进行的大规模的信息生产与传播,其传播对象为一般社会大众,传播内容具有商品属性,传播方式依赖现代技术成果,传播途径是星状的单向的过程,它的传播甚至带有制度性特点。

前提二:大众传媒本身的议程设置功能

大众传媒的出现,不仅使人们获取信息的手段变得格外便捷,获取信息的内容变得格外丰富,获取信息的规模变得格外巨大,从更深层次的意义来说,它还给人类社会的生存与发展——政治、经济、教育、法律,乃至社交等方方面面带来了深刻的影响。由于它处于事件与事件被描述之间,处于事件本身的样子和事件被描述的样子之间,处于事件发生的时间地点和事件被传播出去的时间地点之间,甚至处于社会精英和社会大众之间,处于政府与百姓之间,它客观上成了社会信息流动过程中的最重要的管道。正是这种特殊的地位,使它具有左右社会舆论、抑扬社会情绪的功能。信息在经过这条管道之后,是否是原样的,是否是准确的,是否存在噪声和误差?如果不是原样的,不是准确的,如果存在噪声和误差,其原因是出于传播机制本身的局限,还是传播者的有意为之?

总之,大众传媒的这种特殊功能,给媒体的议程设置提供了可能性。

实际上,西方学者很早就注意到,并开始研究大众传媒的议程设置问题。其研究可以追溯到 20 世纪 60 年代。1968 年,美国传播学者唐纳德·肖和麦克斯威尔·麦克姆斯对美国总统大选进行调查,调查的目的是想看看媒介议程对公众议程的影响。1972 年,他们以《大众传播的议程设置功能》为题,将研究结果发表。议程设置理论被正式提出。该理论认为,大众传播虽不能直接决定人们对事情的具体看法,但可以通过信息的提供和议题的安排左右人们关注哪些事实和意见及他们谈论的先后顺序。大众传播可能无法决定人们怎么想,却可以影响人们想什么。他们发现,在公众对社会公共事务中重要问题的认识和判断与传播媒介的报道活动之间,存在着高度对应关系。麦克姆斯和肖认为大众传播具有一种形成社会"议事日程"的功能,传播媒介以赋予各种议题不同程度"显著性"的方式,影响着公众瞩目的焦点和对社会环境的认知。[1]

唐纳德·肖和麦克斯威尔·麦克姆斯是议程设置的验证者,而最初提出议程设置思想的是比他们更早的沃尔特·李普曼。这位出生于 19 世纪后期的美国新闻评论家和作家,是传播学史上具有重要影响的学者之一。他在宣传分析和舆论研究方面享有盛誉。他在 1922 年著的《舆论》中,第一次对舆论做了全景式描述,开创了议程设置的早期思想。

另一些学者进一步研究发现,议程设置的效果一般要在新闻报道几周后才显现;同时,过多的议程也会削弱设置的效果。美国学者沃纳·J. 赛佛林和小詹姆斯·坦卡德在其《传播理论:起源、方法与应用》一书中认为,议程设置就是通过反复播出

---

[1] 麦克姆斯. 议程设置:大众媒介与舆论(第二版)[M]. 郭镇之译. 北京:北京大学出版社,2017.

某类新闻，强化该话题在公众心目中的重要程度。①

总之，大众传媒的议程设置功能，成就了新闻媒体或新闻记者对舆情的左右。这也是新闻记者在人们心目中是"无冕之王"的原因。

从议程设置到算法设计

前面已经说了，大众传媒对社会的影响在于其固有的"议程设置"功能。但在自媒体平台大行其道的今天，议程设置还管用吗？这只要看看一些西方领导人是如何狂怼该国主流媒体的就不言而喻了。从某种意义上说，其在总统大选中成功当选部分得益于其在自媒体平台上的影响力；从另一种意义上说，也部分因自媒体平台的抛弃可能使其失利于连任。这充分说明了自媒体平台在今天大众传媒中的地位。因此，我们不能不说说自媒体平台后面真正起作用的那只看不见的手了——算法设计。

其实，这里用"算法设计"是说窄了，用"智能设计"更好些。只是觉得后者有点俗套，前者更易命中问题的靶心儿。这种词语上的选择纯粹出于语感，与实际关系不大。

在我的印象里，好像无论是新闻出版业内还是新闻传播学界，都有不少人把互联网和移动互联网时代的传媒也称为大众传媒。之所以这样称谓，是缘于历史的认知。有人总结了400年的世界报业史，认为共经历过四次重大冲击，第一次是通讯社的崛起，第二次是广播的崛起，第三次是电视的崛起，第四次是网络的崛起。四次冲击都引发了报纸的生存危机，但只要报纸与时俱进，科学因应，最终还是难以被其他新兴媒体彻底取代。②

但这次互联网和移动互联网的冲击可能完全不同。我本人并不认为以报纸起家，包括通讯社和广播电视在内的大众传媒还能续写辉煌。我认为大众传媒时代已经结束。对我们这个时代的描述，如果仍习惯性地沿用以前的概念，至少应说成"后大众传媒"时代。但也许用一个新的标签更合理。这个时代真实的情况是"人人皆媒"或"万物皆媒"。"人人"和"万物"，其深层含义不说，仅在量级上就不属于"大众"。

---

① 赛佛林，坦卡德. 传播理论：起源、方法与应用 [M]. 郭镇之，孟颖，赵丽芳，等译. 北京：中国传媒大学出版社，2006.

② 张昆. 世界报业向何处去——兼论世界报刊史上的四次危机 [J]. 新闻学论集，2011,26.

用什么标签，我自己也没想好。"后大众传媒"时代，听起来也还行吧。很凑巧，我最近读到的中国人民大学新闻学院彭兰教授的一篇文章，对今天这个时代传媒业的特点予以了介绍。彭教授的文章是《人人皆媒时代的困境与突围可能》。她在文章中介绍了"后真相（post-truth）"一词，我觉得特别有意思，因为这个词听起来与"后大众传媒"似有某种暗合。当然用"后某某某"形容一个新时代，也经常被学界使用，如"后工业""后现代主义"，等等。被《牛津词典》选为2016年度词汇的"后真相"一词，其英文"post"有"超越"的含义，它是在暗示人们对"真相"的理解正在发生变化，还是"真相"本身不再重要？《牛津词典》的解释是"客观事实的陈述，往往不及诉诸情感和煽动信仰更容易影响民意"。①

关于"后真相"的出现，有人将此归因为社交媒体的泛滥，审核、把关机制被弱化。这虽不无道理，但这只是事物的一个方面，实际上本书写作目的之一是想从另一个角度阐释这一问题。尽管社交媒体或自媒体平台的出现极其迅速普及，颠覆了大众传媒时代的"新闻专业主义"，颠覆了"无冕之王"时代的精英主义，但本人并不认为这一定就标志着草根主义的胜利或草根时代的到来。虽然自媒体平台的出现，使今天的草根在某些时候具有了反转"真相"、左右舆情的能力，但这种能力其实非常有限。原因是在这一切背后还有另一个力量存在，它才是真正的决定者。这个力量就是智能设计或算法设计。草根再怎么欢呼自己的胜利，最终仍逃离不了算法的控制。

自媒体平台上的很多功能和策略，表面上体现着其强大的传播能力和便捷的用户体验，而实际上后台算法才是真正的决定性因素。算法至少目前还是由算法工程师、程序员按照平台管理者的意图设计和开发出来的。平台管理者则会依据其商业目的、国家监管要求，让其算法工程师和程序员开发出具体的算法和程序。比起自媒体平台表面上强大的传播能力和便捷的用户体验，其深藏于后台程序中的算法更具颠覆性。

如果说，大众传媒时代，媒体人可以通过议程设置左右舆情风向的话，那么在今天的后大众传媒时代，主导舆情风向的完全可能是自媒体平台后面的那只看不见的

---

① 彭兰.人人皆媒时代的困境与突围可能 [J]. 新闻与写作,2017(11):64-67.

手——算法设计。在后大众传媒时代,议程设置功能不是简单地被弱化了,而是几乎被算法设计所取代了。本书详细介绍了大数据是如何通过在程序中埋点去精准追踪用户行为,又通过程序自动对用户行为进行分析,绘制出用户画像。"画像"一词是形象化的说法,实际上是对用户特征进行描绘。描绘用户特征不是目的,目的是让算法猜测用户动机和下一步的行为。这也许有点儿可怕,但事实如此,算法比你更了解你自己。

根据实际需要设计的算法,根据算法实施的大数据埋点,根据埋点采集的用户行为数据,根据用户行为数据绘制的用户画像,根据用户画像猜测的用户潜在需求,根据用户潜在需求推送的个性化信息与服务,这一切在系统的不断迭代下,最终都会导致系统的服务更加精准化和智能化,甚至更加具有目的性。

所谓"目的性"是指,系统在猜测用户潜在需求时,会根据平台主办方自身的利益或某种特殊要求,诱导用户消费,左右舆情方向。系统的诱导方式有很多,比如提高话题相关内容的推荐权重,被赋予权重的话题将在短时间内获得巨大的曝光量,引起大众的广泛关注;比如机器人参与评论的写作,以及智能分发等。

与传统媒体议程设置不同的是,算法设计更看重趋势热点及数据的理性分析。传统媒体的议程设置是通过媒体从业者进行的,新媒体平台则是通过程序员的智能算法实现的。这就是为什么算法成了自媒体平台的核心竞争力,成了人们特想窥视的黑匣子。大众传媒时代的"信息茧房"到了今天的"人人皆媒"的时代,不仅不会被削弱,反而会更为严重。因为每个用户浏览到的内容,都是算法精准计算后推荐给用户的,这些内容及其观点未必真实或客观,但它却是用户最喜欢的或是平台主办方最希望用户知道的。算法设计不只是导致"信息茧房"这么简单的结果了,很可能还潜存着用户被洗脑的风险。

根据 OpenAI 最新的数据披露,自 2012 年以来,人工智能训练任务所需求的算力每 3.43 个月就会翻倍,这一数字大大超过了芯片产业长期存在的摩尔定律(每 18 个月芯片的性能翻一倍),算法创新、数据与算力共同推动着人工智能的发展。在这种技术发展的背景下,有时我甚至觉得"自媒体"就像是个伪概念,因为哪里有什么"自"媒体啊,自媒体的传播不都是自媒体平台后面的大数据和算法推动的吗?

传统"精英主义"将面临挑战或需重新定义

"精英主义"这一概念，未必存在统一、公认的定义，这里主要是我个人的一个说法。我本意并不是讨论"精英主义"，而是想从精英与草根、理性与情绪之间的变化，看未来智能技术对媒体、对舆情的影响。

"精英主义"的出现与大众传媒的发展密不可分。个人认为，曾经的启蒙主义运动、工业革命和大众传媒，颠覆了封建权贵，造就了精英主义一代。西方精英主义统治世界的方法基本是理性+资本。因此，西方人普遍认为进行政治决策、主导社会走向的应是少数具备知识、财富与地位的社会精英。

有智库认为，精英最早出现于17世纪的法国，意指"精选出来的少数"或"优秀人物"。精英理论认为，社会的统治者是社会的少数，但他们在智力、性格、能力、财产等方面超过大多数被统治者，对社会的发展影响巨大。[1]

与精英主义相比，"精英政治"一词同样具有广泛的认知性。西方人认为，"精英政治"通常指一种政治哲学思想，主张权力的分配应依据个人才能与功绩。甚至有人认为该概念来源于中国的察举和科举制度，选贤举能的概念在17世纪从中国传入英属印度，后传至欧洲大陆和美国。随着启蒙主义运动期间孔子的文献被翻译成欧洲语言，选贤举能的概念得以被西方知识分子所知。伏尔泰甚至在其《风俗论》中对中国的层级管理制度大加称赞。[2]

西方还有"精英理论"的说法，有学者甚至将其分为经典精英理论和现代精英理论。在经典精英理论文献里，对精英（elite）的定义一般都是通过能力、人格和技能进行的。而在现代精英理论文献里，则一般都是通过其对资源的控制、对关键位置的拥有，以及权利关系网等方面进行定义的。

我请我们工程研究发展中心北外英语专业毕业的周丹查了一下，"精英"一词的英文为elite，出现于1823年，意指一种选择的群体，或最好的部分。该词来源于法语单词élite，意为选择。在古法语中，其对应的词汇为eslite，过去式为elire。elisre意为选出，来自拉丁单词eligere。该词于14世纪晚期引入中世纪英语，意为选出的

---

[1] MBA智库百科.精英[EB/OL].https://wiki.mbalib.com/,2021-6-18.
[2] 伏尔泰.风俗论[M].北京：商务印书馆,2003:50.

人，尤其是选定的主教，于15世纪中叶消失，并于1852年作为形容词由拜伦的《唐璜》再次引入。

在现代牛津辞典中，elite一词指的是拥有金钱、知识和特殊技能，在社会上有一定权利和影响的人，属少数特权阶层人士。此外，elite也被用于词组elite corp和elite squad中，意指由最好、教育程度最高的人群组成的精英小组或精锐团队。

我们中国人更愿意叫"知识精英"，一般指知识丰富、见识广泛、思想独特的群体。他们具有强烈的社会责任感，热衷公共事务，具有批判精神，甚至指点社会发展。不过，近年来"知识精英"有被"公知"——公共知识分子取代的趋势。"公知"本来是一个褒义词，但今天因其过于教条、圈子化、自以为是、与实际脱节而广受诟病，甚至被贴上"精美"等标签，更多具有负面意思了。

智能化革命和自媒体时代，或许正在颠覆传统精英主义及其造就的世界观和其统治世界的方式。有时我想，20世纪80年代我们高呼"走向21世纪……""面向21世纪……"，觉得只要21世纪到来，世界必然无限美好，因此而热血沸腾。如今，21世纪的前20年已经走过，在人类社会进入21世纪的第三个10年的时候，人类社会迎来的竟是全球的疫情大流行和反智主义运动。这发生在启蒙主义、工业革命几百年后的今天，真是让人慨然，让人唏嘘不已。今天为什么会有那么多人反智？只要看看今天被网游造就的一代，再想想今天被刷屏灌输的一代，就不会不明白。当然，今天的西方，娱乐化越来越泛滥，个性化和自由主义正变得无边无际，透支未来已成为消费主流，甚至吸毒正变得合法，躺着印钞就能剪全世界的羊毛……这一切可能正成为反智主义的基础。

指导研究生写论文时，我最不喜欢学生使用SWOT分析，实在觉得它很无聊。我分管的研究院工程研发中心，常年在各招聘网上投放广告，招揽人才。但在我印象中，我从未招过应届毕业生，不是说这些学生不优秀，主要是觉得他们在学校学习的内容过于老旧，与现实的工作合不上拍。我这篇后记最初的题目是《理论与实践的鸡与蛋》，但考虑再三，觉得扯得有点儿远，于是作罢。即使没写，在我内心深处仍一直固执地认为，理论之所以为理论是因其足够严谨和纯粹，实践之所以为实践是因其足够具体和可操作。总是不喜欢理论像常识，实践像脱离具体工作的纸上谈兵。我也不知道如今的有些专业是否正好介乎两者之间。其实很多专业说白了就是一门儿手艺，谈不上什么高大上的理论和学术。但遗憾的是如今一些专业的毕业生，甚至包括老师，离手艺越来越远了，离学术呢？欲说还休吧！

关于本书写作

本书的写作脱胎于给武汉理工大学计算机专业和传播学专业的学生和研究生联合讲课时的 PPT。写书的初衷是想向计算机专业和传播学专业的学生介绍新媒体的基本概念及其运营方式，包括大数据和算法在媒体设计和运营中的具体应用。书中案例均来自主流互联网平台实际应用的一手案例。参与本书写作的作者，除我自己外，还有我们工程研发中心的算法工程师，以及来自腾讯、联通、丁香园等公司的一线员工。本书最初以案例讲解为主，后来在出版社的建议下才补上了全部的知识体系和知识点。

之所以讲这门课和写这本书，是源于我几年前那篇广为流传的文章——《张立 1.5 万字长文：出版业有"大数据"吗？》。后来，我因这篇文章又组织撰写了《坚守与变革？遭遇大数据时代的传统出版业》一书，更加全面地介绍了传统出版企业和互联网企业在大数据理解上和应用上的差异（该书的英文版即将由 Springer-Verlag 出版）。关于那篇文章，很多人认为我是在炮轰传统出版业本无大数据又强说大数据的附庸时尚。这么理解也没错，我实在看不出传统新闻出版业有什么大数据。在一次演讲中，我曾冒失地说过这样的话："我们曾经无产品不纳米，难道我们还要无出版不大数据吗？"但这也不能叫作"炮轰"，也不是我反对传统新闻出版业利用大数据技术开展工作。我的本意只是想说，传统新闻出版业如果不转型升级，不进入互联网和智能技术领域，不做 to C 的事情，其工作内容和工作方式就与大数据无关了，最好也就别用大数据来说事儿了。

当然，本书的写作也包括了我本人的一些思考。近年来，我主导撰写了不少书籍，本意都不在写书，本意都是想分享我的一些实践经验和一些思考。无论正确与否，每本书都烙上了我个人的痕迹。这就是为什么每本书我都要认认真真地写一篇后记，因为后记最能让我直抒胸臆。在本书写作过程中，我本人的思想也发生了变化，最初只是想介绍案例，实用就行。后来，结合出版社的建议，写着写着就有了额外的想法，就开始对这些案例进行思考，就酝酿了现在的书名《智能技术驱动传媒业变革——设计即服务，设计即运营》。特别是副标题"设计即服务，设计即运营"是我思考了很久的结果。现在呈现在读者面前的这本书，案例反而成为不重要的部分了，成了印证本人思考的依据了。我的思考未必符合实际，未必是真相或真理，但却一定是真话，是心里话，是本人的独立思考。

关于本书作者

从署名可以看出，本书并非我个人独著，而是几个人的合著。我本人也并非因为是领导而将自己的名字挂上。跟我工作过的人都知道，我一直不允许手下的处级干部仅因是部门领导而在课题或书籍上瞎挂名。我本人挂名的情况也有，仅仅是在研究院个别的职务报告里存在。这些报告一般都以"主编"方式署名出版。即使这样，纯粹挂名而未动笔的情况也很少。而在社科文献出版社出的书里，特别是当我署"著"的时候，一定都是我直接主导并直接参与写作的书。很多跟我写过书的人，他们都不是文字工作者，甚至他们几乎就不太会写作，也不以写作为生。只是我太不讲理了，经常逼着他们参与我的课题。本书的几位作者也是如此。所以我的每本书的参与者都不一样，每次都是新人。这让我很头疼，因为每次都得重新培养新人。很多人在跟我写过一本书后就陆续离开了我，从事他们的本职工作去了。我一直希望他们离开我后仍能继续写作。但非常遗憾，离开我后，他们很快就在写作中销声匿迹了。

我本人从少年时代起就酷爱写作，写作于我并非难事。除日常的行政管理、经营创收和技术开发外，我个人只要条件允许，就会写点什么。曾经有相当长的一个时期，我喜欢直接口述让别人现场录入。这也是为什么在我办公室的天花板上总挂着一个投影仪、身后墙上总挂着一块玻璃白板的原因。了解我的人都知道，我大部分的演讲稿和课件都是自己亲自撰写或制作而成。借别人之手的稿子，我是念不好也讲不好的，老天赋予了我很多能力，偏偏没赋予我念别人稿子的本领。多数情况下我更愿意脱稿演讲。我早期讲课，喜欢脱稿，只是后来学员抱怨拿不到PPT，才开始自制讲稿。总体说，我是个喜欢动手的人，不光写作，任何事情都喜欢亲历亲为。关于从小就痴迷动手的故事，我会在我即将出版的另一本个人独著的书里介绍。书名我已在多个场合里预告过了——《版权制度会走向消亡吗——关于版权生命周期的计算报告》，该书耗费了我近10年的时间，为了该书的写作，我自己琢磨着设计出了5个数学公式，我把它们整合在一起，印在了我2020年出的几本书的封面的下方了。本书封面下方也有，读者可以看到。

但我必须说明，今天我已经非常不喜欢以"独著"的形式写书和出书了。这倒并非因为我是领导，而是我越来越觉得今天已不是个人独著的时代了，个人独著是精英主义时代的产物。今天是一个合作共赢的时代，今天的内容产业越来越多地呈现出组织化的力量，当然也越来越多地呈现出智能化的力量了。我对与人合作充满热情。在我的职业生涯中，我有幸跨越过多个角色，既是一个研究者，也是一个管理者，还是一个开发者和经营者，既有文科背景，又埋头钻研技术，书报刊电视等都干过，既在事业单位做过普通编辑，也在互联网公司当过老总。2000年初，我曾迷恋过计算机培训和软件开发，自己开发，自己宣传讲解，自己销售。至今，我使用的手机输入法仍是五笔字型。我有时觉得，我天生就有跨界的能力和与人合作的基因，在我面前没有难事，跟很多人相处都让我非常开心。

再说说其他几位作者

本书的第二位作者叫曲俊霖，是我从金山公司招聘来的算法工程师。小伙子聪明机灵，智商情商俱佳，面试时一眼就让我看上了。他本来到我这里是放在研发中心的技术部做底层开发的，但种种原因未派上用场，动了裁去的念头儿。研究再三，还是决定由我直接带他干干科研。这样，他就参与了本书的写作。结果读者看到了，非常令我满意。

扉页里还有研究院以外的几位作者：张新雯，原百度产品经理，现腾讯视频作者生态组副组长。张其濛，曾在上海做游戏开发，后在神策网络科技（北京）有限公司做数据分析师，现在联通数字科技有限公司任高级产品经理。胡佩，曾在丁香园担任编辑。

本书第一章由我本人执笔，第二章由张其濛执笔，第三章由曲俊霖执笔，第四章由曲俊霖、熊秀鑫、周琨、胡嘉兴（这几位分别是我们技术部的技术人员）执笔，第五章由张新雯执笔，第六章由胡佩执笔。此外，我本人进行了全书的整体策划、知识体系的梳理。全书由我和曲俊霖统稿。

关于本书的领导寄语和序作者

最近几年我在社会科学文献出版社连续出版了一系列图书，每本书的封底上都印有我个人的LOGO——"行囊"，有人戏称为"行囊系列"。每本书我都充满敬意地邀请我的老领导——原国家新闻出版总署的部长们为我的书写序或寄语。这次请的是我的老领导邬书林局长。

邬局长早在20多年前任中宣部出版局副局长时就与我相识，是一位学者型领导，行政管理之余一直专注于学术研究与学术出版，是我非常敬重的一位前辈。我们曾相处为邻。一次在院子里碰到他正推着自行车往外走，我问他去哪儿，他说去游泳。据说至今仍坚持游泳。受他启发，我现在也天天游泳，至今已坚持四年，从未终断。上世纪90年代中期我任《出版发行研究》杂志社副社长兼副主编时，邬局长曾发表过一篇文章，题目是《信息数字化与出版业》，发表于该杂志1996年第四期。一晃20多年过去了，他那么早就关注科技对出版业的影响，就提出了数字化战略，是我们这个行业的先知先觉者。据我所知，CNKI就是在邬局长的支持和擘划下发展起来的。真的要向老领导致敬！这次请他为本书撰写"领导寄语"，他欣然答应，并特别在寄语里写了一段话，还反复在电话中跟我强调他这段话的意思。我把这段话复制于下，希望能引起大家的重视。这段话是这样写的：

"这里还想强调一点，媒体融合并不应被狭义地理解为仅仅是传统媒体对新技术手段的简单应用。由于以智能化为代表的新技术革命越来越多地表现出对工业文明所形成的专业分工边界的打破，这使得媒体融合具有了更深层次的意义，即具有了'跨界融合'的可能性。今天的媒体本身已日益成为国民经济、社会发展、人民生活不可分割的一部分，而不再像传统媒体那样仅仅是报道消息的工具。这一点在互联网媒体中表现得尤为突出。所谓'新媒体'的'新'，除技术手段和传播方式的新颖外，也包括了运营模式的融入性上。因此，要认真学习中央提出的'深度融合'的含义，在'深度'上下功夫。要自觉地把新闻出版工作融入到新时代中国特色社会主义伟大征程的经济、政治、科技、文化和各项工作之中，使其成为不可或缺的重要组成部分，发挥好思想引领，知识服务，文化支撑等功能。"

说来凑巧，当邬局长将寄语发给我时，正好四川大学的一位朋友来访，我随即将这段话念给他听,他听后非常兴奋,说极受启发。所以我要特别感谢邬局长的寄语。这篇寄语为本书的出版增加了高度和亮度。

除领导寄语外,我又邀请了几位一线的大学教师帮我写序。

我约的第一位序作者是中国人民大学的彭兰教授。彭教授说来话长,在我的第一本数字出版著作——《2005—2006中国数字出版产业年度报告》里,她是其中一篇文章的作者。这已经是15年前的事了。但当时并未谋面,直到很多年以后中国出版集团的一次发布会上,才第一次见到这位美女兼才女的教授。我得感谢她那么早就支持了我的工作。这次请她作序,除有报答之意外,还因我最近读到了她的一篇文章《人人皆媒时代的困境与突围可能》,挺喜欢的,这也是原因之一。

我约的另一位序作者是武汉理工大学的刘永坚教授。永坚教授既在教学岗位工作过,也在出版社工作过,但他被业界广泛知晓还是源于他的武汉理工数字传播工程有限公司。最近几年,他的精力主要放在公司的运营上,特别是其念兹在兹的RAYS系统,让他与业界有了全新的关系。有一天,我在科技部开会,他约我在一楼大厅给我详细介绍了RAYS系统。但我至今都觉得他讲得过于复杂,难以转述。据其官网介绍,目前RAYS系统已被国内200多家新闻出版机构使用,帮助新闻出版机构重构用户连接,整合内容资源,打造基于用户数据分析技术开展个性化定向投送平台;建设作者、编辑、读者交互系统;开展精准知识服务与消费互动的定制化服务模式探索,形成线上与线下(O2O)互动的内容投送新模式,取得了非常好的效果。也许正是永坚教授理论与实践的兼修,使他对数字传播的理解比其他许多人都更为深入和务实。当然,请他写序,还有另一个更直接的原因,就是诚蒙他邀请我为该校讲课,这实际上也成全了本书的写作与出版。

我还约了一位年轻英俊的网红教授薛恒潇为本书写序。薛教授,昵称"三一博士",不属于我们行业的人,跟他认识缘于一次科协会议对我的采访。采访者是人民网及一群媒体记者,采访过程中忽然一个非媒体记者向我提问,提问的人就是薛恒潇。当天晚上我们又在下榻的宾馆聊了很久。巧的是,在我们聊天时,我总觉得"三一博士"这个昵称很熟悉,好像是我关注的一位网红。在聊天快要结束时,我查了一下手机,发现果然是我在今日头条关注的网红明星,可以说我早就是他的粉丝了。事后我邀他以自己的网红经历为本书写一篇序。

此外，人民日报数字传播有限公司董事长徐涛、腾讯短视频产品中心总监冯中华对全书进行了审核。山东大学校长、党委副书记樊丽明，上海交通大学媒体与传播学院院长李本乾，武汉大学信息管理学院副院长王晓光为本书撰写了推荐语。一并表示感谢。

几句胡乱的感想

今天有谁还会认真写书吗？认真写书已是一桩很"可笑"的事情了。因为今天的读者有相当一批已经失去判断力了。失去判断力的原因是他们已经根本不读书了。胡乱拼凑的书和认真撰写的书似乎没有任何区别了。当下，日渐趋于一个情绪和呼声决定真理的时代，快餐决定成果的时代，课题和圈子决定学术的时代。在今天，写书似乎只剩下供人抄袭的目的了。我很担心，今天的学者们也不一定都认真写书、认真读书了。

再看看地球的那一面——今天的美国，还是我们认识的那个充满理性，充满激情，充满创新精神，悲天悯人，像好莱坞大片演的那样——几个超级英雄就能拯救世界于即倾的美国吗？看看今天疫情下的世界，还是我们认识的那个自启蒙运动以来的理性主义的世界吗？

在世界变成这样的时候，中国还能继续保持理性主义精神，保持追求科学与创新的精神，保持人文主义理想，保持追求富裕与美好生活的热情，甚至保持先辈寄予我们创造美好未来的期望吗？如果还可以继续这样下去，并给世界以正能力和正确的价值观的话，那么我们也许真的到了该认真思考技术规律，以及技术对人类文明产生的影响的时候了。对真正的创新给予支持，对野蛮生长说不。就传媒业而言，像习总书记说的那样，既尊重传统媒体传播规律，又尊重互联网传播规律。在融合发展的大趋势下布局产业未来方向。

技术是把双刃剑。再次呼吁读读我的《今天，我们变成提线木偶了吗？》一文。文章欲说还休，欲说还休，始终没敢把我思考的底牌翻开，就像这篇后记一样，我也始终不敢翻开底牌。本书写作的初衷虽是为了介绍智能技术是如何驱动传媒业变革的，是想提醒传统媒体人和相关专业的教学者，如不与时俱进就会落伍。但新技术的另一面呢？如果人工智能技术与生物工程技术深入结合并大面积普及应用，世界会是我们期待的那样吗？如今，算法已无处不在，从城市交通管理到农作物病虫害检测，从智能生产流程到外卖小哥绩效，甚至小区门禁……当技术渗透一切、决定一切的时候，如果对新技术的发展缺乏有效监管，技术这把利剑会砍向何处，真的能说清楚吗？但无论如何世界不会退回到从前了，操起科技这把利剑吧，硬着头皮仗剑走天涯，因为你已经别无选择了！

张　立
2021 年 03 月 22 日于房山家中

图书在版编目（CIP）数据

智能技术驱动传媒业变革：设计即服务，设计即营销/张立等编著. -- 北京：社会科学文献出版社，2021.10

　ISBN 978-7-5201-9144-9

Ⅰ.①智… Ⅱ.①张… Ⅲ.①智能技术-应用-传播媒介-研究 Ⅳ.①G206.2-39

中国版本图书馆CIP数据核字（2021）第198576号

智能技术驱动传媒业变革
——设计即服务，设计即营销

| 编　　著 / 张　立　曲俊霖　张新雯　等
| 出 版 人 / 王利民
| 组稿编辑 / 刘　姝
| 责任编辑 / 王　芳
| 责任印制 / 王京美

| 出　　版 / 社会科学文献出版社·数字出版分社（010）59366434
|　　　　　　地址：北京市北三环中路甲29号院华龙大厦　邮编：100029
|　　　　　　网址：www.ssap.com.cn
| 发　　行 / 市场营销中心（010）59367081　59367083
| 印　　装 / 三河市龙林印务有限公司

| 规　　格 / 开　本：787mm×1092mm 1/16
|　　　　　　印　张：19.75　字　数：333千字
| 版　　次 / 2021年10月第1版　2021年10月第1次印刷
| 书　　号 / ISBN 978-7-5201-9144-9
| 定　　价 / 89.00元

本书如有印装质量问题，请与读者服务中心（010-59367028）联系

版权所有　翻印必究